गीतों का जादूगर
शैलेन्द्र

गीतों का जादूगर
शैलेन्द्र

ब्रज भूषण तिवारी

वाणी प्रकाशन

वाणी प्रकाशन

4695, 21-ए, दरियागंज, नयी दिल्ली 110 002

फ़ोन : +91 11 23273167 फ़ैक्स : +91 11 23275710

शाखाएँ

अशोक राजपथ, पटना 800 004, बिहार

कॉफ़ी हाउस कैम्पस, महात्मा गांधी मार्ग, इलाहाबाद 211 001, उत्तर प्रदेश

महात्मा गांधी अन्तरराष्ट्रीय हिन्दी विश्वविद्यालय, वर्धा 442 001, महाराष्ट्र

सुल्तानिया रोड, मोतिया पार्क, भोपाल 462 001, मध्य प्रदेश

www.vaniprakashan.com
marketing@vaniprakashan.in
sales@vaniprakashan.in

GEETON KA JADOOGAR : SHAILENDRA
by Braj Bhushan Tiwari

ISBN : 978-93-5072-299-2
Cinema

प्रथम संस्करण 2013
द्वितीय संस्करण 2020

मूल्य : ₹ 599

सिटी प्रेस, दिल्ली-110 095 में मुद्रित

वाणी प्रकाशन का लोगो मक़बूल फ़िदा हुसेन की कूची से

सरलता, उदारता और वैराग्य के प्रतिरूप
पुण्यश्लोक पिता दशरथ तिवारी
तथा
सादगी, स्नेह और ममता की प्रतिमूर्ति
माता राजरानी देवी
की
दिव्य स्मृति को सादर समर्पित

—ब्रज भूषण तिवारी

प्राक्कथन

शंकर शैलेन्द्र के सम्पूर्ण व्यक्तित्व और कवि-कर्म को यथासम्भव प्रस्तुत करते हुए मुझे अपूर्व आनन्द की अनुभूति हो रही है। यह उपलब्धि केवल मेरी नहीं बल्कि उन सबकी भी है जिन्होंने मुझे सहयोग किया। उन सबके प्रति आभार प्रकट करना मैं अपना कर्तव्य समझता हूँ।

गुरुवर डॉ. अवधेश प्रधान के प्रति मैं विशेष आभारी हूँ जिन्होंने विषय सुझाया ही नहीं, सुलझाने में मेरी सहायता भी की। प्रकाश उदय का सारस्वत सहयोग इस पुस्तक के प्रकाशन का प्रेरक-पुंज है।

मेरे मुम्बई प्रवास के समय श्रीमती शकुन्तला शंकर शैलेन्द्र (अब स्वर्गीया) और उनके ज्येष्ठ सुपुत्र शैली शैलेन्द्र ने शंकर शैलेन्द्र के जीवन-संघर्षों और लेखन के सम्बन्ध में विस्तार से चर्चा की; शैलेन्द्र के जन्म से लेकर मृत्यु तक की समस्त जानकारी उन्होंने प्रकट की, जिसका समुचित उपयोग इस पुस्तक में किया गया है। मैं उनके प्रति आभार प्रकट करता हूँ।

जिन विद्वानों से प्रत्यक्ष अथवा अप्रत्यक्ष रूप से सामग्री ग्रहण करने में सहायता मिली है, उन सबके प्रति मैं अत्यन्त विनम्र भाव से अपना आभार प्रकट करता हूँ।

अपनी बहनों और अपने भाइयों का सहयोग और स्नेह मुझे अनवरत मिलता रहा है। अनुज श्रीभूषण, पुत्रवत् प्रकाश और प्रवीण की शुभेच्छा मुझे प्रेरित करती रही है। मामा कविवर श्री ब्रज किशोर पाठक के उदात्त व्यक्तित्व ने मेरे साहित्यिक संस्कार को परिपुष्ट किया है।

पुत्र नवनील और नवीन मेरे संघर्षों में हमेशा साथ रहे। इनकी सत्प्रेरणा निरन्तर बल देती रही है। मेरी जड़ता को दूर कर चेतना का संचार करनेवाली मेरी पत्नी गीता के अनन्य अनुरागमय त्याग का मूल्य चुकाना मेरे लिए असम्भव है। इनका साहचर्य ही मेरे लेखन का सम्बल बना है।

एक विनम्र निवेदन

इस पुस्तक में 'मुम्बई' के लिए 'बम्बई' का प्रयोग हुआ है। मेरा उद्देश्य मुम्बई को बम्बई कहना और किसी की भावना को ठेस पहुँचाना नहीं है। सभी सन्दर्भों में 'बम्बई' शब्द का ही प्रयोग मिलता है जिसे यथावत प्रस्तुत किया गया है। अतः 'बम्बई' को 'मुम्बई' ही समझा जाए।

मेरी अपनी सीमाएँ हैं। भूलें और अपूर्णताएँ हो सकती हैं। इसके लिए सहृदय विद्वान और समीक्षक मुझे क्षमा करेंगे।

–ब्रज भूषण तिवारी

विषय का औचित्य और महत्त्व

कविता को जिन कवियों ने वस्तु और अभिव्यक्ति दोनों ही स्तर पर जमीन और जनता से जोड़ा शंकर शैलेन्द्र उनमें से एक हैं। उनकी कविता की वस्तु और शिल्प-योजना उनके संघर्षपूर्ण जीवन के अनुभवों से प्रभावित और निर्धारित है। उनके जनता और मजदूरों के पक्षधर रचना-कर्म ने उन्हें अपार लोकप्रियता दिलाई। उनके कविता-संग्रह 'न्यौता और चुनौती' और सैकड़ों फिल्मी गीत, जिनका कोई संग्रह नहीं है, में समकालीन भारत के दुख-सुख, जय-पराजय, आशा-विश्वास आदि की अभिव्यक्ति हुई है। कवि को जनता में अपार लोकप्रियता मिली किन्तु समीक्षा के क्षेत्र में उनकी निरन्तर उपेक्षा हुई है। ऐसे में शंकर शैलेन्द्र के जीवन-संघर्ष और रचना-कर्म के अध्ययन की आवश्यकता स्वाभाविक हो जाती है—रचना और पाठक के बीच बढ़ती जा रही दूरी के इस दौर में तो और भी।

शंकर शैलेन्द्र का जीवन संघर्ष ही उनकी रचना-शक्ति भी बनता है। उनकी 'पंक्ति-पंक्ति के नभ में लहराने' और कई काव्य-पंक्तियों के नारों और मुहाबरों में ढल जाने का कारण ही यही है कि वे जनसंघर्षों में स्वयं शामिल होते हैं। विवाह के बाद उन्हें आर्थिक संकट का सामना करना पड़ता है और उससे उबरने के लिए वे फिल्म-जगत में प्रवेश करते हैं। 'तीसरी कसम' के निर्माण के साथ ही वे फिल्म जगत के अर्थपैशाचिक तंत्र में बुरी तरह जकड़ जाते हैं और उस फिल्म की बलिवेदी पर शहीद हो जाते हैं। लेकिन यह शहादत उनकी पराजय नहीं, उस संघर्ष के बीच की एक कड़ी है जिसे 'गम न कर जमाना और आएगा' की मंत्रशक्ति के साथ उन्होंने जीवन भर जिया। उनके जीवन में जो संघर्ष है, प्रेम और करुणा है, अक्खड़पन और बेपरवाही है— वह सब उनकी कविता और गीतों में कलात्मक संयम के साथ अभिव्यक्त हुआ है।

शंकर शैलेन्द्र की प्रगतिशील कविता जनता के साथ उनके सक्रिय जुड़ाव से सम्बद्ध है। यहाँ दुख के साथ-साथ प्रेम की भी धारा प्रवहमान है और मजदूर साथी

के साथ-साथ अपनी पत्नी का भी साहचर्य संगीत सुनाई पड़ता है। यहाँ प्रताड़ना ही नहीं प्रहार भी है, आजादी की तड़प ही नहीं आजादी के बाद का भारत और उसके तथाकथित नेता भी हैं, मजदूर-जीवन की त्रासदी ही नहीं उसकी जीत का यकीन भी है, उसके नारों के साथ-साथ उसकी व्यंग्यपूर्ण वक्रता भी है। मजदूर के जीवन में उल्लास और ठहाके भी हैं जो उसकी जीवनी शक्ति हैं। उनके ठहाकों में चर्चिल, ट्रूमन, नेहरू, गोरे साहबों के स्थानापन्न काले साहब, पूँजीपशु– सब-के-सब उड़ते-उखड़ते दिखाई पड़ते हैं। उनकी प्रगतिशीलता करुणाधर्मी है लेकिन क्रन्दनधर्मी नहीं।

ज्यादा से ज्यादा लोगों तक अपनी बात पहुँचाने के लिए शंकर शैलेन्द्र ने गीत विधा का चयन किया। वे अपने गीतों में व्यक्तित्व को सामाजिक सरोकारों के साथ उपस्थित करते हैं। यह उनके अभिव्यक्ति-कौशल और जीवन-संघर्ष का प्रभाव है कि कंट्रोल, कालेबाजारी, बोनस, कॉमनवेल्थ आदि जैसे अकाव्यात्मक प्रतीत होने वाले विषय भी गीत के विषय बन सके, यहाँ तक कि नारों और कहावतों की शक्ति भी अर्जित कर सके।

फिल्म से जुड़े गीतकारों के सामने कुछ खास तरह की चुनौतियाँ होती हैं। शंकर शैलेन्द्र इन चुनौतियों का सामना करते हुए फिल्म विधा की माँग के अनुरूप ढलते भी हैं और बहुत कुछ अपनी माँग के अनुरूप उसे ढालने में भी समर्थ हो पाते हैं। पहले के प्रायः लम्बे गीतों के बजाय फिल्मों के लिए उन्होंने छोटे गीत लिखे और विशाल दर्शक-श्रोता समुदाय को सम्बोधित करने के लिए एक नयी भाषा, नयी शब्दावली और नयी भंगिमा अपनाई। परिस्थितियों की माँग के अनुरूप लिखते हुए भी वे अपनी ही बात कहने की कोशिश करते हैं। प्रेम उनके फिल्मी गीतों में व्यक्ति को समाज से काटता नहीं, जोड़ता है। दुनिया भर के दलित-मजदूरों के एक होने के आह्वान के बीच भी उनके दिल में देशराग बजता रहता है। उनके उपेक्षित-उत्पीड़ित के पास अपने 'गर्दिश' में होने की पीड़ा ही नहीं 'आसमान का तारा' होने का स्वाभिमान भी है।

शंकर शैलेन्द्र के रचनाकर्म की मुख्य विषय-वस्तु जीवन के लिए संघर्ष करता हुआ दलित है, मजदूर है, बहुजन समाज है, उसके दुख-सुख हैं, उसका संघर्ष है। शैलेन्द्र की रचना के केन्द्र में किसान नहीं है, यह उनकी अभिव्यक्ति की ईमानदारी से जुड़ा हुआ तथ्य है। उनका परिचित संसार मिलों और मजदूरों का था और उनके कविता-गीतों में वही झंकृत हुआ है। जीवन अपने विविध रूपों, भावों, विचारों– प्रेम, घृणा, क्रोध, हास्य, व्यंग्य के साथ उनकी काव्यवस्तु बना है। शिल्प के लिहाज से शंकर शैलेन्द्र के सामने हमेशा वह समाज रहा जिससे उन्हें अपनी बात कहनी है।

इसीलिए वे प्रेषणीयता की समस्या को सफलतापूर्वक हल कर पाये और शायद यही उनकी लोकप्रियता का रहस्य है। जब वे कामगार यूनियन के लिए लिख रहे हैं, हड़ताली मजदूरों के लिए लिख रहे हैं और जब वे फिल्मों से जुड़कर व्यापक जन समुदाय के लिए लिख रहे हैं—इन दोनों स्थितियों में उनकी भाषा और लहजे में जो फर्क है उसे साफ-साफ महसूस किया जा सकता है। स्वर, लय और लोकधुन के प्रति उनकी सतर्कता लोकप्रियता के महत्त्वपूर्ण रहस्यों में से एक है। उनकी कविताओं में एक प्रसंगनिष्ठता है जो उनमें एक कथात्मक सौष्ठव भर देता है।

एक ओर शंकर शैलेन्द्र जहाँ जनता में अत्यन्त लोकप्रिय हैं वहीं दूसरी ओर समीक्षकों ने उनके प्रति या तो उपेक्षा का रवैया अपनाया है या फिर उनके सम्बन्ध में कुछ चलताऊ टिप्पणी भर कर दी है। 'हिन्दी साहित्यकोश' तक में उनका नाम और परिचय नदारद है। जब भी राजनीतिक कविता की समस्याओं पर बात उठेगी और उन्हें हल करनेवाले प्रयासों की चर्चा होगी, शंकर शैलेन्द्र के कविकर्म का महत्त्व बढ़ेगा। शंकर शैलेन्द्र का जीवन और रचनाकर्म, उनका व्यक्तित्व और कृतित्व एक-दूसरे से घनिष्ठ रूप से सम्बद्ध है। जैसे कबीर करघे पर बुनने के साथ-साथ कविता भी रचते थे, उसी प्रकार शंकर शैलेन्द्र मुम्बई में स्वयं एक मजदूर थे, मजदूर यूनियन के संघर्षों में शिरकत करते थे और उससे प्रेरित-प्रभावित होकर काव्य-रचना भी करते थे। उन्होंने जीवन की खुली पाठशाला में ही प्रगतिशील विश्वदृष्टि पायी। इस विशिष्टता ने उनकी कविता के कथ्य और शिल्प दोनों में एक नयी चमक भर दी है। और यह विशिष्टता उनके फिल्मी गीतों में भी विद्यमान है। उनके फिल्मी गीत चलताऊ फिल्मी गीतों से कतई भिन्न हैं। लोकप्रियता और उत्कृष्टता को एक साथ साधने में जिन कुछ कवियों को सफलता मिली उनमें शंकर शैलेन्द्र का नाम अगली कतार में है। उनकी सीधी-सधी अभिव्यक्ति और कला से आगे के कवि भी बहुत कुछ सीख सकते हैं। ऐसे कवि के कविकर्म का अध्ययन और मूल्यांकन बेहद जरूरी है।

शंकर शैलेन्द्र के गीतों, उनकी कविताओं और उनके जीवन-संघर्षों पर शोधपूर्ण लेखन का मतलब अपार समस्याएँ अपने सिर मोल लेना है। मैंने इस दिशा में एक विनम्र प्रयास किया है। इसमें एक कठिनाई यह थी—उनके जीवन के बारे में तथ्यों का अभाव। यह कमी उनकी धर्मपत्नी शकुन्तला शैलेन्द्र और ज्येष्ठ पुत्र शैली शैलेन्द्र के सहयोग से पूरी हुई। इसी तरह, उनके फिल्मी गीतों का कोई व्यवस्थित संग्रह नहीं होने से भी बड़ी मुश्किलें सामने आयीं। तमाम कठिनाइयों के बावजूद मेरा विनम्र प्रयास पूरा हुआ। यह बहुत सन्तोषजनक न हो तो भी प्रथम प्रयास तो अवश्य है।

—ब्रज भूषण तिवारी

अनुक्रम

सैकड़ों में पहचाना जाएगा

इसके बावजूद कि उत्कृष्ट साहित्य मुख्य रूप से जन-आकांक्षाओं, रुचियों और समस्याओं को लेकर और उसी के रंजन या रक्षण के लिए ही रचा जाता है, जनप्रियता या लोकप्रियता साहित्य की उत्कृष्टता का निकष नहीं है। निश्चय ही प्रेमचन्द से ज्यादा पढ़े जाने वाले गुलशन नन्दा उनकी तुलना में कहीं नहीं ठहरते। लेकिन कठिनाई तब होती है जब किसी रचनाकार या उसकी रचनाओं को लोकप्रिय होने के चलते ही स्तरहीन मानकर साहित्य की परिधि से बाहर कर दिया जाता है। कवि-गीतकार शंकर शैलेन्द्र की उपेक्षा भी साहित्य-समीक्षकों की ऐसी ही मानसिकता का द्योतक है। लोकप्रियता के मामले में यह एक मिसाल ही है कि शैलेन्द्र के गीतों की 'पंक्ति-पंक्ति नभ में लहराई'। लेकिन जाने-अनजाने और सम्भवतः न चाहते हुए भी इसी अपार लोकप्रियता का खमियाजा-सा हिन्दी के गम्भीर समीक्षकों ने अपने गम्भीर लेखन में शैलेन्द्र की चर्चा नहीं करके या न के बराबर करके निकाला। निश्चय ही लोकप्रियता यदि मूल्यवत्ता का मानदण्ड नहीं है तो मूल्यहीनता का भी नहीं है।

वस्तुतः किसी रचना के उत्कृष्ट होने के लिए उसका 'सामान्य जन के बारे में' होना जितना जरूरी है उतना 'सामान्य जन के लिए' होना नहीं। साहित्य 'शिक्षित जन' के लिए होता है और इस शिक्षित का अर्थ भी महज स्कूली होना नहीं है। 'वह तोड़ती पत्थर' के श्रम-बिन्दुओं वाली मजदूरनी के लिए निराला की वह कविता नहीं है, उस कविता के करुण आक्रोश से उसको कोई लेना-देना नहीं है। वह उस कविता में है लेकिन उसके लिए वह कविता नहीं है। 'शक्ति पूजा' के राम का हार-हार जाने वाला और दैन्य दुर्बलता का नाम तक नहीं जानने वाला मन भी सामान्य जन का ही है, 'गोदान' के होरी का ही है; लेकिन 'राम की शक्ति पूजा' कविता न सामान्य जन के लिए है, न सामान्य शिक्षित के लिए ही। लेकिन इस तथ्य से इन रचनाओं की मूल्यवत्ता नहीं घटती। इसके विपरीत 'साढ़े तीन बजे मुन्नी जरूर मिलना' गीत शुद्ध विलास की निकृष्टतम कामुकता के तमाम छिछलेपन और भौंड़ेपन के बावजूद हलवाहे-चरवाहे-रिक्शेवाले—सबका कण्ठहार बना हुआ है। इस गीत के असाधारण

प्रचार-प्रसार के बावजूद (ध्यान रहे कि 'साढ़े तीन बजे' टुकड़े को अमिताभ बच्चन की एक फिल्म के गीत में भी इस्तेमाल किया गया है) इसकी कोई मूल्यवत्ता नहीं बनती है। ऐसी स्थिति में यदि कोई रचना सामने आती है जो न सिर्फ आम आदमी की पीड़ाओं, संघर्षों, इच्छाओं के 'बारे में' है बल्कि साथ ही वह उनके 'लिए' भी है, स्वयं में उनके लिए जगह बनाती है और उनमें अपने लिए जगह बना लेती है तो यह उस रचना, उस रचनाकार की बहुत बड़ी उपलब्धि है और इस रचना-पराक्रम को नजरअन्दाज नहीं किया जा सकता। शंकर शैलेन्द्र इसीलिए बड़े रचनाकार हैं कि वे अपनी रचनाओं में हिन्दुस्तान के आम आदमी के बारे में उस आम आदमी से ही बात करने में समर्थ हैं। इस सन्दर्भ में शंकर शैलेन्द्र और उनके कवि-कर्म पर संवाद करना इसलिए तो और भी प्रासंगिक है कि आज पाठक और रचनाकार के बीच की दूरी निरन्तर बढ़ती जा रही है। इस प्रकार की चर्चा शुरू हो चुकी है कि साहित्य अगर विश्वविद्यालयों के पाठ्यक्रम में न होता तो उसका धड़कना कब का बन्द हो चुका होता। आखिर वे कौन से तत्त्व हैं जो कवि और कविता को पन्नों से उठाकर लोगों के घर-चौपाल तक लिए जाते हैं? इसके उत्तर के लिए हमें तुलसी और कबीर तक बार-बार जाना होगा और शंकर शैलेन्द्र जैसे गीतकारों को भुलाने का प्रमाद दुबारा नहीं होने देना होगा।

शैलेन्द्र एक ऐसे रचनाकार हैं जिन्हें प्राध्यापकीय व्याख्याओं, सूत्र, टीका आदि की जरूरत ही नहीं रही है। उनकी उपेक्षा का एक प्रमुख कारण यह भी है कि उनके कहने में कोई ऐसी गुत्थी नहीं है जिसे सुलझाकर दिग्गज आलोचक अपनी प्रज्ञाललाट के पसीने पोंछते हुए उठें। जो सहज ही समझ में आ जाता हो उसके बारे में बात करने में कौन अपनी मेधा खर्चता फिरे? मुक्तिबोध जैसे कवि आलोचकों को जगह देते हैं, शैलेन्द्र के दरवाजे पर उन्हें अपनी पूछ होती नहीं लगती। मुक्तिबोध या अज्ञेय की कविताओं पर बात करके समीक्षक गुरु-गौरव से भर सकता है, शैलेन्द्र पर बात करके कोई कौन-सा तीर मार लेगा? 'गहि न जाइ अस अद्भुत बानी' वालों के गुणग्राही तो मिल जाते हैं, 'जिमि मुख मुकुर मुकुर निज पानी' और 'भाखा बहता नीर' वालों को कौन पूछता है! वस्तुतः शंकर शैलेन्द्र उन रचनाकारों में से हैं जिनकी रचनाएँ पाठकों से सीधे संवाद कर लेती हैं। बीच में किसी अध्यापक की, किसी बिचौलिये की जरूरत नहीं होती। लेकिन आलोचक के लिए फिर भी जगह है, यदि वह आलोचना को महज अध्यापन ही नहीं मानता। रचना और पाठक के सीधे संवाद की आवश्यक शर्तें और सम्प्रेषण के खतरों से जूझने की कला शैलेन्द्र जैसे रचनाकारों से ही सीखी-सिखाई जा सकती है। खुद शैलेन्द्र की ही न तो सारी कविताएँ, न सारे गीत 'सहज' और 'असाधारण' का सन्तुलन बनाये रख पाने में सफल हैं। सन्तुलन की उस बारीक बिन्दु की तलाश, जिसके नीचे आकर कविता सहज सम्प्रेषणीय होने

के बावजूद साधारण होकर रह जाती है, भी काफी दिलचस्प होगा।

शंकर शैलेन्द्र के कविकर्म पर विचार करते हुए एक बहुत बड़ी बात जो उभर कर सामने आती है वह सहकर्म की है। साहित्य की जो विधा जितने अधिक लोगों के सहयोग से अपना स्वरूप ग्रहण करती है वह उतनी ही अधिक सफल और सम्प्रेष्य होती है। 'काव्येषु नाटकमू रम्यमू' इसलिए भी कि यह अपने स्वरूप में भी जनवादी विधा है। यह लेखक, निर्देशक, अभिनेता, स्टेज-निर्माता आदि कई लोगों के सहयोग से आकार ग्रहण करती है। फिल्मों की असाधारण लोकप्रियता के मूल में भी यही बात है। चाहे इस विधा का जितना भी दुरुपयोग किया जाता है, यह अपने आप में निश्चित रूप से समाजवादी विधा है। ध्यान रहे कि कला की श्रेष्ठता के मापदण्ड के बहुत कुछ विपरीत है यह तथ्य। इस प्रकार कविता और कहानी अपेक्षाकृत वैयक्तिक विधाएँ हैं। जरूरत इस बात की है कि साहित्य के भीतर एक विधागत जनवाद कायम करने का प्रयास किया जाए। यह कोई मतलब नहीं कि हलाकू-खड़ाकू गिरोह-गठबन्धन से काम लें और साहित्यकार एक दूसरे की टाँग खींचने पर तुले रहें। शैलेन्द्र के गीतों की लोकप्रियता निश्चय ही अकेले उनकी नहीं उसके शब्दकार, धुन बनानेवाले, स्वर देनेवाले और उन तमाम लोगों की है जिन्होंने उसे रिकार्ड किया, साज बजाया। रचनाओं को सन्दूक और डायरी के कारावास से मुक्त करने, गोष्ठियों और पत्रिकाओं के पन्नों से बाहर पाठक और श्रोता तक पहुँचाने की पहल भी कविकर्म के ही अन्तर्गत है– इसे अब सुनिश्चित करना होगा। इसके लिए अकुण्ठ भाव से एक दूसरे के सहयोग की जरूरत है, सहकर्म की जरूरत है, अपनी रचनाओं के साथ जन-संघर्षों में शामिल होने की जरूरत है–यह शंकर शैलेन्द्र से हम सीख सकते हैं। जरूरत इस बात की भी है कि नाटक, गीत, सिनेमा आदि–जिनके स्वरूप के भीतर एक विधागत जनवाद कायम है–को ज्यादा से ज्यादा तरजीह दी जाय और कविता-कहानी जैसी वैयक्तिक विधाओं को भी कवि सम्मेलनों–कथा शिविरों आदि के जरिये जनता तक ले जाया जाय। कवि कविता लिखे ही नहीं, पढ़े भी; अपनी ही नहीं औरों की भी और अपने सामने ही नहीं औरों के भी। साहित्य पढ़ने-सुनने-समझने वालों का दायरा बढ़ाने की जिम्मेवारी भी साहित्य से जुड़े हुए लोग महसूस करें, उसे भी कविकर्म के अन्तर्गत मानें और लोगों में कला-साहित्य-संस्कृति के प्रति सुरुचि जगायें, जिसका दिनोंदिन अभाव होता जा रहा है और जिसके चलते हिंसा और सेक्स की तरफ जनमानस खिंचा जा रहा है। शैलेन्द्र के गीतों ने ऐसी सुरुचि विकसित की थी लोगों के पास अच्छे और बुरे गीतों की जो तमीज है, वह शैलेन्द्र जैसे गीतकारों की ही दी हुई है। 'हम तुम एक कमरे में बन्द हों' जैसे गीतों के व्यापक दुष्प्रभावों को काटने के लिए 'हर दिल जो प्यार करेगा वो गाना गायेगा' जैसे व्यापक

असरवाले गीतों की जरूरत है, बिम्ब और प्रतीकों में उलझी किसी आधुनिक उलटबाँस कविता या गीत-नवगीत की नहीं। साहित्य-सेवा को समाज-सेवा में कैसे बदला जा सकता है, शैलेन्द्र के गीत बताते हैं।

समाज को अन्दरूनी तौर पर प्रभावित करनेवाला सिने जगत् घटिया है, नयी पीढ़ी को गुमराह करनेवाला है; उसे अपंग, हिंसक और सड़कछाप बना रहा है—यह सब ठीक है लेकिन इस घटियेपन से, उस संसर से दूर-दूर रहकर या सिर्फ नाक-भौं सिकोड़कर तो नहीं लड़ा जा सकता। यह भी सही है कि अच्छे और जनाधृत साहित्य के रचनाकार फिल्मों से किसी मजबूरीवश ही जुड़ते रहे हैं। प्रेमचन्द कर्ज में डूबे थे, जब सिने जगत् की तरफ उन्होंने रुख किया था। खुद शैलेन्द्र भी जब पत्नी को मुम्बई में रखना हुआ और आर्थिक समस्याएँ आड़े आयीं तब फिल्मों की तरफ मुड़े, वरना एक बार तो वे राजकपूर का प्रस्ताव ठुकरा भी चुके थे। लेकिन उन्होंने खुद को फिल्मों के स्तर तक ले जाने के बजाय उनके स्तर को अपने तक पहुँचाया। खुशी की बात है कि इसमें वह सफल हुए। प्रेमचन्द जी नहीं हो पाये थे। प्रेमचन्द ने समझौता नहीं किया, शैलेन्द्र ने भी नहीं किया। यह एक संयोग है और शैलेन्द्र ही नहीं भारत की जनता का भी सौभाग्य है कि शैलेन्द्र को राजकपूर जैसे कलापारखी मिले, मुकेश, शंकर, जयकिशन जैसे मित्र मिले। लेकिन चाहे शैलेन्द्र के साथ हुए इस संयोग की बात हो या प्रेमचन्द के साथ ऐसे संयोग के न जुट पाने की बात हो—यह तभी हुआ जब वे फिल्मों की तरफ झुके, उनके भीतर प्रवेश किया। ऐसे प्रवेश की आवश्यकता है—सफलता मिले या असफलता। जरूरी है कि जासूसी उपन्यास भौंड़ी और अहमक कल्पनाओं वाले वेद प्रकाश शर्मा ही नहीं लिखें, श्रीलाल शुक्ल भी लिखें।

साहित्य में आम आदमी, उसके जीवन-संघर्षों, उसके दुख-दर्द की बात करना आज एक आम बात है। फिर क्या बात है कि इस तरह की असंख्य रचनाओं में से कुछ ही स्वीकृत हो पाती हैं? दरअसल किसी फार्मूले या फैशन के तहत जब यह किया जाता है तो उसमें कोई गर्मी नहीं होती, किसी तरह की करुणा या प्रतिहिंसा नहीं होती। शैलेन्द्र की खूबी यह थी कि उनके मुँह से 'हर जोर-जुल्म की टक्कर में संघर्ष हमारा नारा है' जैसी कल्पान्तर स्थायी पंक्तियाँ कामगारों का जुलूस देखकर, उससे अभिभूत और करुणार्द्र होकर नहीं निकलतीं, निकलती हैं हड़ताल में, जुलूस में, संघर्ष में शामिल होकर। यह तथ्य कबीर के एक साथ जुलाहा और कवि होने की बात से मिलता-जुलता है। शैलेन्द्र की लोकप्रियता भी कबीर की लोकप्रियता जैसी है। मार्क्सवादी होने के चलते जनता के दुख-दर्द के नामलेवा होने में और उसके दर्द को भोगकर मार्क्सवाद की तरफ झुकने में बुनियादी फर्क है। हमारे यहाँ 'बुद्धिजीवी अर्थात् मार्क्सवादी' के फिकरे के तहत मार्क्स को खाने-चबाने वालों की संख्या ही

अधिक है। यही कारण है कि ऐसे साहित्य का बहुलांश 'प्रचार-साहित्य' से अधिक कोई मायने नहीं रखता। अभिव्यक्ति में ईमानदारी हो तो 'जाके प्रिय न राम वैदेही, तजिये ताहि कोटि बैरी सम यद्यपि परम सनेही' और 'ठगी-सी रही जो न ठगे धिक-से' जैसे राम-प्रचारक वाक्य और वक्तव्य भी उत्कृष्ट काव्य के नमूने बनते हैं और तथाकथित जनवादियों की तमाम लानतों-मलामतों के बावजूद 'रामचरितमानस' गाँव के हर चौपाल पर अपने लिए जगह बनाता है और यही ईमानदारी शैलेन्द्र के—

सौ सलाम उस कार्ल मार्क्स को जिसने मुक्ति मार्ग दिखलाया
मिट्टी के पुतलों को जिसने फौलादी इनसान बनाया!

और

सौ सलाम लेनिन को स्तालिन को जिनकी अगुआई में
जिनके अथक अटूट श्रमों से कुशल अचूक रहनुमाई में
रूस हुआ आजाद धरा पर उतरा पहला सुर्ख सबेरा
श्रम के घन की एक चोट से चूर-चूर हो गया अँधेरा!

जैसी मार्क्स, लेनिन, स्तालिन की नामधारी पंक्तियाँ भी काव्य पंक्तियाँ हैं, प्रताड़ित-शोषित आदमी में हिम्मत और आशा जगानेवाली पंक्तियाँ हैं—प्रचार की खोखली सामग्री नहीं। तुलसी ने एक गहन अन्धकार को देखा और जाना तथा उससे जूझते हुए बड़ी शिद्दत से उन्होंने महसूस किया कि इसे दूर करने का एक ही उपाय है—'सिया राम मय सब जग जानी, करउँ प्रणाम जोरि जुग पानी'; उसी शिद्दत के साथ कबीर को जो राह दिखी वह थी—'आप सदाफल आपै नीबू, आप मुसलमाँ आपै हिन्दू' और शैलेन्द्र को वही आशा इस रूप में दिखी—

लाल ध्वजा हर ओर और हर ओर लाल तलवार खिंची है

शैलेन्द्र के गीतों में आग है तो उसके पीछे उनका वह रूप है जो कामगार यूनियन का सक्रिय सदस्य था; उसकी माँगों, जज्बातों को स्वर देने के लिए बेताब रहता था, जुलूसों में गीत गाते हुए आगे-आगे चलता था। उनके गीतों में जो प्रेम और पीर है उसके पीछे उनका वह रूप है जो माटुंगा रेलवे वर्कशाप में काम करते हुए भी अपनी 'शकुन' के वियोग में झुलसता रहता था, वह संवेदनशील हृदय है जो 'महुआ घटवारिन' की कथा सुनते हुए रेणु के साथ धार-धार रो पड़ा था। शैलेन्द्र को भावाभिव्यक्ति मात्र से सन्तोष नहीं, क्रोचे के अभिव्यंजनावाद को तो छोड़ ही दीजिए। शैलेन्द्र उसका परिणाम भी देखना चाहते हैं। वे पं. जवाहर लाल नेहरू को निमन्त्रण पत्र लिखते हैं और उन तक प्रेषित भी करते हैं—

लीडर जी परनाम तुम्हें हम मजदूरों का
हो न्यौता स्वीकार तुम्हें हम मजदूरों का

एक बार इन गन्दी गलियों में भी आओ
घूमे दिल्ली-शिमला घूम यहाँ भी जाओ।

..

ऐसा करना तुम पगार के दिन आ जाना
उस दिन तुम भी हम सबके संग मौज उड़ाना
काले बाजारों में तो सबकुछ मिलता है
रुपयों की ठन-ठन से हर गुदाम खुलता है
पर पगार के एक रोज भी बाद न आना—
लुट जाएगा तब तक वह रंगीन जमाना

लेकिन ऐसे क्रांतिकारी, संवेदनशील, लोकहृदय पर साधिकार शासन करनेवाले शैलेन्द्र एक ऐसी मौत मरे जिसे किसी ने शहादत कहा, किसी ने हत्या, किसी ने आत्महत्या और जिसे कहनेवाले पलायन भी कह सकते हैं। उनकी जान चाहे उनके भीतर के उस कलाकार ने ली हो जो 'तीसरी कसम' की मूल भावना के साथ किसी तरह की छेड़छाड़ न होने देने के लिए कटिबद्ध था, चाहे उनकी व्यावसायिक नासमझी ने, चाहे फिल्मी दुनिया की अर्थपैशाचिक संस्कृति ने, महाजनों की लाल-लाल आँखों ने, चाहे उनके कुछ मतलबी साथियों की बेवफाई ने या शायद उनके स्वाभिमान ने मित्रों की मदद से उन हालातों से उबर जाने के बाद भी शर्मिन्दगी वाली जिन्दगी कुबूल न की हो—सारी स्थितियों को, उनके जीवन-संघर्ष को जानना जरूरी है। गोरख पांडेय के साथ ऐसी दुर्घटना की पुनरावृत्ति हो चुकी है, आगे न होने पाये इसके लिए भी। इसकी पड़ताल आवश्यक है कि रचनाकार का चरित्र रचना, खासतौर पर रचनागत प्रभाव, को प्रभावित करता है या नहीं।

अपने वर्तमान की गति और दिशा को समझना और अभिव्यक्त करना इतिहास लिखने से ज्यादा कठिन और उत्तरदायित्वपूर्ण है। अपने समाज के प्रति जागरूक साहित्यकार अपने समय और आस-पास की जो व्याख्या प्रस्तुत करता है, जो चित्र उकेरता है, वह ज्यादा विश्वसनीय और सत्य होता है। शंकर शैलेन्द्र अपने परिवेश के प्रति अत्यन्त संवेदनशील कलाकार थे, उनका काव्य संसार इसका प्रमाण है। जनता की क्रांतिकारी चेतना उनकी कविताओं में व्यंग्य वैदग्ध्य की पूरी प्राणवत्ता के साथ साकार हुई है। उन्होंने कम ही कविताएँ लिखी हैं और उनका एक ही काव्यसंग्रह प्रकाशित है लेकिन उनके बीच से आजादी के तुरन्त बाद के भारत की मुकम्मल तस्वीर सामने आती है। आजादी के तुरन्त बाद के भारत के चरित्र, वहाँ अपनी सभी चारित्रिक विशेषताओं के साथ मौजूद हैं।

गीत के तत्त्वों में वैयक्तिकता का प्रमुख स्थान है। शंकर शैलेन्द्र के गीतों में भी

उनका व्यक्तित्व स्पष्ट झलकता है, लेकिन सामाजिक सम्बद्धता उनके व्यक्तित्व का ही एक अंग थी और यही कारण है कि उनके गीत जनता के हैं, जनता के दुख-सुख, राग-विराग के हैं। उनकी शब्दावली, वाक्य गठन और लहजे में भी यहाँ के लोग हैं। शंकर शैलेन्द्र के गीतों के साथ फ़ैज़ अहमद फ़ैज़ को याद कर सकते हैं जिनकी कविताएँ एक साथ मुहब्बत और इंकलाब की तपिश लिए होती हैं। एक फक्कड़ाना तबीयत जो कबीर के पदों में है, प्रेम और उसकी पीड़ा, अदम्य जिजीविषा और जीवन-संघर्ष, जो कि लोकगीत-गाथाओं के आधार हुआ करते हैं—शैलेन्द्र के गीतों में अनायास लक्षित होते हैं। अपने गीतों में शैलेन्द्र दिल से दिल के एतबार की बात करते हैं, प्यार निभाने की चलन की बात करते हैं; अनाड़ी और आवारा होने, गंगा वाले देश के वासी होने के अभिमान की बात करते हैं। वे खुली सड़क पर सीना तानकर चलनेवाले बिगड़े दिल शहजादों की बात करते हैं। सूनी सेज और सूनी गोद की व्यथा उनके गीतों से मुखरित होती है। शैलेन्द्र की विशेषता यह है कि वे इतनी सहजता से सामान्य-सी बात करते हुए इतनी ऊँची बात कह देते हैं कि मन झूम-झूम जाता है। एक आदमी के चिथड़े-से लिबास में वसुधा भर को समेट लेना उसी के वश की बात है जो जीव, जीवन और जगत् से बेपनाह और बेतहाशा मुहब्बत करता हो, जो अल्हड़ और फक्कड़ हो, जिसे मजदूर के पसीने की गन्ध प्यारी हो, जो कबीर हो, जो 'पंच बरन् दस दुहिए गाई, एग रंग देखौ पतिआई'—'हमारे कैसे लोहू, तुम्हारे कैसे दूध, तुम काहे बामन पाँड़े हम काहे सूद'—की सच्चाई जानता हो और जताता हो। शंकर शैलेन्द्र के मतवाले बूटपालिश वाले का भी सीधा-सा सवाल है—

पण्डित की पाँच चवन्नी है अपनी तो एक इकन्नी है
फिर भेदभाव ये कैसा है जब सबको प्यारा पैसा है?

कुल मिलाकर यह कि शैलेन्द्र पर बात करने की जरूरत है क्योंकि अपने गाँव-घर-मुहल्ले से बात करने की जरूरत है। क्योंकि साहित्य को पुस्तकालयों के बन्दीगृह और शोधार्थियों के पहरे से दूर उन तक ले जाना है जिनकी बात करते हुए लोग उन्हीं से अपने को ऊपर उठा मान लेते हैं। क्योंकि सभ्यता के उन आवरणों को भेदते हुए आदमी के उस हृदय को छूना है जिसे क्रूर, हिंसक और बर्फ बना देने की अगणित साजिशें रची जा रही हैं। क्योंकि मुर्दे जिन्दा लोगों से जिन्दगी की जीत का यकीन छीनते जा रहे हैं। क्योंकि...।

जीना यहाँ मरना यहाँ

पृष्ठभूमि

बीसवीं शताब्दी के प्रारम्भ में वाइसराय कर्जन (1899-1905) की दमनकारी नीतियों ने भारतीयों को क्रान्ति और साम्राज्यवाद विरोधी संघर्ष के लिए नये सिरे से तैयार कर दिया था। 1905 में कर्जन ने बंगाल-विभाजन का निर्णय लिया। इस प्रकार वह बिहारी-उड़िया बनाम बंगाली और हिन्दू बनाम मुस्लिम संघर्ष की नींव डालना चाहता था। लेकिन कुछ जमींदारों, दलाल पूँजीपतियों और अंग्रेजपरस्त बुद्धिजीवियों को छोड़कर हर किसी ने इस निर्णय का जबर्दस्त विरोध किया। क्रांति की भावना लहरें मारने लगी और गाँवों तक जा पहुँची। इसके साथ ही अंग्रेजों का दमन-चक्र अपनी पूरी शक्ति से चलने लगा। लेकिन इसके चलते स्वतन्त्रता का आन्दोलन अधिकाधिक व्यापक होता गया।

इसी समय अंग्रेजों द्वारा भारत का आर्थिक शोषण भी चरम पर था। चीन के बॉक्सर विद्रोह के दमन, तिब्बत के सैनिक अभियान और बोएर युद्ध आदि सबका खमियाजा भारत से वसूल किया जा रहा था। कुछ सामन्त-जमींदार इस काम में उनके सहायक थे।[1]

बिहार राज्य के भोजपुर जनपद की स्थिति भी बीसवीं शताब्दी के प्रारम्भिक वर्षों के भारत से बहुत भिन्न नहीं थी। इस जनपद के बाबू कुँवर सिंह 1857 के स्वतन्त्रता-संग्राम के सूत्रधारों में से अकेले ऐसे थे जिन्होंने अंग्रेजों के खिलाफ युद्ध में जीत हासिल की थी। भोजपुरी वीरों ने अंग्रेजों के दाँत खट्टे करते हुए कुँवर सिंह के नेतृत्व में प्रहारात्मक युद्ध किये थे। ग्रियर्सन ने भी भोजपुरी भाषा के सम्बन्ध में लिखते हुए इस भाषा-भाषी जनता की वीरता और उसके युद्ध-प्रेम का विशेष रूप से उल्लेख किया है। स्वाभाविक रूप से अंग्रेज शासकों की नजर यहाँ की जनता के प्रति ज्यादा ही टेढ़ी रही। लोगों की प्रबल विद्रोह-भावना का दूसरा कारण जमींदारों और उनके कारिन्दों का शोषण और अत्याचार था।

पिता केशरीलाल

शोषण के इस दुहरे चक्र में पिसती जनता के ही बीच के आदमी थे केशरीलाल के पिता, जिनके जीविकोपार्जन का एकमात्र साधन था—मजदूरी। तिहरी मार यह कि वे जाति के शूद्र थे, सामाजिक अपमान और प्रताड़ना के सहज स्वभाविक पात्र। इन सबके प्रति उनकी विद्रोह-भावना अपने बेटे को पढ़ा-लिखा कर 'बाबू' बना देने की एकमात्र कामना के रूप में परिलक्षित हुई। अपने परिवार और अपनी मुक्ति का एकमात्र उपाय उस दलित-शोषित अपढ़ गँवार व्यक्ति की दृष्टि में यही था।

केशरीलाल खुद भी पिता और परिवार की दयनीय अवस्था को देखते हुए तन-मन से पिता के सपने पूरे करने में जुटा था। वह जिला मुख्यालय आरा के एक उच्च विद्यालय का विद्यार्थी था।[2]

यह वह समय था जब समाज में जमींदारी प्रथा और अस्पृश्यता का आतंक फैला हुआ था। विद्यालय में पढ़ने का अधिकार केवल कुलीनों को ही था। शूद्रों की हालत इतनी दयनीय थी कि वे न तो समाज में सिर उठाकर चल सकते थे न उनकी सन्तान विद्यालयों में पढ़ ही सकती थी। ऐसी विकट सामाजिक परिस्थिति में शूद्र वंशोत्पन्न बालक केशरी ने आत्मसम्मान को अपने लक्ष्य के सामने घुटने टेकने दिया। विद्यालय के कुलीन विद्यार्थियों के व्यंग्य वाणों को सहते हुए उसने अपनी शिक्षा जारी रखी। आखिर वह शिकायत करता भी तो किससे? सारे के सारे शिक्षक कुलीन थे। शिक्षकों का आदेश था कि वह सबसे पीछे अन्य विद्यार्थियों से अलग बैठे। बगावत की चिंगारी फूटती, पर अपनी स्थिति और पिता की इच्छा को याद कर बुझ जाती। दिन भर की बेगारी के बाद रात्रि में विश्रांति के समय बेटे की पढ़ाई की बातें सुनकर पिता की सारी थकावट दूर हो जाती। वे नित एक नये उत्साह के साथ मजूरी के लिए निकलते। मवेशियों की देखभाल की जिम्मेवारी केशरी की माँ पर थी। कभी इकलौते पुत्र केशरी को हल्का ज्वर भी हो जाता तो माँ-बाप की आँखों की नींद गायब हो जाती। वे देवी-देवताओं की मनौती करते, हालाँकि मन्दिरों में जाने का भी अधिकार उन्हें नहीं था। बेटे के स्वस्थ हो जाने पर घर में रखे विभिन्न आकार के पत्थरों की पूजा की जाती और चढ़ावा चढ़ाया जाता। बेटा केशरी ने भी माँ-बाप को शिकायत का अवसर कभी नहीं दिया। वह अपने विद्यालय की प्रत्येक परीक्षा में अच्छे अंकों से उत्तीर्ण होता। और वह दिन भी आ गया जिसका प्रत्येक माता-पिता को इन्तजार होता है। मैट्रिक बोर्ड की परीक्षा में केशरीलाल सिंह प्रथम श्रेणी से उत्तीर्ण हुआ।[3] माँ-बाप फूले नहीं समाते थे और कुलीन जमींदारों की छाती पर मानो साँप रेंगने लगे। जहाँ जमींदारों के बिगड़े हुए लड़के या तो फेल हो गये थे या अच्छे अंक नहीं ला सके थे, वहीं एक शूद्र का बेटा 'फर्स्ट-डिवीजन' से पास हुआ था। यह उनके लिए

शर्म की बात थी। अब महाजनों के तगादे और जमींदारों के अत्याचार बढ़ गये। वे सब के सब केशरी को भी मजदूर बनाने के लिए नाना प्रकार की साजिश रचने लगे। कर्ज से मुक्ति का बस एक ही उपाय था—केशरीलाल किसी महाजन या जमींदार के यहाँ बँधुआ मजदूर बन जाए। लेकिन केशरीलाल कुछ दूसरा ही सोचता था। उसके दिल में महाजनों और जमींदारों के प्रति घृणा और नफरत की चिंगारी अब ज्वाला बन चुकी थी। 'वह किसी भी परिस्थिति में मजूर नहीं बनेगा'—उसने निश्चय कर लिया—'वह नौकरी करेगा, चाहे जैसी भी मिले, और महाजनों-जमींदारों के कर्ज से पिता को मुक्त करेगा।'

आज एम.ए. और पीएच.डी. की जितनी पूछ नहीं होती इससे अधिक पूछ उस समय मैट्रिक की होती थी। कई एक गाँवों में दो-चार मैट्रिक पास व्यक्ति मिलते थे और वे भी सवर्णों के यहाँ। दलित परिवार का कोई लड़का मैट्रिक पास कर जाए तो पूरे जवार में शोर मच जाता। अब ऐसे होनहार लड़के की शादी के लिए रिश्तेदारों के दबाव पड़ने लगे। केशरीलाल अभी विवाह के बन्धन में बँधना नहीं चाहता था। लेकिन वह माँ-बाप और रिश्तेदारों के दबाव में पड़कर दाम्पत्य सूत्र में बँध गया। उसकी जिम्मेवारी अब और भी बढ़ गयी। उसने निश्चय किया कि जब तक वह नौकरी नहीं करेगा तब तक गौना नहीं कराएगा।

यह उस समय की बात है जब पूरा विश्व प्रथम विश्वयुद्ध की विभीषिका से आक्रान्त था। अंग्रेजों का गुलाम भारत भी उससे अछूता नहीं था। भारतीय सैनिक अंग्रेजों की तरफ से लड़ रहे थे। उन्हें आश्वासन मिला था कि युद्ध की समाप्ति के पश्चात् हिन्दुस्तान को आजाद कर दिया जाएगा। अतः भारतीय नवयुवक एक नये उत्साह के साथ फौज में भर्ती हो रहे थे। इन सारी स्थितियों से युवक केशरीलाल भी अवगत हो चुका था। उसने मन बना लिया कि देश को उद्धार करने में वह भी सहयोग करेगा। वह फौज में भर्ती हो गया। बात-बात पर सवर्ण मित्रों से प्रताड़ित होनेवाला केशरी अब केशरीलाल सिंह हो गया। वहाँ न कोई अवर्ण था न ही सवर्ण। उसकी तो वहाँ जिन्दगी ही बदल गयी। ट्रेनिंग के कठिन कार्यकलापों से जब भी छुट्टी मिलती, अपने माँ-बाप की याद उन्हें बेहद सताती।

केशरीलाल सिंह जल्द-से-जल्द अपने माँ-बाप को अपने पास लाना चाहते थे। लेकिन माँ बेटे के अल्प वियोग को भी बर्दाश्त नहीं कर सकी और ईश्वर को प्यारी हो गयी। माँ के देहान्त का तार जब उन्हें मिला तो वे जैसे अर्द्धमूर्च्छित हो गये। उन्होंने ऐसी कल्पना भी नहीं की थी। आफिसर भला आदमी था। ट्रेनिंग पीरियड में भी छुट्टी मंजूर हो गयी। लेकिन अभी यह दुखों का अन्त नहीं था। लगता था कि पिता के प्राण भी पुत्र को एक बार देखने-भर के लिए अटके थे। केशरीलाल सिंह

की पत्नी आ चुकी थी। वे तो टूट चुके थे, लेकिन पत्नी के ढाढस ने उन्हें नयी शक्ति दी और किसी तरह श्राद्ध-कर्म पूरा हुआ। उन्होंने पत्नी को मैके पहुँचाया और अपने पूर्वजों की एकमात्र सम्पत्ति मिट्टी के घर को महाजनों-जमींदारों के हवाले कर दिया। अब न तो उनके पास अपना घर ही था और न ही माँ-बाप का साया। उन्हें नये सिरे से घर बसाना था। वे फौज की नौकरी में फिर से जुट गये। ट्रेनिंग के बाद नयी जगह क्लर्क के पद पर पोस्टिंग हुई। तब मिलिट्री के क्लर्क की बड़ी इज्जत थी। उपेक्षित-प्रताड़ित केशरीलाल की जिन्दगी अब नये सिरे से प्रारम्भ हुई। ससुराल जाकर पत्नी को ले आये और फौजी क्वार्टर में रहने लगे। थोड़े दिनों के बाद प्रोन्नति के साथ उनका तबादला रावलपिण्डी हो गया। वे अब कैंटीन मैनेजर बना दिया गये। पत्नी भी वहीं आ गयी।

प्रथम विश्वयुद्ध की विभीषिका समाप्त हो चुकी थी। अंग्रेजों के जिस वायदे के अनुसार भारतीयों ने उनकी सहायता की थी उसे पूरा नहीं किया गया। उल्टे जालियाँवाला बाग में जिस नृशंस अमानुषिकता का उन्होंने परिचय दिया उससे पूरे हिन्दुस्तान में आक्रोश और विद्रोह की ज्वाला भड़क उठी। गाँधीजी का असहयोग आन्दोलन इसी का प्रतिफल था। लेकिन यहाँ के अधिकांश नौजवानों ने गाँधी जी के असहयोग को ही काफी नहीं समझा। एक क्रांतिकारी वर्ग का भी उदय हो चुका था। पूरे हिन्दुस्तान में क्रांति की चिंगारी फैल चुकी थी। केशरीलाल सिंह का संवेदनशील हृदय भी इस स्थिति से प्रभावित हुए बिना नहीं रह सका। अंग्रेजों की इस अमानुषिक कार्रवाई से वे विक्षुब्ध हो गये। नौकरी छोड़कर जाएँ भी तो कहाँ? उन पर पत्नी की जिम्मेवारी भी कन्धे पर। अतः मिलिट्री की नौकरी उनकी मजबूरी बन गयी।

शंकर का जन्म

30 अगस्त, सन् 1923 को कैंटीन मैनेजर केशरीलाल सिंह के प्रथम पुत्र का जन्म हुआ। मिलिट्री क्वार्टर का जो घर सूना-सूना लगता था वह नवजात शिशु के रुदन और किलकारियों से भरा-भरा लगने लगा। बेटे के रूप में मानो उन्हें दुनिया की सारी खुशियाँ मिल गयीं। चूँकि बेटे का जन्म भगवान शंकर की कृपा से हुआ था, अतः नाम रखा गया शंकर।

शिक्षा

कुशाग्र बुद्धि के बालक शंकर की प्राथमिक शिक्षा रावलपिण्डी में ही प्रारम्भ हुई। "परन्तु एक दिन अपने एक सहपाठी को इन्होंने जो पिटते देखा तो मन में मार का ऐसा डर बैठ गया कि स्कूल जाना ही बन्द कर दिया। फिर ये जब लगभग ग्यारह वर्ष के हुए, तब पढ़ाई आरम्भ हुई।"[4]

शंकर की शरारतों से माता-पिता या शिक्षक कभी नाराज हो जाते तो वह तब तक उदास रहता जब तक कि उसे माफी नहीं मिल जाती। वह अति संवेदनशील था। वह कभी बालकोचित जिद नहीं करता था। उसने जिद की थी—अपने सहपाठियों से आगे निकलने की और उसकी जिद पूरी भी हुई। सदा फर्स्ट आने से उसे स्कॉलरशिप मिलने लगी। सच पूछा जाए तो बालक शंकर की स्कॉलरशिप ही उसकी भावी जिन्दगी का सहारा बनी। कारण यह था कि उसके तीनों छोटे भाइयों—पुरुषोत्तम दास, प्रह्लाद भक्त और कैलाशचन्द्र के भरण-पोषण और पढ़ाई-लिखाई का गुरु दायित्व भी पिता केशरीलाल के इकलौते कन्धे पर था। तनख्वाह इतनी अधिक थी नहीं कि वे अपने चारों पुत्रों के लिए उचित सुख-सुविधा का प्रबन्ध कर पाते। हालाँकि वे अपने पुत्रों के भरण-पोषण और उचित शिक्षा में कोई कोर-कसर नहीं छोड़ते थे, लेकिन खान-पान, कपड़ा-लत्ता, दवा-दारू में ही तनख्वाह के सारे पैसे खर्च हो जाते थे। ऐसी विकट आर्थिक स्थिति में शंकर की स्कॉलरशिप बहुत बड़ा सहारा बनी।

केशरीलाल सिंह के रिटायरमेंट का दिन नजदीक आ रहा था। अब यह समस्या मुँह बाये सामने खड़ी थी कि रिटायरमेंट के बाद जाएँ तो कहाँ? पैतृक गाँव कब का छूट चुका था। तभी उनके मथुरा निवासी मित्र ने उन्हें मथुरा में बसने का आग्रह किया। जमीन आदि उपलब्ध कराने का वचन भी उस मित्र ने दिया। और रिटायरमेंट के बाद केशरीलाल सिंह अपने परिवार के साथ स्थायी रूप से मथुरा बस गये। पेंशन से बड़ी मुश्किल से घर का खर्च चल पाता था। परिवार का भरण-पोषण एवं उनकी शिक्षा का प्रबन्ध एक विकट समस्या थी। लेकिन होनहार पुत्र शंकर ने अपने पिता के साथ मिलकर इस चुनौती का डटकर मुकाबला किया। वे अपनी पढ़ाई करते हुए मुहल्ले के लड़कों को ट्यूशन पढ़ाने लगे। इस तरह वे अपनी एवं अपने भाइयों की पढ़ाई का खर्च ट्यूशन से चलाने लगे। मथुरा के राजकीय हाई स्कूल से उन्होंने प्रथम श्रेणी से मैट्रिक पास किया।

घर की आर्थिक तंगी से परेशान पिता ने शंकर को नौकरी तलाशने का आदेश दिया। उन्होंने कड़े शब्दों में कहा कि कॉलेज की पढ़ाई के खर्च उठाने की उनमें अब हिम्मत नहीं है। शंकर ने आश्वासन दिया कि कॉलेज की पढ़ाई के लिए वह पिता से एक पैसा नहीं लेगा। इस तरह, उसने मथुरा के किशोरी रमण कॉलेज में प्रवेश ले लिया। स्कॉलरशिप तो मिलती ही थी, उन्होंने ट्यूशनों में अपने आपको और अधिक व्यस्त कर दिया। वे स्कॉलरशिप और ट्यूशन के पैसों से अपनी और अपने भाइयों की पढ़ाई का खर्च चलाने लगे। नगर में जहाँ कहीं भी कवि-सम्मेलन या मुशायरा का आयोजन होता शंकर वहाँ जरूर जाते और अन्त तक रहते। इतनी कम उम्र में ही वे कविता का आनन्द लेने लगे थे। यही नहीं, कविता लिखने का शौक

भी उन्हें होने लगा। वे छोटी-छोटी कविताएँ लिखते और अपनी कक्षा के मित्रों को सुनाते। अब वे हिन्दुस्तान की गुलामी और अंग्रेजों के अत्याचारों का अर्थ भी समझने लगे थे। भगतसिंह और उनके साथियों की शहादत की बातें सुनकर उन्हें रोमांच हो आता। सुभाषचन्द्र बोस और महात्मा गाँधी के स्वातन्त्र्य आन्दोलनों से वे पूरी तरह वाकिफ हो चुके थे। उनका आधा समय देश की चिन्ता में बीतने लगा और आधा पढ़ाई में। वे अपने साथियों के मन में भी अंग्रेजों के प्रति घृणा का जहर घोलते रहे।

कवि शैलेन्द्र

बावजूद तमाम परिस्थितियों के, साहित्य में उनकी रुचि कम नहीं हुई। वे कवि-सम्मेलनों में जाते रहे और कविताएँ भी लिखते रहे। उनकी भागीदारी अब एक श्रोता के रूप में ही नहीं एक कवि के रूप में भी होने लगी। जल्दी ही उन्हें कवि-सम्मेलनों से निमन्त्रण भी मिलने लगे। कवि-सम्मेलनों में एक नवोदित कवि के रूप में उनका परिचय कराया जाता। उनकी रोमैण्टिक एवं देशभक्तिपूर्ण कविताएँ नौजवानों को विशेष प्रभावित करतीं। कविता पढ़ने का अन्दाज उनका इतना विशिष्ट होता कि कविताओं में गम्भीर भावों के अभाव के बावजूद धूम मच जाती। मथुरा और उसके आस-पास के इलाकों में कवि के रूप में ख्याति प्राप्त कर लेने के बाद उन्होंने अपना उपनाम रखा—शैलेन्द्र। अब वे शंकर सिंह 'शैलेन्द्र' हो गये।

सन् 1941 में उनकी पहली कविता आगरा से प्रकाशित होने वाली साहित्यिक पत्रिका 'साधना' में छपी।[5] अब वे विभिन्न पत्र-पत्रिकाओं में कविताएँ भेजने लगे। हंस, धर्मयुग, साप्ताहिक हिन्दुस्तान, माधुरी आदि पत्रिकाओं में उनकी रचनाएँ छपने लगीं। लेकिन आर्थिक तंगी एक बार फिर आड़े आयी और पढ़ाई एक समस्या के रूप में दिखाई देने लगी। परिवार की गाड़ी चलाने के लिए पैसों की सख्त जरूरत थी, यह शैलेन्द्र अब महसूस करने लगे थे। उनका भावुक मन चिन्ता में डूबा रहने लगा। वे एकान्त में घण्टों बैठे रहते और विभिन्न प्रकार के विचार उनके मन में उमड़-घुमड़ कर उन्हें उद्वेलित करते। कभी वे परिवार की समस्याओं में उलझ जाते, कभी समाज की विषमता और देशवासियों पर अंग्रेजों द्वारा हो रहे अत्याचारों पर उबलते रहते।

जेल-यात्रा

अप्रैल, 1942 में साप्ताहिक 'हरिजन' में प्रकाशित एक लेख में महात्मा गाँधी ने पहली बार 'भारत छोड़ो' का नारा दिया, जो इस बात का सूचक था कि भारत को तत्काल स्वतन्त्रता प्रदान की जानी चाहिए। इस प्रस्ताव के सिलसिले में गाँधीजी ने घोषणा की कि उसे क्रियान्वित करने का संघर्ष, जो व्यापक 'सविनय अवज्ञा आन्दोलन' का रूप लेगा, वह अहिंसा की सीमाओं से बाहर जा सकता है। युवकों

के दलों ने सैकड़ों रेलवे स्टेशनों, डाकखानों और पुलिस चौकियों पर हमले किये, संचार साधनों को नष्ट किया और सड़क तथा रेल पुलों को उड़ा दिया। अधिकारियों ने ब्रिटिश विरोधी प्रदर्शनों में भाग लेने वालों से निर्मम प्रतिशोध लेना शुरू किया। हजारों लोग मारे गये और हजारों गिरफ्तार कर लिए गये।[6] शंकर सिंह शैलेन्द्र और उनके साथियों को भी शासन का तख्ता उलटने का षड्यंत्र रचने और तोड़-फोड़ के आरोप में गिरफ्तार कर जेल भेज दिया गया।[7]

रेलवे में नौकरी

जेल से छूटने के बाद शंकर सिंह शैलेन्द्र पर पारिवारिक दबाव बढ़ गया और उन्हें नौकरी की तलाश करनी पड़ी। मथुरा के रेलवे वर्कशॉप में उन्हें वेल्डर की नौकरी मिल भी गयी। लेकिन इनकी महत्त्वाकांक्षा यहीं तक सीमित नहीं रही। नौकरी के साथ-साथ पढ़ाई भी जारी रही। कुछ दिनों के बाद झाँसी रेलवे अप्रेन्टिस के पाँचवर्षीय कोर्स की प्रवेश परीक्षा में ये चुन लिए गये।[8] कॉलेज का कलात्मक माहौल छोड़कर मशीनों की दुनिया में प्रवेश करना शंकर सिंह शैलेन्द्र की प्रकृति के सर्वथा प्रतिकूल था। लेकिन यहाँ एक तरह से कवि पराजित हो जाता है और व्यक्ति विजयी। स्वयं शंकर शैलेन्द्र के शब्दों में : "उस दिन 'मैं' की ही जिद थी कि मैं कॉलेज छोड़कर जा रहा था, कवि कलप रहा था और गीतकार रो रहा था। सारे आदर्श और सपने छोड़कर जा रहा था—इंजीनियरिंग पढ़ने।"[9]

कला, साहित्य, प्राकृतिक सुषमा और राजनीति से घिरा रहनेवाला शंकर अब चौबीसों घंटे मशीनों के चक्र में फँसा रहने लगा। झाँसी रेलवे अप्रेन्टिस के पाँचवर्षीय इंजीनियरिंग कोर्स में नामांकन कराने के बाद उन्होंने अपना तबादला माटुंगा रेलवे वर्कशॉप, बम्बई में करा लिया। अब उनकी दिनचर्या ही बदल गयी। वे छह महीना झाँसी में रहकर अप्रेन्टिस कोर्स करते और छह महीना बम्बई के माटुंगा रेलवे वर्कशॉप में वेल्डर की नौकरी। वहीं पर शैलेन्द्र मजदूरों के सम्पर्क में आये। मजदूरों की समस्याएँ—उनका शोषण, उन पर ढाई जा रही ज्यादतियाँ एवं उनकी दयनीय स्थिति आदि ने संवेदनशील कवि को झकझोर कर रख दिया। 1942 और 1943 में 'भारत रक्षा अधिनियम' में विशेष संशोधनों द्वारा हड़तालों को व्यवहार में वर्जित कर दिया गया।[10] यह कैसी विडम्बना है! मजदूर काम करते-करते मर भी जाएँ तो क्या हर्ज है! उनका जन्म अपने अधिकारों के लिए आवाज उठाने के लिए नहीं, मजदूरी करते-करते मर जाने के लिए ही हुआ है। शैलेन्द्र का संवेदनशील हृदय दरक कर रह जाता। और जब सरकार द्वारा लगाये गये पूर्ण प्रतिबन्ध के बावजूद हड़तालें जारी रहीं तो शैलेन्द्र मजदूरों की आवाज बनकर उसमें कूद पड़े। वे झंडा लेकर गीत गाते

हुए मजदूरों के जुलूस के आगे-आगे चलने लगे। कामगार यूनियन और जननाट्यसंघ (इप्टा) के सक्रिय सदस्य के रूप में उन्होंने मजदूरों की आवाज बुलन्द की। एक ओर वे कामगार यूनियन की हड़तालों में अपनी समस्याओं और माँगों के गीत गाकर एक नया उत्साह देते तो दूसरी ओर इप्टा के मंच से अपनी काव्य-प्रतिभा के बल पर मजदूर आन्दोलन को व्यापक बनाते। "इप्टा के मंच से गाये गये उनके गीत शीघ्र ही बम्बई की जनता में छा गये और वे मजदूरों और बुद्धिजीवियों के प्रिय गीतकार हो गये।"[11]

मशीनों की गड़गड़ाहट के बीच मजदूरों की समस्याओं की अभिव्यक्ति शैलेन्द्र की कविता की धार बन गयी। उनकी कविताओं के व्यंग्य छेनी-हथौड़े की तरह अचूक मर्माहत करनेवाले मजदूरों के हथियार बन गये। लेकिन मजदूरों से घिरे रहनेवाले इंजीनियर का हृदय कमल के समान कोमल ही रहा। उन्होंने मशीनों को लौह उपकरण कभी नहीं समझा। वे जिस तन्मयता से कविता लिखते और पढ़ते थे उसी तन्मयता से वर्कशॉप में मशीन भी चलाते थे। पूरे 'आठ साल तक मशीनों के तानपुरे पर गीत गानेवाला'[12] कलाकार भी प्रेम के दुख-दर्द से अछूता नहीं रह सका। ऐसा नहीं कि मजदूरों और दलितों के दुख-दर्द बाँटते-बाँटते उनकी वैयक्तिक प्रेम-भवना ही मर गयी। शैलेन्द्र भी आदमी थे और वह भी अति संवेदनशील। खानाबदोश का-सा जीवन व्यतीत करनेवाला वह कवि प्रेम सम्बन्धी वियोग की आग में साल के छह महीने झुलसता रहता। बम्बई की भीड़ में, जनता-मजदूर के दुख-दर्द में भले ही वह अपनी प्रिया को भूल जाता हो, लेकिन निर्जनता के प्रांगण में पहुँचते ही उसे प्रिया की याद बुरी तरह सताने लगती। और ऐसी मनःस्थिति में वह दीन-दुनिया से बेखबर झाँसी पहुँच जाता जहाँ उसकी प्रियतमा उसकी ही याद में अक्सर बैठी रहती। सपने देखना उनकी आदत-सी हो गयी थी। यही कारण है कि उनकी रूमानी कविताओं में सपनों का एक संसार मिलता है। बम्बई के माटुंगा रेलवे वर्कशॉप की मशीनों और अपने प्रिय मजदूर भाइयों के साथ और एकान्त में प्रिय शकुन की याद में छह महीना यूँ ही बीत जाता। यादों का सफर पूरा होता झाँसी पहुँचने पर। सुन्दर, सुसंस्कृत और पढ़ी-लिखी प्रेमिका के सान्निध्य में शैलेन्द्र जैसे निहाल हो जाते। शकुन का पूरा नाम शकुन्तला था। वह शैलेन्द्र की भावनाओं की कद्र करती और अपने प्रेम के द्वारा उन्हें एक नया उत्साह प्रदान करती। यदि कभी शकुन्तला नाराज हो जाती तो इसके लिए वे खुद को जिम्मेवार मानते और घण्टों एकान्त में बैठकर अपनी कमियों की तलाश करते। अन्ततः शकुन्तला ही उनकी उदासी को दूर करती। इसी तरह संयोग के छह महीने बीत जाते और फिर वियोग का सिलसिला शुरू होता।

मार्क्सवाद की ओर

ऐसा नहीं कि नौकरी, मजदूर-आन्दोलन और प्रेम में फँस जाने के बाद उनका अध्ययन कुण्ठित हो गया। उन्होंने विभिन्न देशी और विदेशी भाषाओं के साहित्य का अध्ययन किया। इसी क्रम में उन्होंने संस्कृत, अंग्रेजी, गुजराती, मराठी, बंगला, पंजाबी, रूसी आदि चौदह भाषाएँ सीखीं और उसके साहित्य का गहराई से अध्ययन किया। हिन्दी के कवियों में कबीर और निराला को विशेष पसन्द किया। कबीर और निराला की कविताओं का सस्वर पाठ वे भजन-कीर्तन की तरह किया करते थे। लेकिन उन्हें सर्वाधिक प्रभावित किया रूसी और मार्क्सवादी विचारकों ने। मार्क्स, एंगेल्स, लेनिन और स्तालिन के चिन्तन से शैलेन्द्र गहरे प्रभावित हुए। उन्होंने महसूस किया कि क्रांति के जिस कठिन रास्ते पर मार्क्स, एंगेल्स और लेनिन चले थे, उसी रास्ते पर चलकर मानव जाति का उद्धार किया जा सकता है। शैलेन्द्र ने उन्हें मानव जाति के भाग्य-निर्माता के रूप में पाया। अध्ययन के उपरान्त उन्हें यह मालूम हुआ कि इन क्रांतिकारी चिन्तकों को अपने चिन्तन के लिए किसी भी प्रकार की भौतिक सुविधा प्राप्त न थी। देश-विदेश में भटकते हुए, विभिन्न प्रकार की मुसीबतों और पूँजीवादी प्रहारों को सहते हुए इन क्रांतिकारियों ने मार्क्सवाद को सिद्धान्त और व्यवहार में परिपुष्ट बनाया था। परिवर्तन की कामना करनेवालों के लिए इनसे अच्छी और कोई मिसाल नहीं हो सकती जिनसे वे प्रेरणा लें और जिनके बताये हुए रास्ते पर चलें।[13] समाज को समझने, उसकी विसंगतियों को दूर करने और सर्वहारा के उद्धार के लिए शैलेन्द्र ने मार्क्सवाद को सबसे सही रास्ता समझा।

प्रगतिशील लेखक संघ की सदस्यता

अपने अनुभवों और विचारों को कार्यरूप देने के लिए शैलेन्द्र ने 'प्रगतिशील लेखक संघ' की सदस्यता ग्रहण की। यों भी 'जननाट्य संघ' और 'प्रगतिशील लेखक संघ' के सदस्यों के बीच घनिष्ठ सम्बन्ध था।[14] यह ध्यातव्य है कि प्रगतिशील लेखक संघ की स्थापना कम्युनिष्ट पार्टी की पहल पर हुई थी। प्रगतिशील लेखक अखिल भारतीय और प्रान्तीय स्तरों पर विमर्श के पश्चात् नीति निर्धारित करते थे। उनके द्वारा लिखित साहित्य का लेखा-जोखा भी होता था। इसी क्रम में शैलेन्द्र का जिन प्रगतिशील विचार वाले साहित्यकारों से परिचय हुआ उनमें प्रमुख हैं– अमृत राय, रामविलास शर्मा, मुनीश नारायण सक्सेना, धर्मवीर भारती, अरविन्द कुमार, कमलेश्वर, शील, सुदर्शन चक्र, नागार्जुन, मलखान सिंह आदि। ये ऐसे साहित्यकार हैं जो राजनीति को साहित्य का विषय बनाकर अपने जनवादी विचारों को जनता तक पहुँचाते हैं। शैलेन्द्र भी इन्हीं राजनीतिक रूझान के साहित्यकारों की पंक्ति में शामिल हो गये।

सन् 1947 में जहाँ आजादी की खुशियाँ मनायी गयीं वहीं देश के विभाजन और उससे उत्पन्न साम्प्रदायिक दंगों ने दहशत का माहौल पैदा किया। वर्षों से भाइयों की तरह रहते आ रहे पड़ोसियों के बीच खूनी जंग शुरू हो गयी। पंजाब और बंगाल के विभाजन से हृदयविदारक समस्या उठ खड़ी हुई। एक बड़ी भारी आबादी को अपना घर-बार छोड़ना पड़ा। शरणार्थियों की बढ़ती हुई संख्या से भुखमरी की स्थिति उत्पन्न हो गयी। भाई को भाई से, पति को पत्नी से, माँ को बेटे से बिछोह हुआ। इस दारुण परिस्थिति ने शैलेन्द्र को झकझोर कर रख दिया। विभाजन की विभीषिका पर शैलेन्द्र ने एक गीत लिखा :

जलता है पंजाब साथियो....

बम्बई में पंजाब के शरणार्थियों के सहायतार्थ एक जुलूस निकाला गया था जिसमें बहुत से फिल्मी कलाकार भी शामिल हुए थे। शैलेन्द्र ने अपना यह गीत उस जुलूस में पढ़ा था।[15] जुलूस में शामिल हजारों की भीड़ ने नारे की तरह इस गीत को गाया था। बम्बई की सड़कों पर यह जुलूस जहाँ से भी गुजरा, इस गीत के प्रभाव से लोगों की संख्या बढ़ती गयी। प्रत्येक की जुबान पर यही गीत था। उस जुलूस के प्रमुख आकर्षण फिल्मी कलाकार नहीं बल्कि शैलेन्द्र रहे।

राजकपूर से पहली मुलाकात

बम्बई की सांस्कृतिक संस्था 'जननाट्य संघ' के तत्वावधान में एक कवि सम्मेलन का आयोजन था। कई नामांकित कवियों और शायरों का जमघट था। थिएटर के ऊँचे मंच पर उन नामांकित कवियों और शायरों के साथ युवा कवि शैलेन्द्र को भी बैठाया गया था। मंच से कविता-पाठ करने वाले कवियों की सूची में उस युवा कवि का नाम भी शामिल था। संचालक ने कविता-पाठ करने के लिए शैलेन्द्र को ससम्मान बुलाया। (शैलेन्द्र की आदत थी कि मंच से कविता-पाठ करने से पहले वे श्रोताओं के स्तर और उनके मनोभावों को परखते थे। माइक के सामने खड़े होने की उनको स्टाइल से ही श्रोता-समुदाय प्रभावित हो जाता था।) युवा कवि माइक के सामने खड़ा होता है। पलभर वह श्रोता-समुदाय की ओर देखता है और पाता है कि उसमें फिल्मी सितारे भी शामिल हैं। और तब उस युवा कवि शंकर शैलेन्द्र की बुलन्द आवाज हवा में गूँज उठती है :

जलता है पंजाब साथियो....

और फिर,

मोरी बगिया में आग लगा गयो रे
गोरा परदेसी...

उस कवि सम्मेलन में शैलेन्द्र की अतिशय सराहना हुई। श्रोता के रूप में उसमें राजकपूर भी शामिल थे। कला के अपूर्व पारखी राजकपूर की दृष्टि से वह विद्रोही

कवि न बच सका। कवि की उत्तेजक भावना राजकपूर के मन को छू गयी, उसके कलाकार को भा गयी।[16] राजकपूर उस समय पृथ्वीराज कपूर के साथ 'पृथ्वी थिएटर' में काम करते थे और अपनी पहली फिल्म 'आग' की शुरुआत कर चुके थे। वे 'आग' के लिए 'क्लाइमेक्स गीत' की तलाश में थे। 'आग' की थीम भी शैलेन्द्र के उस गाए हुए गीत से मिलती-जुलती थी। जो टीस उस गीत में थी वही राजकपूर की 'आग' में भी थी। राजकपूर ने सोचा कि "यही वह आदमी है जिसकी मुझे तलाश थी, 'आग' की आखिरी घटना के लिए यही आदमी गीत लिख सकता है।"[17] उन्होंने शैलेन्द्र के बारे में पता लगाया। मालूम हुआ कि उसका नाम शंकर सिंह शैलेन्द्र है। रेलवे में वेल्डर की नौकरी करता है और परेल में जी.आई.पी. के रेलवे क्वार्टर में रहता है। इप्टा का सक्रिय सदस्य है। राजकपूर खुद जाकर शैलेन्द्र से मिले। उन्होंने अपना परिचय दिया और अपनी फिल्म 'आग' के लिए एक गीत लिखने का प्रस्ताव रखा जिसे शैलेन्द्र ने साफ इनकार कर दिया। "फिल्मों में तब कला के स्थान पर टुम टुमाटुम टुम का बोलबाला था। बहुत ही सस्ते किस्म के गानों का प्रचार था। इसीलिए उस प्रतिभाशाली कवि का फिल्मी माहौल में आने के लिए मना करना वाजिब ही था।"[18] राजकपूर ने उचित पारिश्रमिक देने की बात कही, पर उस 'विद्रोही-निरंकुश गीतकार' ने साफ शब्दों में जवाब दिया—'मैं पैसे के लिए नहीं लिखता। कोई ऐसी बात नहीं है जो मुझे आप की फिल्म में गाना लिखने के लिए प्रेरणा दे। मैं क्यों लिखूँ?'[19]

तब शैलेन्द्र और राजकपूर लगभग एक ही उम्र के थे। राजकपूर भी शैलेन्द्र से कम निरंकुश नहीं थे। फिर भी राजकपूर को शैलेन्द्र का ऐसा व्यवहार बुरा नहीं लगा था। शैलेन्द्र का इस तरह स्पष्ट इनकार ही राजकपूर को लुभा गया। उन्होंने अनुनय-विनय भी नहीं की और निराश होकर लौट गये।[20]

आर्थिक दबाव

सन् 1948 के आरम्भिक दिनों में शैलेन्द्र की अप्रेन्टिस पूरी हो गयी। उनकी पोस्टिंग माटुंगा रेलवे वर्कशॉप में ही 'फोरमैन' के पद पर हुई। जिम्मेवारी भी बढ़ गयी। झाँसी छूट गयी, साथ ही अपनी चहेती प्रेमिका से मिलते रहने का अवसर भी। उन्होंने शकुन्तला के पिता से मिलने का निश्चय किया और इसी उद्देश्य से झाँसी गये। शकुन्तला के पिता भी प्रगतिशील विचार वाले सज्जन निकले। शकुन्तला और शैलेन्द्र के प्रेम-सम्बन्ध की खबर उन्हें मिल गयी थी। अपनी पढ़ी-लिखी और होशियार बेटी की पसन्द पर उन्हें पूरा भरोसा था। और तुरन्त ही एक सादे समारोह में शकुन्तला और शैलेन्द्र परिणय के सूत्र में बँध गये। सिर्फ चार दिन पत्नी के साथ रहने के बाद उसे मैके में ही छोड़कर उन्हें वापस बम्बई आना पड़ा। लाचारी थी, छुट्टी खत्म हो गयी थी।

परेल के जी.आई.पी. क्वार्टर में शकुन्तला को रखना उन्होंने उचित नहीं समझा। कुछ ही दिनों के बाद पत्नी का पत्र आया। लिखा था—संयोग के वे कुछ लमहे नहीं बिसरते.. .. मुझे अब मैके जरा भी नहीं भाता, शीघ्र आओ और मुझे ले चलो। अकेलेपन के दमघोंट वातावरण से निजात पाने के लिए वे मकान की खोज में व्यस्त हो गये। वे कल्पना करने लगे उस दिन की जिस दिन प्यारी पत्नी की मुस्कान उनकी सारी परेशानियाँ दूर कर देगी। लेकिन बम्बई में मुम्बादेवी को भले ही कोई ढूँढ़ ले, मकान खोजना बहुत कठिन है। आशा और निराशा की पैशाचिक यातना सहते हुए शैलेन्द्र बम्बई की खाक छानते रहे। विलापार्ला, कुर्ला, थाना, सिऊ, अंधेरी सब जगह गये; बिल्डिंगे ही बिल्डिंगे दिखीं लेकिन मकान मालिक के जेहन में तो 'पगड़ी' वाले भूत समाए हुए थे। एक कमरे के लिए ही दो हजार की पगड़ी। 'सवा पैसे' में शादी करने वाले वेतन भोगी शैलेन्द्र के लिए दो हजार का इन्तजाम करना आकाश से तारे तोड़ने से कम नहीं था। कई दिन बिना खाए-पिए घर की खोज में यों ही गुजर गये। घर नहीं ही मिला। आखिरकार थक-हार कर बैठ गये और अपनी भाग्यहीनता को कोसने लगे। वे देखने लगे अपने को बम्बई की सामान्य जिन्दगी में मिलाकर। उनके अपने पास कम से कम रेलवे क्वार्टर तो है, भले ही वह आदमी के रहने लायक न हो और जिसमें वे गर्मी की धूप, बरसात की वर्षा और जाड़े की ठंड से बच तो सकते हैं! उन्हें बम्बई में लाखों की संख्या में ऐसे लोग दिखाई दिए जिनकी छत आकाश और शैय्या कठोर धरती है। भले ही वे उससे सन्तुष्ट नहीं हैं और रोटी-रोजी और घर के लिए आवाज उठा रहे हैं, जीने के लिए मौलिक अधिकार माँग रहे हैं; लेकिन माँगने से क्या होता है? भले ही हिन्दुस्तान आजाद हो गया हो पर ये फुटपाथी अब भी गुलामी की जिन्दगी जीने को लाचार हैं। बम्बई के इन भाग्य निर्माताओं के दुःखों के सामने शैलेन्द्र को अपना दुःख बहुत हल्का जान पड़ा।[21] उसी समय शैलेन्द्र ने एक कविता लिखी—'नयी-नयी शादी है लेकिन' जो उसी वर्ष 'हंस' में छपी थी, जिसमें उनकी हताशा, उनकी विवशता और बम्बई की निम्न-मध्यवर्गीय जीवन की सचित्र झाँकी मिलती है :

नयी-नयी शादी है लेकिन
बटुए-सी दुल्हिन को लेकर
सिर्फ चार दिन साथ रह सका

× × ×

मुझ जैसे तो लाखों हैं
जो रहने को घर माँग रहे हैं
माँग रहे हैं रोटी, कपड़ा, रोजी
बोनस औ' महँगाई

माँग रहे हैं जीने का अधिकार
स्वदेशी सरकारों से।[22]

शैलेन्द्र अपनी पत्नी को अपने रेलवे क्वार्टर में ही ले आये। पत्नी शकुन्तला के घर में पदार्पण करते ही गृहस्थी के आवश्यक सामानों की आवश्यकता महसूस हुई। बम्बई जैसे महँगे शहर में गृहस्थी जमाने के लिए शैलेन्द्र उस मोड़ पर आ खड़े हुए जहाँ से उन्हें सिर्फ एक ही रास्ता सूझा और वह रास्ता राजकपूर अर्थात फिल्मों की ओर जाता था। आर्थिक मजबूरियों ने उन्हें फिल्मों के नामुराद दरवाजे पर ले जाकर छोड़ दिया जिसे उन्होंने कभी भी महत्त्व नहीं दिया था। यहीं से शैलेन्द्र के जीवन का नया अध्याय आरम्भ होता है।

फिल्म जगत में प्रवेश

आर.के. बैनर की पहली फिल्म 'आग' बन गयी थी और 'बरसात' की शुरुआत हो चुकी थी। अपनी अन्तरात्मा की आवाज को कठोरता से दबाए हुए शैलेन्द्र राजकपूर से मिलने फेमस महालक्ष्मी स्थित उनके कार्यालय पहुँचे। दरवाजे पर बैठे चपरासी के द्वारा उन्होंने राजकपूर को अपने आने की सूचना दी। राजकपूर ने उन्हें सादार अपने पास बुलाया। निराशा, चिन्ता और क्रोध का सम्मिलित भाव लिए शैलेन्द्र बेधड़क राजकपूर के कमरे में गये। पहुँचते ही स्पष्ट शब्दों में बोले–'याद है आप को, आप एक मर्तबा मेरे पास आये थे? फिल्मों में गाने लिखवाने के लिए?' राजकपूर ने सहमति व्यक्त की। वे तपाक से बोले–'मुझे पैसों की जरूरत है। पाँच सौ रुपये चाहिए। जो मुनासिब समझें, काम करवा लीजिएगा।' किसी से दबकर या घुमा-फिराकर कुछ कहना तो उन्होंने कभी सीखा ही नहीं था। सन् 1948 में राजकपूर के लिए भी पाँच सौ रुपये एकमुश्त किसी को देना बड़ी बात थी। फिर भी उन्होंने रुपये मँगवाए और देते हुए कहा कि फिर कभी आइएगा, काम की बात तभी होगी।[23]

'बरसात' के छह गाने हसरत जयपुरी ने लिख लिए थे। बाकी दो गाने राजकपूर ने नवागत शैलेन्द्र से लिखवाए थे।[24] "राजकपूर ने भाँप लिया कि उनकी भावना को सबसे अधिक सार्थक शब्द शैलेन्द्र ही दे सकते हैं। इसलिए उन्होंने 'बरसात' शीर्षक पर ही शैलेन्द्र से गीत लिखने के लिए कहा। शैलेन्द्र ने जो गीत लिख कर दिया वही 'बरसात' का शीर्षक गीत बना[25] :

बरसात में हमसे मिले तुम सजन
तुमसे मिले हम...

"'बरसात' के बाद तो शैलेन्द्र हसरत से ज्यादा महत्त्वपूर्ण बन गये।"[26] फिल्म के रिलीज होते-होते इस गीत ने धूम मचा दी। इस गीत की लोकप्रियता के बाद

शैलेन्द्र स्थापित हो गये और उनके पास फिल्मों का ढेर लग गया।

राजकपूर की एक के बाद एक करके फिल्में बनती गयीं और इसके साथ ही शैलेन्द्र निरन्तर लोकप्रियता और प्रसिद्धि की नित नयी ऊँचाइयाँ छूते गये। राजकपूर और शैलेन्द्र दोनों ने एक-दूसरे की कला और कलाकार को समझा और उनके रिश्ते दिनोंदिन प्रगाढ़ हुए। शैलेन्द्र फिल्मों में मजबूरी में आये थे लेकिन धीरे-धीरे उनका मन फिल्मों के माध्यम से अभिव्यक्ति में रम गया। उनकी एक मित्रमंडली तैयार हुई जिसने मिलजुलकर भारतीय दर्शकों को कुछ बहुत अच्छी फिल्में और ढेरों कालजयी गीत-रचनाएँ दीं। कहना न होगा कि फिल्मी गीतों का यह स्वर्ण युग ही था। साप्ताहिक शोर वाले फिल्मी गीतों के बीच शैलेन्द्र उन गिने-चुने गीतकारों में से हैं जिनकी रचनाएँ कभी भी श्रोताओं के लिए बासी नहीं हुईं।

न्यौता और चुनौती

1955 में शंकर शैलेन्द्र का काव्य संग्रह 'न्यौता और चुनौती' का प्रकाशन हुआ। यह संग्रह मराठी के कामगार साहित्यिक अन्नाभाऊ साठे को समर्पित है और इसमें शैलेन्द्र की 19 कविताएँ संगृहीत हैं। यह उनका एकमात्र प्रकाशित काव्यसंग्रह है। इसके बाद फिर किसी काव्यसंग्रह के प्रकाशन की नौबत ही नहीं आ पायी। उन्होंने एक अन्य काव्यसंग्रह और गीतों के संकलन की तैयारी की थी लेकिन 'तीसरी कसम' वाले हादसे और उनके असामयिक निधन के कारण बात अधूरी रह गयी।

रिमझिम में गृहस्थी

फिल्मी दुनिया में प्रवेश और नौकरी छोड़ देने के बाद से शैलेन्द्र पबई लेक में किराये का मकान लेकर रहने लगे। आर्थिक समस्या अब वैसी नहीं रह गयी थी। बम्बई के उपनगर खार के 9वाँ रोड में जमीन खरीद कर उन्होंने अपनी ही देख-रेख में मकान का निर्माण-कार्य प्रारम्भ किया। कुछ ही दिनों में दोमंजिला मकान बनकर तैयार हो गया। शैलेन्द्र ने अपने नवनिर्मित घर का नाम रखा—रिमझिम। अपने घर के नामकरण से ही उनकी रूमानी तबीयत का पता चल जाता है। 'रिमझिम' के निर्माण के साथ ही उनकी चिरसंचित अभिलाषा पूरी हो गयी। 'रिमझिम' में बच्चों की किलकारियों की ही कमी रह गयी थी जो कुछ ही दिनों में पूरी भी हो गयी। सन् 1951 में उनके प्रथम पुत्र बंटू अर्थात् शैली का जन्म हुआ। फिर क्रमशः मनोज, अमला, गोपा और दिनेश (बबलू) का जन्म हुआ। अपने बच्चों को वे बहुत प्यार करते थे। उनकी दृष्टि में पुत्र और पुत्री में कोई अन्तर नहीं था। घर में आते ही बच्चे उन्हें घेर लेते और शैलेन्द्र को मानो स्वर्ग का सुख मिल जाता। लेकिन सन्तान-प्रेम में वे यह नहीं भूल जाते कि उन्हें अनुशासित, सुसंस्कृत और सुशिक्षित बनना है। बच्चों में वे इन

तीनों गुणों का विकास देखना चाहते थे। बच्चों की जरा-सी उद्दण्डता की खबर से वे विचलित हो उठते थे। लेकिन वे कभी भी उन्हें डाँटते या मारते नहीं थे। जब उन्हें पता चल जाता कि उनकी अनुपस्थिति में बच्चों ने किसी प्रकार की उद्दण्डता की है तो वे घण्टों चिन्तामग्न बैठे रहते। खाना-पीना तो दूर, पढ़ाई-लिखाई भी नहीं हो पाती। अतः शकुन्तला जी और बच्चे भी इस बात का पूरा ध्यान रखते थे कि उन्हें किसी प्रकार का मानसिक कष्ट न हो। अक्सर वे बच्चों से नाना प्रकार की बातें किया करते थे। सभी बच्चे उन्हें 'बाबा' कहते थे। एक दिन उन्होंने सभी बच्चों से बारी-बारी से पूछना शुरू किया कि वे बाबा से अधिक प्यार करते हैं या माँ से? बंटू को छोड़ सबने कहा कि 'माँ से'। उन्होंने बंटू से पूछा– 'तुम बाबा को ही अधिक प्यार क्यों करते हो?' 'क्योंकि बाबा हमें माँ से अधिक प्यार करते हैं। माँ हमें डाँटती हैं, मारती भी हैं, लेकिन बाबा कभी भी नहीं डाँटते।'

'लेकिन माँ तो मेरे मर जाने के बाद भी तुम्हें प्यार करती रहेंगी जबकि तुम्हारी माँ के मर जाने के बाद मैं दूसरी शादी कर सकता हूँ।'

'फिर भी मैं बाबा को ही अधिक प्यार करता हूँ।'[27] इस तरह की बातों से वे बच्चों को सहिष्णु और स्पष्टवादी बनाने का प्रयास करते थे।

व्यक्तित्व

शैलेन्द्र एक कोमल हृदय व्यक्ति थे। व्यावहारिकता वे कतई नहीं जानते थे। अगर उन्हें कभी पता चल जाता था कि उनका कोई मित्र मुसीबत में है तो उनका दिल टुकड़े-टुकड़े हो जाता था और इतना ही नहीं, अपनी सीमाओं से बाहर जाकर भी उसकी मदद करने को तत्पर रहते थे। उदाहरण के लिए सुप्रसिद्ध गीतकार इन्दीवर का संस्मरण देखा जा सकता है :

"'इन्दीवर यह चेक रख लो।'

'लेकिन मुझे इसकी जरूरत नहीं है।'

'फिर भी रख लो। मुझे बाद में लौटा देना।'"

कहते हुए शैलेन्द्र जी ने वह चेक मेरी जेब में ठूँस दिया। उन दिनों मैं फिल्मिस्तान की फिल्म 'अभिमान' के लिए लिख रहा था। धुन बना रहे थे रोशन। शैलेन्द्र जी भी फिल्मिस्तान की एक फिल्म में अनुबंधित थे। मैं उन दिनों घोर आर्थिक कष्ट में था, अतः रोशन साहब से गीत का रिकार्डिंग तुरन्त कराने का अनुरोध कर रहा था–'तीन महीने का मुझपर किराया चढ़ गया है। किराया 90 रुपये प्रतिमाह है। अगर तुरन्त अदा नहीं किया गया तो मुझे मकान खाली करना पड़ सकता है।' शैलेन्द्र जी भी उस समय वहाँ मौजूद थे। उसी सप्ताह मैं मिलने उनके घर गया।

इससे पहले कि मैं कोई बात करता, उन्होंने चेक मेरी जेब में डाल दिया। मैं जब भी इस बात को सोचता हूँ, यही पाता हूँ कि फिल्मी दुनिया में शैलेन्द्र के अतिरिक्त कोई उदार व्यक्तित्व नहीं था जो बिना माँगे सहायता करता हो।"[२८] अच्छे पिता, अच्छे पति, अच्छे मित्र और अपने काम के प्रति वफादार व्यक्तित्व में कभी भी शिथिलता नहीं आने पायी। पैसे को तो उन्होंने कभी महत्त्व दिया ही नहीं। वे मित्र बनाना जानते थे और निभाना भी। 'रिमझिम' के लॉन में प्रायः प्रतिदिन मित्रों के साथ महफिलें जमतीं। ठहाके लगते और साहित्य-राजनीति की बातें होतीं। किसी हँसनेवाली बात पर वे जी खोलकर हँसते। मित्रमण्डली में उनके ठहाके मशहूर थे। साथ ही मार्मिक बातें उनके हृदय को विदीर्ण कर देती थीं। समय और स्थान को नजरअन्दाज करते हुए वे फूट-फूट कर रोने भी लगते थे।

जब आँखें छलछला गयीं

शैलेन्द्र की संवेदनशीलता की चर्चा फणीश्वरनाथ रेणु ने अपने संस्मरण में बड़े ही मार्मिक ढंग से की है—" 'तीसरी कसम' की शूटिंग के दिनों शैलेन्द्र जी मुझसे 'महुआ घटवारिन' की 'ऑरिजनल' गीत-कथा सुनना चाहते थे ताकि उसके आधार पर गीत लिख सकें। एक दिन हम 'पबई लेक' के किनारे एक पेड़ के नीचे जाकर बैठे। 'महुआ घटवारिन' का गीत मुझे पूरा याद नहीं था। इसलिए मैंने एक छोटी-सी भूमिका के साथ 'सावन-भादों' का गीत अपनी भौंड़ी और मोटी आवाज में भरे गले से सुना दिया। गीत शुरू होते ही शैलेन्द्र की बड़ी-बड़ी आँखें छलछला आयीं और गीत समाप्त होते-होते फूट-फूट कर रोने लगे। गीत गाते समय ही मेरे मन के बाँध में दरारें पड़ चुकी थीं। शैलेन्द्र के आँसुओं ने उसे एक दम तोड़ दिया। हम दोनों गले लगकर रोने लगे। मनुआ (शैलेन्द्र का ड्राइवर) टिफिन कैरियर में घर से हमारा दोपहर का भोजन लेकर लौट चुका था। हम दोनों को इस अवस्था में देखकर वह चुपचाप एक पेड़ के पास ठिठककर बहुत देर तक खड़ा रहा...।"[29] मानव-मन की गहराइयों में पैठनेवाले इन कवि-हृदय साहित्यकारों का जब भी मिलन होता तो साहित्य-चर्चा होती और करुणा की गंगा अवश्य बहती। आँसू बह जाने के बाद ही शान्ति मिलती। दुखियारी जिन्दगी के स्पर्श मात्र से नाजुक कवि के कोमल हृदय में एक हूक-सी उठने लगती और तब आँसुओं की बरसात स्वयमेव शुरू हो जाती। स्वरचित गीतों में भी जहाँ कहीं इस दुखियारी जिन्दगी के हृदयद्रावक भाव उन्हें उद्वेलित करते वे अभिभूत हो जाते और आँसुओं का बाँध टूट जाता। उनके इस संवेदनशील स्वभाव से उनके परिवार ही नहीं निकट सम्बन्धी और मित्र सभी परिचित थे। अतः उन्हें रोकने की कोशिश कोई नहीं करता। नागार्जुन, रेणु आदि मित्र जब भी बम्बई जाते उन्हें 'रिमझिम' में ही ठहरना पड़ता और आँसुओं

की गंगा-जमुनी में डुबकी लगाकर ही कवि के साथ तृप्त होना पड़ता। रेणु ने अपने संस्मरण में आगे लिखा है– "...शैलेन्द्र के 'रिमझिम' में पहुँचा। वे तपाक से बोले– 'चलिए, उस कमरे में चलें। आपको एक गीत सुनाऊँ।' हम उनके शीत-ताप-नियंत्रित कमरे में गये। उन्होंने मशीन पर टेप लगाया। बोले– 'आज ही टेक पूरा हुआ है।' मैंने पूछा– 'तीसरी कसम'? बोले– 'नहीं भाई! 'तीसरी कसम' का टेक होता तो आपको नहीं ले जाता?... यह 'वन्दिनी' का है... पहले सुनिए तो...' रेकार्ड शुरू हुआ– 'अबके बरस भेज भैया को बाबुल सावन में लीजो बुलाय रे...' कमरे में 'पबईलेक' के किनारे वाले दृश्य से भी मर्मान्तक दृश्य उपस्थित हो गया। हम दोनों हिचकियाँ लेकर रो रहे थे– आँसू से तरबतर... शैली ने किसी काम से अथवा गीत सुनने के लिए कमरे का दरवाजा खोला और हमारी अवस्था देखकर पहले कई क्षणों तक अवाक् रहा। फिर कमरे से चुपचाप बाहर चला गया... कमरे में बार-बार वही रेकार्ड बजता रहा और न जाने कब तक बजता रहता यदि शकुन जी आकर मशीन बन्द नहीं कर देतीं।"[30]

निस्पृह स्वाभिमान

शैलेन्द्र प्रगतिशील विचारधारा के कवि-गीतकार थे और भारतीय संस्कृति से उन्हें बेपनाह मुहब्बत थी। भले ही वे मन्दिरों में जाकर पूजा न करते हों, लेकिन दीनहीन जनता के दुख-दर्द को दूर करने के लिए मानवता की पूजा जरूर करते थे। उन्होंने अपनी पत्नी को मन्दिरों में जाने से कभी नहीं रोका। 'रिमझिम' की सीढ़ियों पर बने 'स्वस्तिक चिह्न' आज भी भारतीय संस्कृति के प्रति उनके प्रेम की अगाध आस्था की कहानी कहते हैं। यही कारण है कि भारत की सांस्कृतिक गरिमा, चाहे वह जिस रूप में हो, उनकी रचनाओं में भी स्पष्ट दृष्टिगोचर होती है। वे कर्म पर तो विश्वास करते थे लेकिन यथेष्ट फल की भी आशा रखते थे। अपनी एकमात्र फिल्म 'तीसरी कसम' के निर्माण के दौरान वे कहा करते थे कि इसे राष्ट्रीय पुरस्कार जरूर मिलेगा। भले ही इस फिल्म की असफलता ने उनकी जान ले ली हो लेकिन मृत्यु के उपरान्त मिला राष्ट्रपति पुरस्कार उनकी कर्मफलाशा को पुष्ट करता है।

शैलेन्द्र राजकपूर की फिल्मों के सच्चे आलोचक थे। 'राजकपूर टीम' के अन्य साथी, जिसमें गीतकार हसरत जयपुरी, संगीतकार शंकर-जयकिशन, गायक मुकेश और रिकार्डिस्ट अलाउद्दीन प्रमुख थे, वाह-वाह में मगन हो जाते, परन्तु शैलेन्द्र सोच में डूब जाते। किसी ने पूछा तो कर डाली खरी-खरी आलोचना। किसी को भला लगे चाहे बुरा। बस कह दिया, बात नहीं जँची तो नहीं ही जँची। फिर मजाल है कोई टस से मस कर दे। लेकिन बात वे हमेशा पूरे आत्मविश्वास और तर्क के साथ करते थे। उनमें बहुत ही ऊँचे स्तर की आत्म सम्मान की भावना थी। अपने काम के प्रति

उन्होंने हमेशा मस्तक ऊँचा रखना ही सीखा। फिर भी वे आत्मकेन्द्रित नहीं थे। दूसरों के अच्छे गीतों, अच्छे कामों की प्रशंसा वे खुले दिल से करते थे।[31]

अमर गीतों के नाजुक शायर शैलेन्द्र ने राजकपूर की अधिकांश फिल्मों में गीत लिखे थे। आर.के. बैनर के तले बनी हुई फिल्म बरसात (1949), आवारा (1951), आह (1953), बूटपॉलिश (1954), श्री चारसौबीस(1955), जागते रहो (1956), अब दिल्ली दूर नहीं (1957), जिस देश में गंगा बहती है (1960), कल, आज और कल (1962), संगम (1964) और मेरा नाम जोकर (1970) तथा वन्दिनी, गाइड, ज्वेल थीफ आदि फिल्मों के सुमधुर गीतों के रचयिता भी शैलेन्द्र ही हैं। 'गंगा मइया तोहे पियरी चढ़इबो' के भोजपुरी गीतों में उनके गहरे भोजपुरी लोक-संस्कारों को देखा जा सकता है। उन्होंने जितने गीत फिल्मों को दिए हैं, सम्भवतया उतने किसी अन्य गीतकार ने नहीं।[32] राजकपूर की अन्तर्राष्ट्रीय ख्याति के पीछे शैलेन्द्र के गीतों का बहुत बड़ा योगदान था, जिसे राजकपूर स्वयं स्वीकार करते थे। बावजूद इसके, उन्होंने पैसे के लोभ में गीत कभी नहीं लिखे। यदि वैसा होता तो उस अल्हड़ मस्त गायक ने न जाने कितनी बिल्डिंगें खड़ी कर ली होतीं। जब तक उनके अंतर से भावों की गूँज नहीं उठती तब तक वे नहीं लिखते थे।

अपने अभिन्न मित्र राजकपूर की काटेज शैलेन्द्र को बहुत पसन्द थी। वे वहाँ जब भी जाते एक ही जगह पर बैठा करते थे। वे राज साहब से कहते थे कि बच्चों को स्टूडियो वगैरह सबकुछ दे दीजिए, लेकिन यह कॉटेज मित्रों के साथ गप्पबाजी के लिए रख लीजए। शैलेन्द्र की गप्पबाजी भी विशेष प्रसिद्ध थी। गप्पबाजी में वे कल्पना की दुनिया में जा बसते और उस समय की बात करते जब वे बूढ़े हो जाएँगे; 'इन बच्चों को क्या तमीज है धुन की, गीत की! न जाने कहाँ-कहाँ से कौन-कौन नयी हीरोइनें आ गयी हैं। हमारा जमाना ही कुछ और था, तब यह होता था... वह होता था...' काश! उनकी तमन्ना पूरी होती, वे बूढ़े हुए होते!

शैलेन्द्र की काव्य-प्रतिभा का आदर उनके प्रशंसक एवं आलोचक सभी करते थे। एक बार साहिर लुधियानवी ने 'फिल्मफेअर एवार्ड' यह कहते हुए लौटा दिया था कि साल का सर्वश्रेष्ठ गीत 'जो वादा किया है, निभाना पड़ेगा' (जिस पर उन्हें एवार्ड मिलनेवाला था) नहीं है; साल का सर्वश्रेष्ठ गीत तो शैलेन्द्र का 'मत रो माता, लाल तेरे बहुतेरे...' है।[33] यह कम गौरव की बात नहीं कि हिन्दी के कवि-गीतकार के प्रति उर्दू का प्रसिद्ध शायर ऐसी श्रद्धा दिखाए। वैसे शैलेन्द्र को भी तीन बार सर्वश्रेष्ठ गीत लेखक के रूप में 'फिल्मफेअर पुरस्कार' मिल चुका है— यहूदी (1958) 'ये मेरा दीवानापन है', अनाड़ी (1959) 'सब कुछ सीखा हमने', ब्रह्मचारी (1968) 'मैं गाऊँ तुम सो जाओ' के लिए।[34]

तीसरी कसम की समरगाथा

शैलेन्द्र के फिल्मी जीवन की सबसे बड़ी उपलब्धि उनकी बनाई हुई फिल्म 'तीसरी कसम' है। मसालेदार फिल्मी माहौल के बीच इस तरह की साहित्यिक कृतियों का फिल्मांकन एक दुस्साहस ही था। प्रसिद्ध आंचलिक कथाकार फणीश्वरनाथ रेणु की एक कहानी 'तीसरी कसम उर्फ मारे गये गुलफाम' के आधार पर बनाई हुई यह फिल्म शैलेन्द्र की सुरुचि और कलात्मक क्षमता का ज्वलन्त प्रमाण है। भले ही इस फिल्म को राष्ट्रपति पुरस्कार मिला हो, लेकिन शैलेन्द्र को उनकी सुरुचि और कलात्मक क्षमता के एवज में हलाहल का वह पुरस्कार मिला जिसे फिल्म-संसार ही नहीं साहित्य संसार भी युगों तक याद रखेगा।

बम्बइया फिल्मों में पहले कलाकार तय होते हैं उसके बाद उनके अनुसार कहानी लिखी जाती है। 'तीसरी कसम' के निर्माण में ठीक इसका उल्टा हुआ था। अपने मित्र बासु भट्टाचार्य से आंचलिक कथा-लेखक फणीश्वरनाथ रेणु की कहानी 'तीसरी कसम उर्फ मारे गये गुलफाम' का जिक्र सुनने के बाद शैलेन्द्र उस कहानी के आधार पर फिल्म बनाने की ओर उन्मुख हुए। कहानी के गम्भीर अध्ययन के पश्चात् उन्होंने उस पर फिल्म बनाने का निश्चय कर लिया। इसके बाद मित्रों से विचार-विमर्श प्रारम्भ हुआ। यह बात सन् 1960-61 की है। राजकपूर और अन्य मित्रों ने उन्हें बहुत समझाया कि यह काम तुम्हें सूट नहीं करेगा। फिल्म बनाना ठेठ बनियागिरी है और तुम कवि हो, कलाकार हो। लेकिन एक बार निश्चय कर लेने के बाद वे पीछे लौटना नहीं जानते थे। मित्रों ने व्यापारिक सफलता के लिए कुछ सुझाव भी देने चाहे लेकिन उस महान कलाकार ने उस तरह के सभी सुझावों को नकार दिया जो उस कहानी की आत्मा का हनन करते थे।

शैलेन्द्र 'तीसरी कसम' के 'गेटअप' की तैयारी में लग गये। वे चाहकर भी हीरामन की भूमिका किसी दूसरे कलाकार को नहीं दे सकते थे। अपनी पहली ही फिल्म में वे अपने अभिन्न मित्र राजकपूर को बतौर नायक न लेकर उनकी मित्रता और अभिनय-क्षमता के प्रति कोई भ्रम या सन्देह पैदा नहीं करना चाहते थे। हालाँकि उस फिल्म के निर्देशक बासु भट्टाचार्य राजकपूर को यह पात्र दिए जाने के पक्ष में नहीं थे।[35] शैलेन्द्र "राजकपूर के पास 'तीसरी कसम' की कहानी सुनाने पहुँचे तो कहानी सुनकर उन्होंने बड़े उत्साहपूर्वक काम करना स्वीकार कर लिया। पर तुरन्त गम्भीरतापूर्वक बोले—'मेरा पारिश्रमिक एडवांस देना होगा।' शैलेन्द्र को ऐसी उम्मीद नहीं थी कि राजकपूर जिन्दगी भर की दोस्ती का ये बदला देंगे। शैलेन्द्र का मुरझाया हुआ चेहरा देखकर राजकपूर ने मुसकराते हुए कहा, 'निकालो एक रुपया, मेरा पारिश्रमिक! पूरा एडवांस'। शैलेन्द्र राजकपूर की इस याराना मस्ती से परिचित तो थे,

लेकिन एक निर्माता के रूप में बड़े व्यावसायिक सूझबूझ वाले भी चक्कर खा जाते हैं, फिर शैलेन्द्र तो फिल्म-निर्माता बनने के लिए सर्वथा अयोग्य थे। राजकपूर ने एक अच्छे और सच्चे मित्र की हैसियत से शैलेन्द्र को फिल्म की असफलता के खतरों से भी आगाह किया। पर वह तो एक आदर्शवादी भावुक कवि था, जिसे अपार सम्पत्ति और यश तक की इतनी कामना नहीं थी जितनी आत्म-सन्तुष्टि के सुख की अभिलाषा थी।"[36]

अब हीराबाई की खोज होने लगी। काफी सोच-विचार के बाद शैलेन्द्र बासु के साथ वहीदा रहमान के पास पहुँचे। इच्छा होते हुए भी वह हीराबाई की भूमिका के लिए तैयार न हो सकी। प्रसिद्ध आर्ट डायरेक्टर श्री अचरेकर और बासु के साथ शैलेन्द्र पुनः वहीदा जी के पास गये। इस बार वह राजी हो गयीं। 'तीसरी कसम' का 'गेटअप' तैयार हो गया। नायक-नायिका और अन्य कलाकारों का चयन हो गया। निर्देशक बासु भट्टाचार्य (जिनकी वह पहली फिल्म थी और जो नामचीन निर्देशक विमल राय के दामाद थे), सहायक निर्देशक बासु चटर्जी, बाबूराम इशारा, अरुण कौल आदि इस फिल्म से जुड़ गये। इसतरह 'तीसरी कसम' का निर्माण-कार्य प्रारम्भ हो गया।

'उसने कहा था' जैसी कहानी पर बनी फिल्म में जब कहानी की आत्मा की हत्या कर दी गयी तो लोगों ने कहा कि अब 'तीसरी कसम' का भी वही हश्र होगा। शैलेन्द्र ने इस चुनौती का डटकर मुकाबला किया। "'तीसरी कसम' की पट-कथा मूल कहानी के लेखक फणीश्वरनाथ रेणु ने स्वयं तैयार की थी। कहानी का रेशा-रेशा, उसकी छोटी-से-छोटी बारीकियाँ फिल्म में पूरी तरह उतर आयीं।"[37] उन्होंने खुद अपनी हत्या हो जाने दी[38] लेकिन 'तीसरी कसम' की हत्या नहीं होने दी। इसके लिए फिल्म-निर्माण के प्रत्येक मोड़ पर रेणु की सहमति ली गयी। रेणु की मर्जी के खिलाफ एक कदम भी नहीं उठाया गया।

'तीसरी कसम' के निर्माण के दौरान शैलेन्द्र को दुनियादारी की नर्मान्तक व्यथा झेलनी पड़ी थी। शूटिंग के दौरान ही उन्हें यह पता चल गया था कि आगे चलकर 'तीसरी कसम' का फिल्मांकन काफी महँगा पड़ेगा। धीरे-धीरे उन्हें यह भी पता चल गया था कि अजीज लोग बीच में ही उनसे अलग हो गये हैं। बिलकुल अकेले रहते हुए वे हलाहल के घूँट पीते रहे फिर भी उनका धैर्य समाप्त नहीं हुआ। वे झेलते रहे, टूटते रहे। दूसरों की कृतघ्नता देखकर उन्हें यह मानना पड़ा कि इस पूरी दुनिया में कोई किसी का अहसान नहीं मानता। बावजूद इसके, आदमी की अच्छाई और ईमानदारी पर अगाध आस्था होने के कारण फिल्म-व्यवसाय की ऊँची-नीची घाटियों की वे उपेक्षा कर बैठे। लेकिन फिल्म-इंडस्ट्री के स्वार्थी और कृतघ्न तोग फिल्म की व्यापारिक समस्याओं को उलझाते ही गये।

बासु भट्टाचार्य, जिन्हें अरविन्द कुमार 'बातूनी भट्टाचार्य'[39] कहते हैं, की 'तीसरी

कसम' पहली फिल्म थी। वे इस फिल्म से सम्बन्धित समस्याओं पर विचार करने वाले नहीं, अपनी ही समस्याओं में जीनेवाले शख्सियत थे। वे हमेशा अपनी ही शान और हवा में रहनेवाले थे। वे पूरी तैयारी के बिना ही शूटिंग के सेट पर जाया करते थे। उन्हें यह भी पता नहीं होता था कि आज किस काम को अंजाम देना है। वे उस भाषा और परिवेश को भी नहीं समझते थे जो उस फिल्म के लिए आवश्यक था। कई गीतों के शब्दार्थ तक उन्हें नहीं मालूम थे। अक्सर 'तीसरी कसम' के फिल्मांकन का दायित्व उनके सहायकों के कन्धों पर आ जाता था। बासु के सहयोगियों से ही इन सारी कार्यविधियों का पता शैलेन्द्र को मिलता रहता था, फिर भी वे चुप रहते थे।[40]

शैलेन्द्र ने फिल्मी दुनिया की व्यावसायिकता को बिल्कुल नजरअन्दाज कर दिया था। वे महान गीतकार थे, फिल्म उद्योग में उनके बहुत सारे अजीज मित्र थे— लेकिन फिल्म इंडस्ट्री में व्यवसाय की दृष्टि से ये बातें कोई मायने नहीं रखतीं। वे यह भूल गये थे कि हर मित्र को बाजारभाव देना ही होगा। वे राजकपूर से, वहीदा रहमान से, शंकर-जयकिशन से, मुकेश से, लता मंगेशकर से भीख माँगने नहीं निकले थे; उनसे अपनी फिल्म में बतौर निर्माता काम ले रहे थे। उन सबको पूरा पारिश्रमिक देना उनका काम था और उसके लिए पैसे का इन्तजाम करना भी। और जब उन्हें यह सब करना पड़ा तो मानो उनका अस्तित्व ही उद्वेलित हो गया।

फिल्म इंडस्ट्री में फिल्म-निर्माण के दौरान मात्र निर्माता ही सब कुछ नहीं होता। निर्माता को अपनी फिल्म पूरी करने के लिए फाइनेन्सरों से वित्त की और वितरकों से अग्रिम राशि की जरूरत होती है। ऐसी सुविधाएँ प्राप्त करने के लिए उसे फाइनेन्सरों-वितरकों को विश्वास में लेना होता है। फिल्म की व्यावसायिक सम्भावनाओं से फाइनेन्सरों-वितरकों को अवगत कराना अनिवार्य होता है। वे फिल्म की कहानी और उसके कलाकारों की सफलता पर गौर करते हैं, तब कहीं जाकर यथोचित कदम उठाते हैं। 'तीसरी कसम' के आरम्भिक फाइनेन्स कुछ शैलेन्द्र ने अपनी जेब से किये थे, कुछ उनकी निजी प्रतिष्ठा और कुछ बड़े सितारों के नाम पर हो गया था। 'तीसरी कसम' फिल्म का निर्माण काफी आगे बढ़ चुका था। शैलेन्द्र अपनी तमाम पूँजी और काफी उधार भी फिल्म पर लगा चुके थे। लेकिन बासु भट्टाचार्य के वाक्चातुर्य या यों कहें, उनकी धूर्तता के चलते फाइनेन्सर-वितरक दरकिनार हो गये।[41] फिर भी शैलेन्द्र ने हिम्मत नहीं हारी। वे अपने निश्चय पर अडिग रहे।

शैलेन्द्र भारी कर्ज, कुण्ठा, घुटन और सन्त्रास में डूबते चले गये। मित्रों के कहने पर जिस मद्यपान को वे तिलांजलि दे चुके थे, उसे फिर से शुरू कर दिया। उन्होंने शराब और सिगरेट में खुद को गर्क कर दिया। जब फिल्म का संकट और शैलेन्द्र की मजबूरियाँ बढ़ती चली गयीं, कर्ज सिर से ऊपर हो गया और यह तय हो गया

कि फिल्म पर इतनी लागत के बाद उसके सुपर हिट होने पर भी शैलेन्द्र को भारी घाटा सहना पड़ेगा, तो फिल्म के व्यवसाय, निर्माण, निर्देशन, सम्पादन आदि का सारा काम राजकपूर और मुकेश जैसे मित्रों ने अपने हाथ में कर लिया। बासु को अलग कर दिया गया।[42] उस बिगड़ी हुई फिल्म को सँवारने और उसका व्यावसायिक पक्ष सँभालने के लिए राजकपूर और मुकेश जो कुछ कर सकते थे, उन्होंने किया। लेकिन वे फिल्म की शूटिंग तो नये सिरे से नहीं कर सकते थे। थोड़ा बहुत घटा-बढ़ाकर फिल्म का कामचलाऊ रूप तैयार कर लिया गया। जब से फिल्म राजकपूर के हाथ में आयी थी, सभी ट्रायल आर.के. स्टूडियोज में ही होते थे। 'तीसरी कसम' के कई एक ट्रायल शो देखे गये।[43] फिल्म के व्यावसायिक पक्षधरों ने सर्वसम्मति से चाहा कि नायक-नायिका को मिला दिया जाए। ऐसा विचार राजकपूर का भी था जो फिल्म के नायक ही नहीं शैलेन्द्र के सबसे अजीज मित्र भी थे। निर्माता की हैसियत से शैलेन्द्र चतुर्दिक मकड़-जाल में फँसे हुए थे। एक ओर थी 'तीसरी कसम' की आत्मा और दूसरी ओर थी 'बाक्स आफिस' की खिड़कीतोड़ भीड़। लेकिन शैलेन्द्र का कलाकार मन कहानी की ऐसी जघन्य हत्या होने देना नहीं चाहता था। वे 'तीसरी कसम' के कहानीकार की कला-भावना को ठेस नहीं पहुँचाना चाहते थे। इस समस्या पर विचार करने के लिए रेणु को विशेष रूप से बुलाया गया था। शैलेन्द्र ने रेणुजी से स्पष्ट शब्दों में पूछा था– "रेणु जी, मैं अभी तक डटा हूँ, अब यह आपके ऊपर है कि हीरामन और हीराबाई को मिला दें।"[44] रेणु जी के शब्दों में, "मैंने पूछा था, 'आप क्या चाहते हैं?' तब उन्होंने कहा था कि न मिलें। – और यही राय बासु की भी थी।... एक अर्थ में 'तीसरी कसम' एक युद्धभूमि थी, बम्बइया फिल्मों के खिलाफ और यह मानना पड़ेगा कि यह जीता हुआ युद्ध है।"[45] यह कहना अत्युक्ति न होगी कि इस युद्ध को जीतने में शंकर शैलेन्द्र का भी बहुत बडा हाथ है।

'तीसरी कसम' बनकर तैयार हो गयी। अब रिलीज की समस्या आयी। किसी भी फिल्म को रिलीज करने से पहले उसके लिए उचित वातावरण तैयार किया जाता है। होर्डिंग लगाए जाते हैं, पोस्टर चिपकाए जाते हैं, विज्ञापन दिये जाते हैं, समालोचकों को फिल्म दिखाई जाती है ताकि वे अपने अखबार में उसकी प्रशंसा करें और खास तरह से कलात्मक फिल्मों की ओर लोगों का ध्यान आकृष्ट करें। लेकिन दुर्भाग्यवश 'तीसरी कसम' के लिए ऐसा कुछ भी नहीं हुआ। बिना किसी विज्ञापन, प्रचार या किसी प्रीमियर के 'तीसरी कसम' का अचानक प्रदर्शन आरम्भ कर दिया गया।[46] जो थोड़े-बहुत पढ़े-लिखे दर्शक फिल्म-पत्रिकाओं में पढ़कर 'तीसरी कसम' देखने को उत्सुक थे उन्हें भी पता न चल सका कि यह फिल्म कब आयी और कब चली गयी। शायद एक ही दिन में फिल्म को दिल्ली के सिनेमाघरों से उतरना पड़ गया था। दिल्ली के जिस क्षेत्र

के सिनेमा हॉल में 'तीसरी कसम' का प्रदर्शन हुआ था वह मजदूरों और अपेक्षाकृत कम पढ़े-लिखे लोगों का क्षेत्र था। अतः स्वाभाविक रूप से उस क्षेत्र के दर्शकों को कलात्मक फिल्मों के प्रति रुचि बहुत कम होगी, फिल्म के फ्लॉप होने का एक मुख्य कारण यह भी था। दिल्ली में शर्मनाक असफलता ने पूरे भारत के सभी वितरण-क्षेत्रों में 'तीसरी कसम' के भाग्य को रसातल में पहुँचा दिया।

फिल्म की असफलता का एक कारण शैलेन्द्र की अव्यावसायिकता भी थी। उन्होंने अपना घर-बार यहाँ तक कि अपनी जान दाँव पर लगाकर सेठों-फाइनेन्सरों से ब्याज पर पैसे उठाये थे। लेकिन पैसे के इस खेल को वे समझ नहीं पाये थे। जिन बातों से उन्हें सजग रहना चाहिए था, जैसे कच्ची फिल्म की खरीद, कलाकारों के 'डेटों' की बुकिंग, हर चीज पर एक-एक पैसे की सौदेबाजी... ये सारी दुनियावी लेकिन महत्त्वपूर्ण बातें वे दूसरों पर छोड़कर निश्चिन्त हो जाते थे और उनमें कोई रुचि नहीं लेते थे। इन 'दूसरों' में से कई उनके निकट सम्बन्धी थे।[47]

'तीसरी कसम' के गँवार पात्रों को किसी दृश्य के लिए सूट तो क्या कमीज-पतलून भी नहीं पहननी थी, लेकिन वेश-भूषा के नाम पर भी हजारों रुपये वसूल किये गये थे। शैलेन्द्र पैसे और हिसाब पर कभी नजर नहीं रखते थे। वे किसी से सख्ती से पेश भी नहीं आते थे। दूसरों के कारनामे और आघात वे मन ही मन पी लेते थे। चारों ओर से हो रहे प्रहारों को सहते हुए भी वे कभी रोए नहीं, किसी के आगे अपने दुखों और मजबूरियों के पचड़े नहीं पढ़े। कला और साहित्य के लिए अपनी कुर्बानियों की चर्चा तक उन्होंने नहीं की। अपने सहकर्मियों और निकट के सम्बन्धियों के खिलाफ भी उन्होंने नहीं कहा जिन्होंने उनकी आत्मा को गहरी ठेस पहुँचाई थी। जब उनसे बर्दाश्त नहीं होता था तो थोड़ी ज्यादा ही पी लेते थे और घुटते रहते थे। शंकर शैलेन्द्र ने फिल्मी दुनिया द्वारा प्रदान किये गये हलाहल को ठीक वैसे ही पी लिया जैसे भगवान शंकर ने पिया था।

फिल्म-समीक्षकों और शैलेन्द्र के मित्रों ने 'तीसरी कसम' के फ्लॉप होने के कई कारण बतलाए हैं। कमलेश्वर के अनुसार शैलेन्द्र जैसा सेंसेटिव व्यक्ति निर्माता बनने के कारण 'पैसे के खेल' को समझ नहीं पाया था। फाइनेन्सरों ने उनकी रातों की नींद और दिन का चैन छीन लिया था। एक तरह से उन्हें गीतों के राजमहल से 'किडनैप' करके कंगालों की तरह बम्बई की पटरी पर पटक दिया था।[48]

मुकेश का यह मानना था कि फिल्म-निर्माण उनके स्वभाव के विपरीत था।[49] इन्दीवर की दृष्टि में फाइनेन्सर्स की बढ़ती सूदखोरी, डिस्ट्रीब्यूटर्स के विश्वासघात, निर्माताओं की स्वार्थपरता आदि अनेक ऐसे कारण थे जिनकी वजह से शैलेन्द्र को वह त्रासदी झेलनी पड़ी थी।[50] सरोज मित्तल के अनुसार तत्कालीन फिल्मी दुनिया की भेड़चाल तथा घिसीपिटी फार्मूला फिल्मों के बीच रेणु की कहानी पर उनका फिल्म

बनाने का फैसला फिल्म की असफलता का मुख्य कारण था।[51] कृष्ण चंद्र, ख्वाजा अहमद अब्बास और बेदी ने फिल्म क्षेत्र के शोषकों और दर्शकों को दोषी करार दिया है।[52] सुप्रसिद्ध फिल्मी पत्रिका 'माधुरी' के सम्पादक अरविन्द कुमार फिल्म की असफलता के उपर्युक्त सभी कारणों के अतिरिक्त बहुत से कारण बतलाते हैं। उनके अनुसार 'तीसरी कसम' के पात्रों के लिए कलाकारों का चयन ही गलत था। उनकी दृष्टि में राजकपूर महान अभिनेता थे, दिलीप कुमार से भी ऊँचे कलाकार थे, पर वे हीरामन गाड़ीवान तो नहीं ही थे। फिल्म-निर्माण के समय उनकी उम्र बहुत हो चुकी थी। वे हीरामन के ताऊ नहीं तो बाप जरूर लगते थे। अरविन्द कुमार ने स्पष्ट शब्दों में लिखा है कि राजकपूर ने अपने व्यक्तित्व को हीरामन के चरित्र में ढालने की कोई विशेष कोशिश नहीं की थी। उन्होंने अपनी विशिष्ट मूँछ तक यह कहकर कटवाने से इनकार कर दिया कि वह उनके सिनेमाई व्यक्तित्व का अंग बन चुकी है। मूँछें न होंगी तो दर्शक उन्हें रिजेक्ट कर देंगे। वहीदा रहमान भी अरविन्द कुमार के दृष्टिकोण में हीराबाई के अनुकूल नहीं थी। इसके अलावे उन्होंने 'तीसरी कसम' की निर्माण-नीति को ही गलत कहा है। फिल्म-निर्माण से पूर्व शैलेन्द्र को यह सुनिश्चित कर लेना चाहिए था कि फिल्म कितनी भीड़ जुटा पाएगी और तब उसी के अनुरूप बजट का निर्धारण करना चाहिए था। अरविन्द कुमार 'तीसरी कसम' फिल्म की कहानी के चुनाव को भी गलत मानते हैं। वे इस कहानी की साहित्यिकता पर उँगली नहीं उठाते, परन्तु इस तरह की भावप्रधान कहानी को वे फिल्मांकन के योग्य नहीं समझते।[53]

'तीसरी कसम' की असफलता के चाहे जो भी कारण हों, उसकी कलात्मकता और साहित्यिकता पर आज तक किसी ने उँगली नहीं उठाई। राजकपूर ने इसे युगों तक याद रहने वाली कलाकृति कहा है। डॉ. रणजीत के अनुसार यह फिल्म शैलेन्द्र की सुरुचि और कलात्मक क्षमताओं का एक ज्वलन्त प्रमाण है। इन्दीवर 'तीसरी कसम' को उच्च कोटि की कलात्मक फिल्म मानते हैं।

'तीसरी कसम' के फ्लॉप होने का सदमा शैलेन्द्र बर्दाश्त नहीं कर सके। यह उनके लिए मर्मान्तक आघात था। इससे बड़ा हादसा और हो भी क्या सकता था? उन्होंने शराब और सिगरेट को ही इस व्यथा से निजात पाने का एकमात्र हल समझा। श्रीमती शकुन्तला शंकर शैलेन्द्र के अनुसार जबसे उन्होंने फिल्म का निर्माण शुरू किया था तबसे वे बहुत अधिक पीने लगे थे। परन्तु फिल्म की असफलता से बुरी तरह आहत होकर वे शराब में डूबे रहते थे।

स्थिति बद से बदतर तब हुई जब शैलेन्द्र पर महाजनों का हुजूम टूट पड़ा। 'गीतों के जादूगर' को स्वनिर्मित इन्द्रजाल में फँसना पड़ा। बम्बई की भीड़ भरी सड़कों पर जुलूस के आगे-आगे नारे लगानेवाले अल्हड़ गीतकार के पास अंडरग्राउण्ड हो जाने

के सिवाय कोई चारा न बचा था। वे हफ्तों घर से गायब रहने लगे। हालत यह थी कि देर तक घंटी बजती रहती लेकिन कोई टेलीफोन नहीं उठाता। कभी कोई उठा भी लेता तो टेलीफोन करनेवाले का नाम पूछने से पहले ही कह दिया जाता कि शैलेन्द्र घर पर नहीं हैं, घर तो क्या वे बम्बई में ही नहीं हैं। यदि कोई लेनदार जोर-जबर्दस्ती आ धमकता तो परिवारजनों के सामने ही एक स्वाभिमानी और भावुक कवि को माँ-बहन तक की गालियाँ सुननी पड़तीं। लेकिन शैलेन्द्र कर ही क्या सकते थे! आर्थिक रूप से पंगु शैलेन्द्र के पास फूटी कौड़ी भी नहीं बची थी। कुल कर्ज इतना था कि गीत-लेखन से उसे उतारते-उतारते कई जिन्दगियाँ बीत जातीं। नृशंसता के इस चक्र में फँसे शैलेन्द्र को अभिमन्यु की तरह अपने प्राणों की आहुति देनी पड़ी। शायद इससे कम ब्याज पर इन सूदखोरों को सन्तोष न होता।

अन्तिम विदा

शराब, सिगरेट, गम और आक्रोश की अतिशयता ने शैलेन्द्र को विक्षिप्त-सा बना दिया। बावजूद इन तमाम परिस्थितियों के, उन्होंने लिखना नहीं छोड़ा। राजकपूर की नयी फिल्म 'मेरा नाम जोकर' के थीम सांग के लिए तीन पंक्तियाँ उन्होंने इसी मनःस्थिति में लिखीं—

जीना यहाँ, मरना यहाँ, इसके सिवा जाना कहाँ?
जी चाहे जब हमको आवाज दो
हम हैं वहीं, हम थे जहाँ, अपने यहीं दोनों जहाँ
इसके सिवा जाना कहाँ?

इस गीत के अन्तिम दो अन्तरे शैलेन्द्र के सुपुत्र शैली शैलेन्द्र ने पूरे किये थे क्योंकि बीमारी की स्थिति में उनका लेखन बिल्कुल बन्द हो गया था। शैलेन्द्र की तबीयत बहुत ज्यादा खराब रहने लगी। हाथ-पाँव फूल गये। बहकी-बहकी बातें करने लगे। यदा-कदा मित्रों का भी आगमन होता, थोड़ा मन भी बहल जाता, लेकिन जिस जानलेवा बीमारी के वे शिकार हो गये थे उससे निजात पाना मुश्किल था। 13 दिसम्बर 1966 को वे अन्तिम बार राजकपूर के यहाँ गये। अपने चिर-परिचित स्थान पर ही बैठे। राजकपूर को क्या मालूम था कि वे अलविदा लेने आये है! चुपचाप मन में अजीब-सा घुन छिपाए बैठे रहे। उनके पास अपनी जानलेवा बीमारी के इलाज के लिए पैसे तक नहीं बचे थे। उनके इलाज और देखभाल की सारी जिम्मेवारी राजकपूर ने ही उठाई। उन्होंने शैलेन्द्र को डॉक्टर कपूर से दिखाया और उनकी सलाह पर बम्बई के 'नार्थकोट नर्सिंग होम' में भर्ती करा दिया। डॉक्टर के अनुसार उन्हें 'सिरोसिस ऑफ लिवर' की बीमारी थी। अत्यधिक मद्यपान का यह अन्तिम पड़ाव मानी जाती है। डॉक्टर ने बताया कि इस

बीमारी से उनका बचना मुश्किल है। मित्रों में खलबली मच गयी। जिसे जहाँ खबर मिली वह वहीं से 'नार्थकोट नर्सिंग होम' की ओर दौड़ पड़ा।

शैलेन्द्र नर्सिंग होम के बिस्तरे पर यों पड़े रहना नहीं चाहते थे। वे कभी भागने की कोशिश करते, कभी अनर्गल प्रलाप। उन्हें नींद भी नहीं आती थी। मुकेश और राज साहब जैसे मित्रों के स्नेहिल स्पर्श से उनकी बेचैनी कुछ कम होती, लेकिन फिर वही स्थिति। अगले दिन अर्थात् 14 दिसम्बर, 1966 को उनकी स्थिति बहुत खराब हो गयी। ऑक्सीजन, ग्लूकोज और खून एक साथ ही दिए जाने लगे। इससे कुछ आशा बँधी कि रक्त, ऑक्सीजन देने के बाद वे जरूर स्वस्थ हो जाएँगे। आर.के. यूनिट के सैकड़ों कर्मचारियों, उनके मित्रों, परिचितों और प्रशंसकों ने उनके स्वास्थ्य के लिए प्रार्थना की। राजकपूर ने अपने सहयोगियों के साथ मिलकर ईश्वर से प्रार्थना की, 'हम सबकी जिन्दगी से कुछ-कुछ दिन ले लो भगवान और हमारे कवि को दीर्घायु दो।'[54] लेकिन भगवान कब किसकी सुनते हैं! नर्सिंग होम में शैलेन्द्र के बच्चे असहाय भाव से ताक रहे थे। मुकेश और संगीतकार शंकर से शंकर शैलेन्द्र की वह दर्दनाक स्थिति बर्दाश्त नहीं होती थी। कमरे से बाहर निकलकर वे फूट-फूट कर रो पड़ते थे। बाहर कृष्णा जी (राजकपूर की पत्नी) के साथ शकुन्तला जी बैठी थीं। वे उनके रोने का कारण पूछतीं, लेकिन उन्हें कौन क्या बताये?

उसी दिन (14 दिसम्बर) राजकपूर का जन्मदिन था। स्टूडियो में वह दिन पूरे आर.के. यूनिट के जन्मदिन के रूप में मनाया जाता था। कृष्णा जी, मुकेश और शंकर अस्पताल में ही थे। राजकपूर की आत्मा नर्सिंग होम के बिस्तरे पर पड़े शैलेन्द्र के पास थी और कान टेलीफोन से सटे थे। कथाकार कमलेश्वर प्रगतिशील आन्दोलन के जुझारू कवि-गीतकार की उस दयनीय स्थिति से किंकर्तव्यविमूढ़ हो गये थे। सभी के चेहरे पर हवाइयाँ उड़ रही थीं। आखिर जो होना था वह होकर ही रहा। उसी दिन दोपहर को तीन बजे उनकी साँस टूट गयी।

राजकपूर को विश्वास ही नहीं हुआ कि बीस बरस का उनका हमजोली, हमदम, हर घड़ी का साथी यों पुट् से चला गया।[55] उनकी पीड़ाओं को स्वर देने वाला यों ही निःस्वर चला गया। उन्होंने रोते हुए कहा था, मेरे दोस्त ने जाने के लिए कौन-सा दिन चुना! किसी का जन्म, किसी का मरण। कवि था न, इस बात को खूब समझता था।[56]

कवि-गीतकार शैलेन्द्र का पार्थिव शरीर नर्सिंग होम के एक कमरे में रखा हुआ था। राजकपूर एक कोने में खड़े सिसक रहे थे। हसरत जयपुरी अर्द्धमूर्च्छित खड़े थे। वहीदा रहमान सिर झुकाए बैठी थीं। नरगिस की आँखें आँसुओं से भरी हुई थीं। एक कोने में अरविन्द कुमार, भारती जी, महावीर अधिकारी और कमलेश्वर पश्चात्ताप कर रहे थे। सबके सब शैलेन्द्र की मृत्यु के लिए खुद को कहीं न कहीं जिम्मेवार पा रहे थे।

पन्द्रह-सोलह वर्ष का किशोर शैली शोकाकुल था। शकुन्तला का तो मानो संसार ही उजड़ गया था।

शैलेन्द्र का पार्थिव शरीर उनके निवास-स्थान 'रिमझिम' में लाया गया। वहाँ उसे 'आउट हाउस' में रखा गया। अन्तिम स्नान के विधि-विधान 'माधुरी' के सम्पादक अरविन्द कुमार और बासु भट्टाचार्य ने पूरे किये। उनकी अन्तिम यात्रा में फिल्म उद्योग से सम्बन्धित न जाने कितनी छोटी-बड़ी हस्तियाँ शामिल थीं। अर्थी का पहला कंधा उनके मित्रों— शंकर, जयकिशन, मुकेश, हसरत जयपुरी और राजकपूर ने दिया। जीवन-यात्रा के प्रायः सभी संगी-साथी इस महायात्रा में उनके साथ थे और सबके साथ थी कोई-न-कोई स्मृति, सन्ताप, पछतावा। शैलेन्द्र के बड़े बेटे शैली ने उनका दाह-संस्कार किया और इस तरह छन्दों का जादूगर, मजदूरों-कामगारों का हमदम-हमदर्द, एक भावुक-संवेदनशील इनसान और एक प्रगतिशील जनकवि एक ऐसी मौत मर गया जो वस्तुतः एक शहादत थी, पूँजीवादी व्यावसायिकता की बलिवेदी पर एक कलाकार की, जिसने टूट जाना कुबूल किया, झुकना नहीं। यह नाजुक दिल इनसान मर गया पर वे समझौते स्वीकार नहीं किये जो 'तीसरी कसम' को चाहे कहीं का न रखने पर शैलेन्द्र को बचा लेते। लेकिन नहीं, तब भी और अब भी शैलेन्द्र उन कोटि-कोटि कंठों में जीवित हैं, सवाक हैं; जिनसे कबीर और तुलसी के दोहों, चौपाइयों और पदों की तरह उनके गीत मुहावरों और लोकोक्तियों की अमोघ शक्ति लिए रह-रहकर फूट पड़ते हैं। यह भी एक तथ्य है कि "'तीसरी कसम' यदि एकमात्र नहीं तो चन्द उन फिल्मों में से है जिन्होंने साहित्य-रचना के साथ शत-प्रतिशत न्याय किया।"[57] इस एक फिल्म को एक साथ निर्माण के लिए राष्ट्रपति स्वर्ण पदक और बंगाल फिल्म जर्नलिस्ट एसोसिएशन की तरफ से ग्यारह पुरस्कारों से सम्मानित किया गया। मास्को फिल्म फेस्टिवल में भी यह फिल्म पुरस्कृत हुइ। ख्वाजा अहमद अब्बास ने इसे 'सैलोलाइड' पर लिखी कविता कहा और यही नहीं, यह भी सच है कि "तीसरी कसम की पूर्णता के समय एकाध बार रेणु ने यह भी चेष्टा की कि शैलेन्द्र ही 'मैला आँचल' फिल्माएँ।"[58] यह सम्भव नहीं हो सका क्योंकि एक तो एच.एस. मुंशी के साथ 'मैला आँचल' के निर्माण के लिए दस वर्षीय कॉन्ट्रैक्ट हो चुका था दूसरे शैलेन्द्र असमय ही चल बसे। 'डागदर बाबू' नाम से 'मैला आँचल' पर बन रहे फिल्म के प्रारम्भिक अंश देखकर रेणु ने इतना ही कहा था, "काश शैलेन्द्र मैला आँचल बनाते।"[59] निश्चय ही शैलेन्द्र की ये उपलब्धियाँ उन्हें उनकी मृत्यु के उपरान्त भी निरन्तर जीवित रखेंगी।

राजकपूर लिखते हैं, "बम्बई के फिल्मी हुजूम और जनता की अपार भीड़ के साथ मेरे हमउम्र साथी की अर्थी जा रही थी। शैलेन्द्र की वे पंक्तियाँ मेरे मन को रुला रही

थीं– न हाथी है न घोड़ा है, वहाँ पैदल ही जाना है... और मुसाफिर जायेगा कहाँ...वहाँ कौन है तेरा...दम लेले घड़ी भर... । आम जनता के बीच की फुसफुसाहट सुनी – यह वही हैं ना जिन्होंने लिखा था– जिन्दगी तेरा मुझे एतबार ना रहा... ।"[60]

शंकर शैलेन्द्र की मृत्यु स्तब्ध कर देने वाली थी। उन्हें याद करते हुए उनके मित्रों, परिजनों ने उनकी मौत को एक हादसा, एक कुर्बानी, एक हत्या, एक आत्महत्या और अर्थपिशाचों के षड्यंत्र के रूप में देखा। कृष्णचंद्र ने मर्माहत होकर कहा कि उन्हें कत्ल किया गया है।[61] अब्बास और वेदी ने फिल्मक्षेत्र के शोषकों और दर्शकों को शैलेन्द्र के प्राण लेने का अपराधी बताया जिन्होंने 'तीसरी कसम' के साथ न्याय नहीं किया।[62] ख्वाजा अहमद अब्बास के अुनसार लोग काँच की नाजुक चीजों पर 'हैण्डिल विद केयर' का लेबल लगाते हैं। मेरा वश चले तो मैं हर कवि और शायर पर भी लेबल लगा दूँ 'हैण्डिल विद केयर'।[63] सरोज मित्तल ने शंकर शैलन्द्र को याद करते हुए कहा, 'तीसरी कसम' ने इस सीधे सादे और भोले इनसान को सूद-दर-सूद के एक ऐसे घातक चक्र में फँसा दिया कि फिर उसे भेदने की कोशिश में शैलेन्द्र को अभिमन्यु की तरह अपने प्राणों की आहुति ही देनी पड़ी।[64] मुकेश शैलेन्द्र के ही गीत से उनका परिचय देते हैं–

आवारा था....
गर्दिश में था आसमान का तारा था...[65]

राजकपूर ने अपने संस्मरण में लिखा है, मैं ही नहीं, भारत की पूरी जनता इस महान कलाकार को कभी नहीं भुला पाएगी क्योंकि यह उनका प्रतिनिधि था, उनका कवि था।[66] इन्दीवर ने उन्हें इन शब्दों में याद किया, शैलेन्द्र के चरित्र पर कोई दाग नहीं था पर उनके दिल पर लोगों ने दाग जरूर लगाए।[67]

शैलेन्द्र के अवसान पर 'साप्ताहिक हिन्दुस्तान' के तत्कालीन सम्पादक ने अपनी श्रद्धांजलि अर्पित करते हुए लिखा– हिन्दी कविता का वह अल्हड़ मस्त गायक चला गया जो साहित्य और फिल्म दोनों में समान रूप से सम्मानित था... अनेक प्रसिद्ध गीतों के जन्मदाता शैलेन्द्र में काव्यात्मक अनुभूति तो थी ही सामान्य जन को आकर्षित करने की विलक्षण शक्ति भी थी। शैलेन्द्र की आत्मा उनके गीतों में तिरकर सदैव गूँजती रहेगी।[68]

'माधुरी' के सम्पादक अरविन्द कुमार ने लिखा है– उन्होंने जो कुछ सहा, चुपचाप सहा। कभी रोए नहीं, गिड़गिड़ाए नहीं। कभी भी अपनी कुरबानियों का बखान नहीं किया। कभी अपने उन सहकर्मियों के विरोध में एक शब्द नहीं कहा, जिन्होंने ऐसा करने के उन्हें अनेक अवसर दिए थे।[69]

कमलेश्वर ने शैलेन्द्र के मृत्यु-प्रसंग को याद करते हुए लिखा है– गीतकार

शैलेन्द्र का पार्थिव शरीर उस नर्सिंग होम के एक कमरे में रखा हुआ था... हम सब जैसे शैलेन्द्र की मृत्यु के लिए खुद को जिम्मेदार पा रहे थे। एक बड़ी अमूर्त्त-सी जिम्मेदारी का अहसास हमें सता रहा था कि अच्छी साहित्यिक फिल्म बनानेवालों का यह हश्र भविष्य में न होने पाये।[70]

कविन्द्र विक्रम के शब्दों में– फिल्म संसार में दबे पाँव कदम रखनेवाले शैलेन्द्र अपने पीछे समाज की व्यथाएँ छोड़ गये हैं।[71]

डॉ. महेन्द्र मित्तल ने राजकपूर पर लिखते हुए उनकी उपलब्धियों का श्रेय उनकी मित्रमण्डली को ही दिया है, जिसके बिना राजकपूर आधे-अधूरे रह गये– शैलेन्द्र के जाते ही राजकपूर की पीड़ाओं को स्वर मिलना बन्द हो गये। मुकेश के जाते ही राजकपूर की आत्मा और आवाज मर गयी। जयकिशन के जाते ही धुनों की मादक थिरकनें लुट गयीं।[72]

तर्पण

'तीसरी कसम' की पटकथा पुस्तकाकार छपी थी और रेणु ने उसे शैलेन्द्र को समर्पित करते हुए लिखा– "स्वर्गीय शैलेन्द्र को। जिसकी याद जिन्दगी भर आती रहेगी। जब-जब कहीं कोई 'सजनवा बैरी' गायेगा अथवा 'सजन रे झूठ मत बोलो', उसकी मुसकुराती छवि 'केऽइन' होगी और मैं पूछूँगा–पूछता रहूँगा उससे-क्यों जीवन के पथ पर मिले मीत, क्यों गीतों भरे सपने जगाये...? काहे को दे दी जुदाई...?? क्यों-ओ कविराज??"[73]

शैलेन्द्र के मित्र ब्रजेन्द्र गौड़ ने उन्हें काव्यमय श्रद्धांजलि दी–

अलस भोर की हलकी नीली रोशनी
चुपके से खिड़की में झाँकेगी, जगाएगी।
किन्तु अब तुम्हें नहीं पाएगी
आँसू भरे किरण रथ पर लौट जाएगी
मथुरा की गलियों में सुन्दरी, सुकुमारी,
तुम्हारी प्रेमिका लाज भरी, लाड़ली 'हिन्दी'
रोती रहेगी पोंछ माथे की बिन्दी,
रटना तुम्हारे ही नाम का लगाएगी,
किन्तु अब तुम्हें नहीं पाएगी।

'पागल बसन्ती पवन' द्वार-द्वार डोलेगी
'ना जा रे ना जा' बार-बार बोलेगी
'कठपुतली नाचेगी' न कभी आँख अब खोलेगी

विधि के विधान पर शीष टकराएगी
किन्तु अब तुम्हें नहीं पाएगी।

'बच्चे हतप्रभ हैं, सबकी मुट्ठी है खाली'
'बस में होती' नहीं किस्मत किसी की यहाँ
यूँ तो पराये भी अपने ही सब थे तुम्हारे
अब नहीं हो तो तुम्हीं नहीं हो हमारे
'चले अपने गाँव, राम राम' हर साँस गाएगी
किन्तु अब तुम्हें नहीं पाएगी

कह कर चल दिए 'खुदा के पास जाना है।'
रूठकर जाना था, खुदा का बहाना है
असमय को ही तुमने तो काल मान लिया
एक दिन नियत समय पर मृत्यु आएगी
किन्तु अब तुम्हें नहीं पाएगी।[74]

प्रसिद्ध कवि राजकमल चौधरी ने शैलेन्द्र के साथ को इन शब्दों में याद किया है—

"जो नहीं है अब हमारे इर्द गिर्द बादल या
रोशनी के स्तूप की तरह
क्यों करें उसकी चिन्ता या स्मरण?
यों करें,
अपनी आत्मा एकबार फिर से अपहरण
सनसेण्ड या शैलेन्द्र या जुहू के किसी भी
कबूतरखाने में
हम बैठें, और पीली-हरी स्त्रियों से अकेलेपन में
पूछें, कि
वह लम्बा उदास थका हुआ काला आदमी कहाँ गया,
अब क्यों नहीं आता है उनके पास!

बैर हो जायेंगे उदास
औरतें फिल्मी आवाज में कहेंगी
शायर और शराब का क्या ठिकाना है, कब कहाँ
बह निकले;

उसका क्या है, जो कहना था खुलेआम कह दिया,
और कहते-कहते कह निकले।[75]

और सबसे बढ़कर मजदूर आन्दोलन के गीतकार को किसान आन्दोलन के कवि का यह तर्पण—

गीतों के जादूगर का मैं छन्दों से तर्पण करता हूँ
अपने युग की व्यथा कथा ही कड़ियों में ढलती जाती थी
जाने, कितना नेह भरा था, बाती थी जलती जाती थी.
गीत तुम्हारे गूँज रहे हैं अब भी लाख-लाख कानों में
होंठ तुम्हारे फड़क रहे हैं छाया-छवि की मुस्कानों में
सच बतलाऊँ, तुम प्रतिभा के ज्योतिपुत्र थे, छाया क्या थी
भली भाँति देखा था मैंने, दिल ही दिल थे, काया क्या थी
जहाँ कहीं भी अंतर मन से ऋतुओं की सरगम सुनते थे
ताजे कोमल शब्दों में तुम रेशम की जाली बुनते थे
जन मन जब हुलसित होता था, वह थिरकन भी पढ़ते थे तुम
साथी थे, मजदूर-पुत्र थे, झंडा लेकर बढ़ते थे तुम
युग की अनुगुंजित पीड़ा ही घोर घन-घटा-सी गहराई
प्रिय भाई शैलेन्द्र, तुम्हारी पंक्ति-पंक्ति नभ में लहराई
तिकड़म अलग रही मुस्काती, ओह, तुम्हारे पास न आयी
फिल्म जगत की जटिल विषमता आखिर तुमको रास न आयी
ओ जन मन के सजग चितेरे, जब जब याद तुम्हारी आती
आँखें हो उठती हैं गीली, फटने-सी लगती है छाती
प्रिय साथी शैलेन्द्र, जुहू-तट की वे बातें भूल न जाना
भूल न जाना, साथ बैठकर उस प्रकार लिखना-लिखवाना
इन दस वर्षों के सुख-दुख का भोग-भाग अर्पण करता हूँ
गीतों के जादूगर का मैं छन्दों से तर्पण करता हूँ।[76]

सन्दर्भ

1. को.अ. अंतोनोवा एवं ग्रि.ग्रि. कोतोव्स्की; *आधुनिक भारत (भारत का इतिहास)*, पृ. 495।
2. बकौल श्रीमती शकुन्तला शंकर शैलेन्द्र।
3. वही।
4. डॉ. ओंकार प्रसाद माहेश्वरी; *हिन्दी-चित्रपट का गीति-साहित्य*, पृ. 321।
5. कविन्द्र विक्रम; *गांडीव*, 31 अगस्त, 1989।

6. ग्रि.ग्रि. कोतोव्स्की; *समकालीन भारत (भारत का इतिहास)*, पृ. 630-631।
7. डॉ. रणजीत; *हिन्दी के प्रगतिशील कवि*, पृ. 173।
8. बकौल श्रीमती शकुन्तला शंकर शैलेन्द्र।
9. 'मैं, मेरा कवि और मेरे गीत', *धर्मयुग*, 16 मई, 1965, पृ. 37।
10. ग्रि.ग्रि. कोतोव्स्की; *समकालीन भारत (भारत का इतिहास)*, पृ. 636।
11. ललित मोहन अवस्थी; *आज के कवि*, पृ. 84।
12. 'शैलेन्द्र का लेख', *धर्मयुग*, 16 मई, 1965, पृ. 37।
13. रामविलास शर्मा; *मार्क्सवाद और प्रगतिशील साहित्य*, पृ. 85।
14. वही, पृ. 397।
15. सरोज मित्तल; *साप्ताहिक हिन्दुस्तान*, 8 जनवरी, 1967।
16. राजकपूर; *धर्मयुग*, 1 जनवरी, 1967, पृ. 43।
17. वही।
18. वही।
19. वही।
20. वही।
21. शैलेन्द्र की कविता 'नयी-नयी शादी है लेकिन' के आधार पर।
22. जुलाई, 1948 के हंस में प्रकाशित और 'न्यौता और चुनौती' में संगृहीत।
23. राजकपूर; *धर्मयुग*, 1 जनवरी, 1967, पृ. 43।
24. कविन्द्र विक्रम; *गांडीव*, 31 अगस्त, 1989।
25. प्रह्लाद अग्रवाल; *राजकपूर : आधी हकीकत आधा फसाना*, पृ. 48।
26. वही।
27. बकौल शैली शैलेन्द्र।
28. *साप्ताहिक हिन्दुस्तान*, 8 जनवरी, 1967।
29. फणीश्वरनाथ रेणु; *ऋणजल-धनजल*, पृ. 52।
30. वही, पृ. 52-53।
31. राजकपूर; *धर्मयुग*, 1 जनवरी, 1967, पृ. 44।
32. सम्पादक; *साप्ताहिक हिन्दुस्तान*, 1 जनवरी, 1967, पृ. 50।
33. इन्दीवर; *साप्ताहिक हिन्दुस्तान*, 8 जनवरी, 1967।
34. *प्रिया*, दिसम्बर, 91, पृ. 64।
35. अरविन्द कुमार; *संडे मेल*, 24 फरवरी, 1991, पृ. 8।
36. प्रह्लाद अग्रवाल; *राजकपूर : आधी हकीकत आधा फसाना*, पृ. 150।
37. वही, पृ. 155।
38. इस फिल्म की व्यावसायिक असफलता के सदमे से ही शंकर शैलेन्द्र का निधन हुआ।
39. अरविन्द कुमार; *संडे मेल*, 24 फरवरी, 1991, पृ. 9।
40. वही।
41. वही।
42. वही, 3 मार्च, 1991।

43. फणीश्वरनाथ रेणु; *आत्म-परिचय* (संस्मरण), सम्पादक : भारत यायावर, पृ. 131।
44. वही, पृ. 131-133।
45. वही।
46. अरविन्द कुमार; *संडे मेल,* 3 मार्च, 1991, पृ. 24।
47. वही, 17 फरवरी, 1991।
48. वही, 02 सितम्बर, 1990, पृ. 6।
49. *धर्मयुग,* 8 जनवरी, 1967।
50. *साप्ताहिक हिन्दुस्तान,* 8 जनवरी, 1967।
51. वही।
52. वही।
53. अरविन्द कुमार; *संडे मेल,* 24 फरवरी, 1991, पृ. 8।
54. राजकपूर; *धर्मयुग,* 1 जनवरी, 1967, पृ. 43।
55. वही।
56. सरोज मित्तल,; *साप्ताहिक हिन्दुस्तान,* 8 जनवरी, 1967।
57. प्रह्लाद अग्रवाल; *राजकपूर : आधी हकीकत आधा फसाना,* पृ. 152।
58. हरिशंकर दूबे; *फणीश्वरनाथ रेणु के व्यक्तित्व एवं कृतित्व का आलोचनात्मक अध्ययन,* पृ. 197।
59. रामवचन राय (सं.); *रेणु संस्मरण और श्रद्धांजलि,* पृ. 125।
60. राजकपूर; *धर्मयुग,* 1 जनवरी, 1967, पृ. 43-44।
61. *साप्ताहिक हिन्दुस्तान,* 8 जनवरी, 1967।
62. वही।
63. वही।
64. वही।
65. वही।
66. राजकपूर; *धर्मयुग,* 1 जनवरी, 1967, पृ. 44।
67. *साप्ताहिक हिन्दुस्तार,* 8 जनवरी, 1967।
68. वही, 1 जनवरी, 1967, पृ. 50।
69. *संडे मेल,* 17 फरवरी, 1991।
70. वही, 2 सितम्बर, 1990, पृ. 6।
71. *गांडीव,* 31 अगस्त, 1989।
72. डॉ. महेन्द्र मित्तल; *राजकपूर : सितारों से सितारों तक,* पृ. 66।
73. प्रह्लाद अग्रवाल; *राजकपूर : आधी हकीकत आधा फसाना,* पृ. 155।
74. ब्रजेन्द्र गौड़; *धर्मयुग,* 8 जनवरी, 1967।
75. राजकमल चौधरी; *इस अकाल बेला में,* पृ. 210-11।
76. डॉ. प्रभाकर माचवे (सं.); *आज के लोकप्रिय हिन्दी कवि नागार्जुन।*

फिर भी दिल है हिन्दुस्तानी

हिन्दी साहित्य के इतिहास में 'प्रगतिवाद' छायावाद के बाद की एक विशिष्ट काव्यधारा है। इसके ऐतिहासिक उद्गम की चर्चा करते हुए डॉ. नामवर सिंह लिखते हैं– "प्रगतिशील साहित्य अंग्रेजी के 'प्रोग्रेसिव लिटरेचर' का हिन्दी अनुवाद है। अंग्रेजी साहित्य में इस शब्द का प्रचार 1935 ई. के आसपास विशेष रूप से हुआ जब ई.एम. फार्स्टर के सभापतित्व में पेरिस में 'प्रोग्रेसिव राइटर्स एसोसिएशन' नामक अन्तर्राष्ट्रीय संस्था का प्रथम अधिवेशन हुआ। हिन्दुस्तान में उसके दूसरे साल डॉ. मुल्कराज आनन्द और सज्जाद जहीर के उद्योग से जब इस संस्था की शाखा खुली और प्रेमचन्द की अध्यक्षता में लखनऊ में उसका प्रथम अधिवेशन हुआ तो यहाँ 'प्रोग्रेसिव लिटरेचर' अथवा 'प्रगतिशील साहित्य' का प्रचार हो गया। कालक्रम अथवा प्रकारान्तर से यही प्रगतिवाद हो गया।"[1] प्रगतिवाद के सम्बन्ध में कुछ और सूचनाएँ, आलोचकीय धारणाएँ और मान्यताएँ जान लेने की हैं जिनकी पड़ताल प्रगतिवादी काव्य-परम्परा की पूरी पहचान के लिए महत्त्वपूर्ण सिद्ध होगी।

"प्रगतिशील साहित्य से मतलब उस साहित्य से है जो समाज को आगे बढ़ाता है, मनुष्य के विकास में सहायक होता है।"[2] इस मान्यता के दायरे में 1936 और उसके बाद का प्रगतिवाद से नामित साहित्य मात्र नहीं आता, उसकी व्याप्ति आदिकाल की पूर्वपीठिका अपभ्रंश काल तक पहुँचती है और चाहें तो वेदों तक भी जा सकते हैं। इस प्रकार 'प्रगतिशील' शब्द 'प्रगतिवाद' से अधिक व्यापक ठहरता है। लेकिन इस धारणा का खण्डन करते हुए डॉ. नामवर सिंह लिखते हैं "कुछ लोग प्रगतिवाद और प्रगतिशील साहित्य में भेद करते हैं। उनके अनुसार मार्क्सीय सौन्दर्य शास्त्र का नाम प्रगतिवाद है और आदिकाल से लेकर अब तक की समस्त साहित्य-परम्परा प्रगतिशील साहित्य है। इस तरह वे छायावाद के बाद की साहित्यिक प्रवृत्ति के लिए 'प्रगतिशील साहित्य' नाम का प्रयोग अनुचित मानते हैं। दूसरी ओर ऐसे भी हैं जो मार्क्सवादी साहित्य-सिद्धान्त तथा इस सिद्धान्त के अनुसार रचे हुए साहित्य को प्रगतिवाद कहना चाहते हैं और छायावाद के बाद की व्यापक सामाजिक

चेतना वाले समस्त साहित्य को 'प्रगतिशील साहित्य' कहते हैं जिसमें विभिन्न राजनीतिक मतों के बावजूद एक सामान्य मानवतावादी भावना व्याप्त है। इस तरह वे प्रगतिवाद को संकीर्ण और साम्प्रदायिक बतलाते हैं तथा 'प्रगतिशील साहित्य' को व्यापक और उदार। उनके अनुसार 'प्रगतिशील लेखक संघ' द्वारा निर्धारित और प्रचारित साहित्य प्रगतिवाद है और बाकी प्रगतिशील साहित्य। लेकिन जिस तरह छायावाद और छायावादी कविता भिन्न नहीं है उसी तरह प्रगतिवाद और प्रगतिशील साहित्य भी भिन्न नहीं है।"[3]

प्रगतिवाद की भारतीयता

1936 में जिस प्रगतिवाद की घोषणा हुई उसके तत्त्व भारतीय साहित्य में निश्चय ही बहुत पहले से विद्यमान थे। "प्रगतिवाद का विरोध करते हुए कुछ लेखक कहते हैं कि यह सर्वथा अभारतीय और विदेशी विचारधारा है क्योंकि एक तो यह मार्क्सवाद पर आधारित है, दूसरे इसका सूत्रपात जिस 'प्रगतिशील लेखक संघ' के द्वारा हुआ वह फ्रांस के विदेशी वातावरण में स्थापित हुआ था और अब भी वह उस कम्युनिस्ट पार्टी द्वारा संचालित होता है जिसकी लगाम सोवियत रूस के हाथ में है।"[4]

हालाँकि इस सन्दर्भ में, जैसा कि डॉ. नामवर सिंह भी मानते हैं, 'प्रगतिवाद की भारतीयता और अभारतीयता को लेकर बहस करना बेकार है'[5] लेकिन इस तथ्य को स्वीकार करने में भी कोई कठिनाई नहीं होनी चाहिए कि प्रगतिवाद के सूत्रपात के पीछे फ्रांस के विदेशी वातावरण में स्थापित प्रगतिशील लेखक संघ का ही हाथ था। इसमें भी संशय नहीं कि वह मार्क्सवाद पर आधारित है। लेकिन संशय इस बात में भी नहीं है कि प्रगतिवाद की जो काव्य-परम्परा विकसित हुई वह ठेठ भारतीय रही। इस सूत्रपात के विदेशीपन से किसी तरह की हीन भावना की अनुभूति बीमार मानसिकता है। इस तथ्य का आरोप की तरह प्रस्तुति हास्यास्पद है और इससे इनकार तो और भी। सीखना और सिखाना भी सर्वथा भारतीय परम्परा है। उपन्यास से लेकर हाइकू तक कई विधाएँ हमने बाहर से सीखी-अपनाई है, महत्त्वपूर्ण यह है कि हमने उसे कितना अपना बनाया हैं, महत्त्वपूर्ण यह है कि प्रगतिवाद को खींचकर हम अपने यहाँ ले आये, खिंचकर यूरोप और सोवियत संघ नहीं चले गये।

1936 के आसपास साहित्य में जो सबसे बड़ी बात हुई और जिसका श्रेय निश्चय ही प्रगतिशील लेखक संघ को ही है, कि हम अपने साहित्य में विद्यमान प्रगतिशीलता के तत्त्वों को पहचानने की कोशिश में लगे, उसे साहित्य की मुख्य धारा के रूप में विकसित करने में लगे। इसके लिए उपयुक्त वातावरण तब हमारे समाज में मौजूद था और इसकी उपयुक्त पृष्ठभूमि छायावाद ने निर्मित कर रखी थी। साहित्य

में 'प्रगति' नयी नहीं थी, लेकिन नये सिरे से जरूर आयी। समाज की व्यावहारिक सुख-समृद्धि और धन के न्यायोचित वितरण की तरफ हमारा ध्यान इस प्रगतिवाद के वैचारिक आधार मार्क्सवाद ने ही दिलाया। आगे चलकर हम देखेंगे कि कैसे इसकी सुगबुगाहट भी भारतेन्दु के समय से ही सुनाई पड़ने लगी थी।

यह तो बहुत मोटी-सी बात है कि साहित्य की कोई भी प्रवृत्ति सहसा समाप्त नहीं हुआ करती; वीर गाथा, भक्ति, रीति आदि सारी प्रवृत्तियाँ किसी-न-किसी रूप में हमेशा रही हैं, आज भी हैं। प्रगतिवाद के सम्बन्ध में यह बात इतने हल्के तौर पर नहीं कही जा सकती। प्रयोगवाद और नयी कविता, नकेनवाद, अकविता, बीट कविता आदि नाना रंग-रूप के काव्य आन्दोलनों को झेलते और उन्हें पार करते हुए भी प्रगतिवाद अपनी स्थापना के बाद से कभी भी निरस्त नहीं हुआ, वह आज भी सर्वाधिक अद्यतन साहित्यधारा है। डॉ. कृष्णलाल 'हंस' का विचार है कि "चूँकि प्रगतिवादी काव्य अन्तस् की उन गहराइयों से उद्भूत नहीं हुआ था जो किसी साहित्य को स्थैर्य प्रदान करती हैं, इसलिए सन् 1942 के राष्ट्रीय आन्दोलन के जोर पकड़ने के साथ ही उसका वेग मन्द पड़ने लगा और शीघ्र ही उसका स्थान नयी कविता ने ले लिया। नयी कविता का विद्रोह सांस्कृतिक था, सम्पूर्ण जीवन-प्रणाली को आच्छादित करता हुआ, इसलिए उसने शीघ्र ही प्रगतिवाद का स्थान ले लिया।"[6]

यह एक अर्द्धसत्य है और इसलिए भ्रामक भी। इसे समझ लेना आवश्यक है। दरअसल हिन्दी साहित्य में प्रगतिवाद दो राहों से चलकर आया। पहला रास्ता पन्त जी से होकर आया, दूसरा निराला जी से। पहला दौड़ते हुए आया, आगे चलकर मन्द भी पड़ा और बन्द भी हुआ, लेकिन दूसरा तनिक धीरे-धीरे पहुँचा और बिना किसी उछलकूद के वह आज भी अपने निर्धारित लक्ष्य की तरफ निरन्तर अग्रसर है। इसे और भी साफ ढंग से समझने की आवश्यकता है।

कवि के रूप में निराला जी तनिक प्रभावी ज्यादा थे और पन्त जी प्रभावित हो जानेवाले ज्यादा। पन्तजी ने पर्याप्त स्फूर्ति से छायावाद के 'युगान्त' की घोषणा की और प्रगतिवाद को 'युगवाणी' दी। इसी स्फूर्ति से वे बाद में अरविन्द दर्शन, गाँधीवाद और समन्वयवाद की तरफ भी गये। जो भी हो, पंतजी की शुरुआत का ऐतिहासिक महत्त्व है और ऐसा भी नहीं है कि उनकी (प्रगतिवाद की) प्रारम्भिक सारी-की-सारी कविताएँ शाब्दिक प्रगति-प्रेम और ग्राम-जनवाद की हैं, कृत्रिम हैं। फिर भी प्रगतिवाद के नाम पर प्रतिक्रियामूलक रचनाएँ कम नहीं हुईं। पन्त की बौद्धिक सहानुभूति प्रभावहीन थी तो अन्य जोशीले कवियों का कृत्रिम उत्साह भी नकली था। डॉ. नामवर सिंह के शब्दों में, "प्रगतिवाद के नाम पर दिनकर, भगवतीचरण वर्मा और नवीन जी ने जो विनाश और विध्वंस का आह्वान किया उसमें पूर्ववर्ती व्यक्तिवाद की

अराजकतावादी तथा विपथगा मनोवृत्ति का ही विस्फोट है। प्रगतिवाद के नाम पर अमृतलाल नागर, नरोत्तम नागर आदि 'उच्छृंखल' दल के लेखकों ने यौन विकृतियों का नग्न उद्‌घाटन किया, वह भी स्पष्ट रूप से छायावादी अशरीरी भावनाओं की मांसल तथा शारीरिक प्रतिक्रिया है और इस उच्छृंखलता के मूल में भी वह व्यक्तिवादी अराजकता है। इन सभी प्रवृत्तियों के सम्मिलित प्रभाव में निराला ने जो 'अणिमा' के करुण-भरे प्रार्थना-गीत गाए, एकाकीपन पर विलाप किया, 'कुकुरमुत्ता' के क्षुद्रमुख से अहंभरी घोषणाएँ कीं और रवीन्द्रनाथ को 'विजयिनी' की पैरोडी करते हुए खजोहरा पीड़ित बुआ का रेखाचित्र खींचा– वह सब उनके छायावाद-युगीन संस्कारों का ही कहीं बढ़ाव और कहीं प्रतिक्रिया है।"[7] फिर भी इतना तय है कि प्रगतिवाद सह मार्क्सवाद से तूफानी तौर पर प्रभावित होकर लिखी गयीं पन्त जी की अनेक कविताएँ तथा रांगेय राघव, भगवतीचरण वर्मा आदि की भी कई रचनाएँ निर्बल सिद्ध हुईं और इस परम्परा की गति धीरे-धीरे मन्द हुई, समाप्ति तो नहीं कहेंगे क्योंकि खून-खंजर वाली रचनाएँ आज भी कम नहीं हो रही हैं।

यह सारी प्रतिक्रियाएँ और कमजोरियाँ यही सिद्ध करती हैं कि प्रगतिवाद के सन्देश को साहित्य की देशी भूमि में घुलने-मिलने में समय लगा। इस प्रक्रिया का एक रास्ता वह है जो निराला से होकर गुजरता है। उनकी 'देवी सरस्वती' की सरस्वती "शताब्दियों से प्रगति के पथ पर अग्रसर होती रही जनता की सरस्वती हैं जो उसकी खेती-बारी में लहरा रही हैं और उसके दुख-सुख की संगिनी हैं।"[8]

समाजवादी चेतना का प्रसार

प्रथम विश्वयुद्ध में भारत ने अंग्रेजों के आश्वासन पर उनकी सहायता की, लेकिन पुरस्कार के रूप में 'रौलट एक्ट', 'जालियाँवाला बाग' जैसा भीषण नरसंहार मिला। अंग्रेजों के साथ सहयोग करनेवाले उत्साही भारतीय नौजवान महात्मा गाँधी के नेतृत्व में 'असहयोग आन्दोलन' और 'सविनय अवज्ञा आन्दोलन' के लिए बाध्य हो गये। लेकिन यह आन्दोलन भी निर्ममतापूर्वक कुचल दिया गया। फलतः भारतीय श्रमिकों और कृषकों का विश्वास कांग्रेस से उठने लगा। सन् 1917 में रूसी क्रांति ने उनका ध्यान अपनी ओर आकर्षित किया। मार्क्सवादी विचारधारा से प्रभावित नये-नये संगठन बनने लगे। इस तरह के संगठनों से उन्हें विदेशी साम्राज्यवाद और भारतीय सामन्तवाद और पूँजीवाद के अत्याचारों के विरुद्ध संघर्ष करने में सहायता मिली। डॉ. पट्टाभिसीतारमय्या के अनुसार, "असंख्य किसान सैकड़ों मील चलकर गाँवों में आते थे और अपने संगठन अलग-अलग कायम करते थे। ये नये संगठन कम या अधिक परिमाण में कांग्रेस के विरुद्ध होते थे। उन्हें इसके लिए एक उद्देश्य, एक झंडा और एक नेता मिल गया।"[9]

कांग्रेस भी इस आगत नयी विचारधारा से अप्रभावित नहीं रही। 1931 के कराची अधिवेशन में पहली बार कार्यक्रम की आधिकारिक दस्तावेज की तैयारी में श्रमजीवी जनता की कुछ महत्त्वपूर्ण माँगों को ध्यान में रखा गया। श्रमिकों और किसानों ने पहले शोषण से मुक्ति को बेहतर समझा बनिस्बत शासन से मुक्ति के। इसी स्थिति ने 'अखिल भारतीय किसान सभा' और 'भारतीय ट्रेड यूनियन कांग्रेस' को जन्म दिया। श्री ए.आर. देसाई ने लिखा है, "इस काल में जहाँ दूसरे लोग 'स्वतन्त्र भारत' का स्वप्न देख रहे थे, वहाँ देश का श्रमिक वर्ग अपने 'समाजवादी भारत' के स्वप्न को साकार करने में प्रयत्नशील था।"[10] सन् 1935 तक कांग्रेस पूरी तरह समाजवादी विचारधारा से ओत-प्रोत हो गयी। सन् 1936 के लखनऊ कांग्रेस अधिवेशन में अध्यक्षीय भाषण करते हुए पं. जवाहर लाल नेहरू ने स्पष्टतः स्वीकार किया, "चाहे समाजवादी सरकार की स्थापना सुदूर भविष्य की ही बात क्यों न हो और हममें से बहुत लोग उसे चाहे अपने जीवन में न देख सकें, किन्तु वर्तमान स्थिति में समाजवाद ही वह प्रकाश है, जो हमारे पथ को आलोकित करता है।"[11] समाजवादी चेतना ने प्रायः सभी राजनीतिज्ञों को प्रभावित किया। पटेल की यह उक्ति भी ध्यातव्य है, "मुझे रोटी के टुकड़े और धारा-सभा-केन्द्रों में कोई रुचि नहीं है। किसान इस बात को नहीं समझता कि गाँधी जी के ग्यारह सूत्रों में स्वराज्य का सार आ जाता है। वह स्वराज्य नहीं, जहाँ किसानों को सन्तोष न हो। जमींदारों, राजाओं-महाराजाओं का मैं उस हद तक आदर करूँगा जिस हद तक वे अपने पसीने की रोटी खानेवाले करोड़ों लोगों के हितों का ध्यान करते हों। मेरी दिलचस्पी तो इस बात में है कि मैं पीड़ित और भयभीत लोगों की सहायता करूँ, उन्हें उनकी गिरी दशा से उठाऊँ और बड़े-बड़े आदमियों की बराबरी में ला बिठाऊँ।"[12]

भारत की तत्कालीन राजनीतिक स्थिति का हमारे सामाजिक जीवन पर गहरा प्रभाव पड़ा। हमारे साहित्यकारों का कोमल हृदय भी इस परिवर्तन से अछूता नहीं रहा। भारतीय साहित्य क्रमशः समाजवादी विचारधारा की ओर उन्मुख होने लगा। छायावादी कल्पना लोक में हलचल हुई, स्वयं छायावादी कवियों ने यथार्थवाद और समाजवाद की ओर डग बढ़ाये और प्रगतिवाद का बल पाकर यथार्थवादी और समाजवादी चेतना की अभिव्यक्ति मुखर हुई।

छायावाद से प्रगतिवाद की ओर

पन्त ने 'युगांत' की घोषणा करते हुए 'युगवाणी' दी। 'ग्राम्या' के पन्त धरती पर से धरती को देखने लगे। 'युगवाणी' में पन्त के कला प्रेमी और कल्पना प्रेमी मन ने ही नीरस सैद्धांतिक पद्य-पंक्तियाँ लिखीं जिनकी विशेषता सिर्फ यही है कि वे छायावाद से भिन्न

हैं, प्रगति की बौद्धिकता से भरी हैं। यह उनका साहस था वरना छायावादी संस्कारों से इतनी निर्ममता से दूर हो जाना किसी साधारण कवि के वश की बात नहीं।

निराला शुरू से ही व्यक्तिगत जीवन स्तर पर भी विद्रोह करते रहे हैं। 'बादल-राग', 'वन-बेला', 'सरोज-स्मृति', 'राम की शक्ति-पूजा'— उनके विराट काव्य-फलक में प्रगतिशीलता के तत्त्व सर्वत्र हैं। उनके गद्य और कविता दोनों में कहीं सीधे तो कहीं व्यंग्य-रूप में प्रगतिशीलता आरम्भ से ही अभिव्यक्त होती चल रही थी। "प्रगतिशील युग में उनकी 'देवी सरस्वती' ने पन्त की 'ग्राम्या' के बिखरे प्रयत्नों को एक ही बृहद् प्रयत्न से ललकार दिया। यह सरस्वती शताब्दियों से प्रगति के पथ पर अग्रसर होती आ रही जनता की सरस्वती है जो उसकी खेती-बारी में लहरा रही है और उसके सुख-दुख की संगिनी है।"[13] उन्होंने 'देवी', 'चतुरी चमार', 'कुल्लीभाट', 'बिल्लेसुर बकरिहा' जैसे रेखाचित्र लिखे, प्रसाद ने 'तितली' और 'कंकाल' में यथार्थवाद की ओर डग बढ़ाया और 'रहस्यवाद और यथार्थवाद' शीर्षक निबन्ध लिखा तथा महादेवी वर्मा ने 'घीसू', 'भगतिन' आदि के लोकचित्र उकेरे।

इस प्रकार छायावाद के गर्भ से ही प्रगतिवाद को पोषण मिला और वह भारत के बाहर से आकर भी भारतीय परिवेश में ही फला-फूला।

एक विकासशील साहित्यधारा

पूर्ववर्त्ती काव्य और कवियों के साधारण जीवन और उसकी सचाइयों से दूर रहने की प्रवृत्ति की आलोचना करते हुए प्रेमचन्द ने कहा— "हमारी साहित्यिक रुचि बड़ी तेजी से बदल रही है। अब साहित्य केवल मन-बहलाव की चीज नहीं है, मनोरंजन के सिवा उसका और भी कुछ उद्देश्य है।"[14] उन्होंने साहित्य के उद्देश्य को स्पष्ट करते हुए कहा— "साहित्य हमारे जीवन को स्वाभाविक और स्वाधीन बनाता है; दूसरे शब्दों में, उसी की बदौलत मन का संस्कार होता है। यही उसका मुख्य उद्देश्य है।"[15] साहित्य के पारम्परिक सौन्दर्य-निकष की आलोचना करते हुए वे कहते हैं— "हमें सुन्दरता की कसौटी बदलनी होगी। अभी तक यह कसौटी अमीरी और विलासिता के ढंग की थी। हमारा कलाकार अमीरों का पल्ला पकड़े रहना चाहता था... उसकी निगाह अन्तःपुर और बंगलों की ओर उठती थी। झोंपड़े और खँडहर उसके ध्यान के अधिकारी न थे। ...उपवास और नग्नता में भी सौन्दर्य का अस्तित्व सम्भव है, इसे कदाचित वह स्वीकार नहीं करता। ...अगर उसकी सौन्दर्य देखनेवाली दृष्टि में विस्तृति आ जाए तो वह देखेगा कि रंगे होंठों और कपोलों की आड़ में अगर रूप-गर्व और निष्ठुरता छिपी है, तो इन मुरझाए हुए होंठों और कुम्हलाए गालों के आँसुओं में त्याग, श्रद्धा और कष्ट-सहिष्णुता है।"[16]

डॉ. रामविलास शर्मा प्रगतिशील साहित्य की आवश्यकता साम्राज्यवाद विरोध और सामन्तवाद-विरोध के लिए मानते हैं। उनकी स्पष्ट मान्यता है– "प्रगतिशील साहित्य जनता की सेवा करता है, उसके उत्पीड़कों–साम्राज्यवादियों, सामन्तों और पूँजीपतियों– की सेवा नहीं करता। जनता के उत्पीड़कों की सेवा करनेवाला साहित्य प्रतिक्रियावादी है।"[17] उनके अनुसार प्रगतिशील साहित्य में 'मजदूर वर्ग की भूमिका' और 'मार्क्सवादी विचारधारा के नेतृत्व की भूमिका' अत्यावश्यक है। यदि उसकी ये दोनों भूमिकाएँ नहीं हैं, तो वह पंगु है। डॉ. शर्मा के अनुसार "प्रगतिशील साहित्य से मतलब उस साहित्य से है जो समाज को आगे बढ़ाता है; मनुष्य के विकास में सहायक होता है।"[18]

श्री शिवदान सिंह चौहान प्रगतिवाद को किसी विशेष पार्टी और प्रोग्राम से जोड़ना अनुचित मानते हैं। उनके अनुसार जो साहित्य जीवन के यथार्थ को गहराई और कलात्मक सचाई से प्रतिबिम्बित करता है, वह भी प्रगतिशील है, चाहे उसकी रचना करनेवाले लेखकों का व्यक्तिगत दृष्टिकोण आदर्शवादी हो या मार्क्सवादी।[19]

पन्त और निराला के अतिरिक्त प्रगतिवादी कवियों में मुख्य रूप से नागार्जुन, केदारनाथ अग्रवाल, रामविलास शर्मा, त्रिलोचन, रांगेय राघव, नरेन्द्र शर्मा, शिवमंगल सिंह सुमन, शील आदि की गणना की जाती है। किंतु प्रयोगवाद-काल में और उसके अनन्तर भी प्रगतिशील काव्य की धारा प्रवहमान रही है और आज भी जारी है। इस सन्दर्भ में डॉ. नामवर सिंह का मत उल्लेखनीय है– "प्रगतिशील साहित्य कोई स्थिर मतवाद नहीं है; बल्कि यह एक निरन्तर विकासशील साहित्य-धारा है, जिसके लेखकों का विश्वास है कि प्रगतिशील साहित्य लेखक की स्वयंभू अन्तःप्रेरणा से उद्‌भूत नहीं होता, बल्कि सामाजिक और सांस्कृतिक विकास के क्रम से वह भी परिवर्तित और विकसित होता रहता है और उसके सिद्धान्त उत्तरोत्तर स्पष्ट तथा अधिक पूर्ण होते चलते हैं।"[20]

प्रगतिशील काव्यधारा की एक लहर शंकर शैलेन्द्र

शंकर शैलेन्द्र भी इसी प्रगतिशील काव्यधारा की एक सशक्त लहर हैं जिसमें जीर्ण-पुरातन को नष्ट-भ्रष्ट करने की क्षमता भी है और समाज-भूमि को सिंचित कर नवीन को सृष्ट करने का सामर्थ्य भी। उनकी गणना प्रगतिवाद के प्रथम पांक्तेय कवियों में की गयी है और वह भी तब जबकि अधिकांश आलोचकों को उनकी फुटकल कविताएँ ही उपलब्ध हो पायी हैं। "शंकर शैलेन्द्र अनेक प्रगतिवादी कविताओं के रचयिता हैं। संकलित ग्रन्थ के रूप में हमें उनकी कोई कृति प्राप्त न हो सकी, किन्तु उनकी जो स्फुट रचनाएँ उपलब्ध हैं उनसे उनकी प्रगतिवादी तीव्र भावना, शोषितों के प्रति सहानुभूति एवं शोषकों के प्रति रोष स्पष्ट है।[21] डॉ. रामविलास शर्मा ने शंकर शैलेन्द्र के रचना-कर्म पर अलग से कोई टिप्पणी तो

नहीं की लेकिन अपनी प्रसिद्ध पुस्तक 'मार्क्सवाद और प्रगतिशील साहित्य' में एक प्रगतिशील कवि के रूप में एकाधिक बार शैलेन्द्र का भी हवाला दिया है। डॉ. रणजीत ने प्रगतिशील कवियों को छह वर्गों में बाँटते हुए शंकर शैलेन्द्र को 'केन्द्रीय वर्ग' का कवि माना है जिनमें अन्य वर्गों के कवियों की अपेक्षा प्रखर सामाजिक चेतना और राजनीतिक जागरूकता मिलती है, साथ ही सामाजिक यथार्थ जिनकी प्रधान विषयवस्तु है।[22] ललित मोहन अवस्थी के अनुसार उनकी कविताओं में मजदूर वर्ग का दयनीय रूप ही नहीं क्रांतिकारी रूप भी सामने आता है क्योंकि उनके पीछे संगठित भारतीय मजदूर वर्ग के क्रांतिकारी आन्दोलन का इतिहास है।[23] प्रगतिशील कविता की सर्वाधिक विपुल और विषम भूमि पर स्थित कवि नागार्जुन उन्हें 'युग की व्यथा-कथा' का कवि मानते हैं और 'जनमन के उल्लास' का कवि भी।

बहरहाल, पत्र-पत्रिकाओं में प्रकाशित फुटकल कविताओं के अलावा उनका एक काव्यसंग्रह 'न्यौता और चुनौती' भी प्रकाशित है और इसके साथ ही फिल्मों को दिए गये लगभग 800 गीत प्रगतिवादी साहित्य की अमूल्य धरोहर हैं।

व्यक्ति और मन से समाज और जन की ओर

प्रगति की भावना शंकर शैलेन्द्र की कविता में बड़े मन से और बड़े बल से जगह बनाती है। शैलेन्द्र व्यक्ति को सहसा भूलकर या प्रयत्नपूर्वक भुलाकर एकदम से और एकबारगी ही समाज की चिन्ता करने लगनेवालों की कतार में लग जानेवालों में से नहीं हैं। 'जीवन के शत संघर्षों में रत रहकर भी' उन्हें 'कभी-कभी याद आ ही जाती है, बिखरी दुखभरी कहानी' और 'सहसा तड़प छटपटाता मन', 'जहर बुझे तीरों से आहत हुए हरिन-सा'। और ऐसे में उन्हें भी 'क्षणभर को लगता है जैसे'—

भय से खुली-खुली ये आँखें
खुली खुली ही रह जावेंगी।
जरा पुतलियाँ फिर जावेंगी
तेजी से आती जाती ये साँसें
सहसा रुक जावेंगी।
और मौत की क्रूर अँधेरी घिर आवेगी
भरम भरी, जितनी परिचित उतनी अनजानी![24]

यह निराशा, यह निरी वैयक्तिक उदासी बहुत सहज है, स्वाभाविक है। इस स्वाभाविकता को नकार कर, आशा, विश्वास, शक्ति-सामर्थ्य और प्रभंजन की उक्तियाँ उक्ति विलास मात्र हो सकती हैं जो प्रगति की चेतना से बहुत दूर की चीज है। मन को बिलकुल मारकर जन की बात करने लगनेवालों की कविता इसीलिए

बहुत ही निष्प्राण और 'न-सच' हो जाया करती है। वस्तुतः यह 'चरम भरी, जितनी परिचित उतनी अनजानी पीड़ा' पृष्ठभूमि तैयार कर देती है, विश्वसनीयता का धरातल दे देती है और तब यह उल्लास सचमुच का लगता है :

किन्तु,
दूसरे क्षण सुन पड़तीं—
कोटि-कोटि कण्ठों की व्याकुल विकल पुकारें
अम्बर की छाती बिदारनेवाली नवयुग की ललकारें
युग-युग के बन्दी जन की
टूटी हथकड़ियों और बेड़ियों की झंकारें
खून पसीने से लथपथ
पीड़ित-शोषित मानवता की दुर्दम हुंकारें!

और दीखता—
दूर भागते दुश्मन के संग
भाग रहे हैं भूत-प्रेत सारे अतीत के
व्यर्थ भीति के
उस कोरी, अशरीरी प्रीति के
सम्मुख आती, मुसकाती, अंगड़ाई लेती
नयी सुबह रंगीन सुखों की स्वर्ण कहानी![25]

यह ट्रीटमेंट आगे चलकर फ़ैज़ अहमद फ़ैज़ में भी दीखता है। एक तरफ :

मैंने समझा था कि तू है तो दरख्शां है हयात
तेरा गम है तो गमे दहर का झगड़ा क्या है
तेरी सूरत से है आलम में बहारों को सबात
तेरी आँखों के सिवा दुनिया में रखा क्या है[26]

तो दूसरी तरफ :

अनगिनत सदियों के तारीक बहियाना तिलिस्म
रेशमोअतलस ओ कमख्वाब में बुनवाये हुए
जिस्म निकले हुए अमराज के तन्नूरों से
पीब बहती हुई गलते हुए नासूरों से
खाक में लिथड़े हुए खून में नहलाए हुए
लौट जाती है इधर को भी नजर क्या कीजे
अब भी दिलकश है तेरा हुस्न मगर क्या कीजे...[27]

बड़ी-से-बड़ी बात शैलेन्द्र बड़े घरेलू ढंग से शुरू करते हैं, अपने से शुरू करते हैं और फिर उनके अपनों में हर गरीब, श्रमिक, शोषित-पीड़ित शामिल हो जाता है :

नयी-नयी शादी है लेकिन
बटुए-सी दुल्हिन को लेकर
सिर्फ चार दिन साथ रह सका
छुट्टी कम थी, काम अधिक है
फिर सर्विस भी सरकारी है।[28]

कवि अपनी 'खुदगर्जी' पर पश्चात्ताप-सा करता दीखता है; इसे वह बड़ी सरलता से स्वीकार भी करता है। 'व्यक्ति' से 'समाज' की ओर प्रस्थान करने की शक्ति उसे 'खुदगर्जी' से ही मिलती है। वह अपनी पीड़ा भूलकर मुंबा नगरी के लाखों मजूरों-श्रमिकों की भीड़ में शामिल हो जाता है। अब उसकी व्यथा-कथा सिर्फ उसी की नहीं रह जाती :

पर खुदगर्जी ने खोली हैं मेरी आँखें
अब देखा है—
मुझ जैसे तो लाखों हैं मुंबा नगरी में
जैसे-तैसे काट रहे हैं
जीवन धूल भरी डगरी में।
घर छोड़ा है, दर छोड़ा है
यहाँ मिलों में सस्ते दामों में
अपना सब कुछ बेचा है
दूर छुटे बीबी औ' बच्चों के जीवन को
बैरंग चिट्ठी, मनी ऑर्डर
दो पैसे के कागज से ही
अपने जीवन से जोड़ा है!
अब देखा है—
मुझ जैसे तो लाखों हैं
जो रहने को घर माँग रहे हैं
माँग रहे हैं रोटी, कपड़ा, रोजी
बोनस औ' महँगाई
माँग रहे हैं जीने का अधिकार
स्वदेशी सरकारों से![29]

इसी तरह :

बस की लाइन में खड़ा हूँ
भागती जमीन में खूँटे-सा गड़ा हूँ।[30]

लेकिन रोटी की जगह गोली खानेवालों की कतार में खुद को भी खड़ा पाकर वह राहत की साँस लेता है :

रेवड़िया इनकी इनकी ही फैली झोली
इनकी रक्षाहित इन पर ही चली गोली
खुश हूँ कि मैं भी हूँ इनकी कतार में[31]

इस प्रकार शंकर शैलेन्द्र की समाज-चिन्ता ऊपरी या ओढ़ी हुई नहीं प्रतीत होती, उनकी प्रगतिवादिता छद्म नहीं है, न ही उनकी आस्था और उनका विश्वास ही मुख-सुख-मात्र लगता है। उसे दुश्मन के भागने, अतीत की दुखद स्मृतियों के भागने और नयी सुबह के आने का प्रबल विश्वास है। यह विश्वास अपने पर है, अपने जीवन के 'शत संघर्षों' पर है, नव युग की ललकारों पर है, टूटती हथकड़ियों और बेड़ियों की झंकारों पर है। कवि की यह आस्था पीड़ित-शोषित मानव की दुर्दम हुंकारों से उपजी है।

आजादी की चाल दुरंगी

भारत को मिली आजादी की असलियत को उसके प्रारम्भिक वर्षों में बहुत कम लोग भाँप पाये और उससे भी कम लोग उसे साहित्य में अभिव्यक्ति दे पाए। माखनलाल चतुर्वेदी, नागार्जुन, शंकर शैलेन्द्र जैसे कुछ ही कवियों ने उसे समझा और उसके झूठ का पर्दाफाश किया। इस आजादी का अर्थ अमीरों, हुक्मरानों के लिए कुछ और था, गरीबों, दलितों, शोषितों के लिए कुछ और

राम राज्य का ढोल बजाया
नेता ने कंट्रोल उठाया
काले बाजारी बनियों को
दिल में दिल्ली में बैठाया
खुल्लम-खुल्ला लूट मच गयी
महँगाई ने रंग दिखाया।[32]

आजादी का अर्थ— 'खुल्लम-खुल्ला लूट'! और इस खुली लूट के शिकार हुए करोड़ों निर्धन जन—

आजादी की चाल दुरंगी
घर-घर अन्न वस्त्र की तंगी

तरस दूध को बच्चे सोये
निर्धन की औरत अधनंगी
बढ़ती गयी गरीबी दिन-दिन
बेकारी ने मुँह फैलाया![33]

इस तथ्य को लक्ष्य करते हुए डॉ. रामविलास शर्मा ने लिखा है, "अंग्रेजों के तलवे चाटनेवाले सामंती पिट्ठू आज अपने को निर्लज्जता से प्रताप और शिवाजी का वंशज कहकर हिन्दू धर्म के रक्षक बनकर सामने आते हैं। जिन मुनाफाखोरों ने देश की जनता को नंगा और भूखा रखा था, वे राष्ट्रीय पत्रों के संचालक बने हुए हैं। वे जमींदार जो अंग्रेजी अफसरों को दावत देते रहे और घूसखोर पुलिस के अफसरों के मित्र बने रहे, वे कांग्रेस के बहुत बड़े नेता बनकर हिन्दुत्व की रक्षा करने निकल पड़े हैं। इस संकटकाल में प्रगतिशील शक्तियाँ त्रस्त होकर चुपचाप नहीं बैठ गयीं। जहाँ-तहाँ उन्होंने शान्ति आन्दोलन आरम्भ किया है।"[34]

एक ओर नागार्जुन, शील, शंकर शैलेन्द्र जैसे कवियों ने अंग्रेजों की गुलामी में फँसे भारत की दुर्दशा का और उससे निकलती जन-मुक्ति सेना का सशक्त वर्णन किया, दूसरी ओर उसने नव-स्वतन्त्र भारत की आजादी का वास्तविक रूप खोलकर दिखाया :

सड़ी-गली नौकरशाही से पहले ही ऊबे थे हम,
इधर स्वराज्य मिला है तबसे दूर हो गया सभी भरम
अंग्रेजी-अमरीकी जोंकें, देशी जोंकें एक हुईं,
नेताओं की नीयत बदली भारत माता टेक हुई।[35]

शंकर शैलेन्द्र गुलाम और आजाद भारत के अन्तर को टटोलना चाहते हैं और टटोलने पर पाते हैं कि—

वही नवाब, वही राजे, कुहराम वही है,
पदवी बदल गयी है किन्तु निजाम वही है,
थका-पिसा मजदूर वही, दहकान वही है,
कहने को भारत पर हिन्दुस्तान वही है,
छापा बदला किन्तु वही सिक्का ढलता है,
घटे पौंड की पूँछ पकड़ रुपया चलता है।[36]

कई कविताओं में इस आजादी के स्वरूप और परिणामों की पोल वे खोलते हैं। एक स्थायी दुख की तरह उन्हें यह आजादी चुभती रही :

अब तो इस आजाद मुल्क में
सबके सर जिम्मेवारी है आजादी की

खून बहाये बिना मिली जो महाजनों को
शुभचिन्तक उदार गोरों से
सदियों के गुलाम भारत के कन्धे टूटे
लेकिन बोझा अब पहले से भी भारी है
सबके सर जिम्मेवारी है।[37]

उन्हें दुख है तो इस बात का कि हमारे नेताओं ने आजादी पाने को जितना महत्त्वपूर्ण समझा, उसे बनाए रखने को, उसके योग्य बने रहने को उतना नहीं। आजाद भारत में उनके लिए अधिक चुनौतियाँ थीं, अनेक अगोचर शत्रु थे, अनेक समस्याएँ थीं। आजादी के अहसास को कायम करना था, कायम रखना था। लेकिन हमारे नेताओं के पास अब कथनी भर रह गयी, करनी नहीं :

'रक्तहीन क्रान्ति' के नेताओं का काम तमाम हो चुका है
खत्म हो गये 'करतब' उनके
अब तो बस कर्तव्य रह गये हैं जनता के
और खद्दरधारी नेता के सर पर केवल
सधी-सधायी हलकी फुलकी गाँधी टोपी
नयी 'कार' का भार, अपीलें
सत्य, अहिंसा, स्वार्थ-त्याग की
बड़ी महीन-महीन दलीलें[38]

वे सामान्य जन के साथ स्वयं भी अनुभव करते हैं और स्वयं 'उनका' (भी) कहना है :

...यह कैसी आजादी है
वही ढाक के तीन पात हैं बरबादी है
तुम किसान मजदूरों पर गोली-चलवाओ
और पहन लो खद्दर देशभक्त कहलाओ!
तुम सेठों के संग पेट जनता का काटो
तिस पर आजादी की सौ सौ बातें छाँटो
हमें न छल पाएगी यह कोरी आजादी
उठ री उठ, मजदूर किसानों की आबादी![39]

वे मानते हैं कि सियासत के कुटिल षड्यंत्रों से जनता अनजान नहीं है, सारे घात-प्रतिघात, धोखे और फरेब उसे याद हैं और शासक-वर्ग को भी वे इसका विश्वास दिला देना चाहते हैं :

मत समझो हमको याद नहीं है जून छियालिस की छातें

जब काले गोरे बनियों में चलती थीं सौदे की बातें
रह गयी गुलामी बरकरार हम समझे अब छुटकारा है...

यह आजादी लाई गयी नहीं, आ गयी है और आयी भी नहीं, इसके आने का ऐलान-भर किया गया है। दान में पायी गयी यह आजादी उल्टे देने वालों को ही खुश कर गयी :

ढोल बजे ऐलान हुआ आजादी आयी
खून बहाये बिना लीडरों ने दिलवाई
खुश होकर अंग्रेजों ने दी नेताओं को
सत्य अहिंसावादी वीर विजेताओं को![40]

कहाँ तो तय थे 'चिरागां हरेक घर के लिए' और कहाँ :

गोलियों की गन्ध में घुटी हवा
हिन्द जेल आग में तपा तवा
खद्दरी सफेद कोढ़ की दवा[41]

इसलिए और इसीलिए यह कामना कि :

खून का स्वराज हो खतम![42]

आजादी के तत्काल बाद ही शंकर शैलेन्द्र जिस मोह-भंग से गुजरते हैं वह हमारे इतिहास की सबसे दारुण विडम्बना है—

इस छह साला आजादी ने
इस रंग रंगीली गादी ने
कुछ ऐसा मन्तर फेरा है
हर दूजे पहर सबेरा है!
इस रामराज्य में सब खुश हैं
हम नये समय के लव-कुश हैं!
रावण न मरा लंका न जली
खुद घर लौट आयीं जनकलली!
ना सेतु बँधा ना पूँछ जली
मन्त्री हैं श्री बजरंग बली![43]

मोहभंग की यह स्थिति तब के तमाम समर्थ साहित्यकारों की कृतियों में बड़े ही मार्मिक अवसाद के साथ पायी जाती है। यह यशपाल के 'झूठा सच' में भी है, फणीश्वरनाथ रेणु के 'उत्तर नेहरू चरितम' और 'मैला आँचल' में भी है। शंकर शैलेन्द्र की विशेषता यह है कि उनकी अभिव्यक्ति पीड़ा-मात्र की नहीं, उसके प्रतिकार और उस पर प्रहार के सम्मिलित आवेग और प्रयास की है। इसीलिए वे प्रायः बहुत तीखे, कड़वे और व्यंग्यपूर्ण हैं। जहाँ कहीं भी अवसर मिला है वे चोट करने से बाज नहीं

आये। इस सन्दर्भ में हर तरह के समझौते से वे इनकार करते हुए चलते हैं। निश्चय ही स्वतन्त्रता संग्राम की भगतसिंह वाली राह के वे हिमायती हैं और उनका विश्वास है कि उसी रास्ते आत्मोत्सर्ग की कीमत देकर बलपूर्वक यदि आजादी पायी गयी होती तो क्या नेता, क्या जनता, कोई भी उसे इतने हल्के और ओछे ढंग से नहीं लेता जितने हल्के और ओछे ढंग से उसे लिया गया है।

जोर जुल्म की टक्कर में

प्रगतिशील कवियों ने देश में विभिन्न राजनीतिक पार्टियों के लगभग समान वर्ग-चरित्र और जनता के शोषण में उनके बुनियादी हित-सम्बन्ध का प्रकाशन किया है। लेकिन शैलेन्द्र के यहाँ सिर्फ दुख का रोना नहीं है, सुख के सपने भी हैं और उसके लिए संघर्ष की राह भी :

बहुत सहा, अब नहीं सहेंगे!
कहाँ गये वे वादे? अब हम
भूखे-नंगे नहीं रहेंगे![44]

इस जनशक्ति पर शंकर शैलेन्द्र ने नानाविध विश्वास व्यक्त किया है :

खून रंगा परचम जनता का
रहा फहरता, झुक नहीं सका
दमन बढ़ा तो और बढ़ गया
जन-आन्दोलन रुक नहीं सका[45]

अपने अधिकारों की माँग करनेवाली जनता पूरे विश्व को एकसूत्र में बाँध रखने की क्षमता रखती है। जनता जब जग जाती है तो वह जाति-धर्म से ऊपर उठकर सर्वजन हिताय की बात सोचती है। और तब उनका एक सशक्त संगठन बनता है जो पूरी दुनिया को शोषण-मुक्त करने का संकल्प लेता है :

वे तो दुनिया बदल डालने को निकले हैं
हिन्दू, मुस्लिम, सिक्ख पारसी सभी मिले हैं।[46]

आजादी के बाद सरकार और पूँजीपति वर्ग की दमनकारी नीतियों के विरुद्ध, अंग्रेजों की राह पर चलनेवाले समझौतापरस्तों के विरुद्ध कवि की 'आक्रामक धारा' चुनौती देती है :

अब सँभलें समझौतापरस्त घुटनाटेकू ढुलमुल यकीन
हम सब समझौतेबाजों को अब अलग करेंगे बीन-बीन
जो रोकेगा वह जायेगा यह वह तूफानी धारा है
हर जोर-जुल्म की टक्कर में हड़ताल हमारा नारा है।[47]

धरती के स्वर्ग सोवियत रूस पर पूँजीवादी हथियारबन्द खूनी पुजारियों को कवि 'चुनौती' देता है :

भर देंगे हम आग अगर मुँह खोलोगे
हर घर दल हम हिम्मतवर मर्दानों का।[48]

चीन में समाजवादी व्यवस्था के प्रतिष्ठित होने पर कवि उसका अभिनन्दन करता है और यह यकीन दिलाता है कि भारत भी उसी राह पर चल रहा है :

हम भी काट रहे हैं साथी ऊँचा पर्वत अपने पथ का
घर-घर दर-दर गली-गली में पहुँचा है पैगाम वक्त का
जोर जुल्म से टकराना है भारत ताकत जोड़ रहा है![49]

क्रांति के स्वर-घोष के लिए एक ओर शैलेन्द्र ने चुनौती और ललकार की पद्धति ग्रहण की, तो दूसरी ओर प्रतिरोध-संग्राम के लिए — पूँजीवाद और सरकार द्वारा एक नयी गुलामी की बेड़ी में जकड़ने के विरुद्ध संग्राम के लिए — 'भीषण रण-संग्राम' का आह्वान उन्हीं की भाषा में किया :

अन्दर की यह आग एक दिन भड़केगी ही!
नयी गुलागी की बेड़ी भी तड़केगी ही!![50]

रामविलास शर्मा ने भी इसी पद्धति को अख्तियार करते हुए 'इन्किलाब के वीर सिपाही' को अपनी फौज तैयार करने का आह्वान किया है :

यही जमाना है रैयत का
बढ़कर फतह करें मैदान
दो सौ साल गुलामी काटी
अब होवें आजाद किसान
चोट पड़ी है फिर डंके पर
यारो इधर सुनो ललकार
इन्किलाब के वीर सिपाही
अपनी फौज करो तैयार।[51]

कवि मेहनतकशों को संगठित होने के लिए आह्वान करता है और विश्वास दिलाता है कि संगठित शक्ति 'आँधी और बिजली की पीठ पर सवार' हो 'मुसीबतों का सर कुचलते हुए' 'इस चमन पर बहार' लाकर ही दम लेगी। डॉ. रणजीत के अनुसार, "'तू जिन्दा है' में जिन्दगी की प्रगति और विजय में उनका अटूट विश्वास और दुनिया को हसीन बनाने की उनकी उत्कट अभिलाषा बहुत सुन्दर और सशक्त ढंग से व्यक्त हुई है। छन्द की लय इतनी प्रबल है कि मन के साथ तन को भी एक अदम्य प्रेरणा से भर देती है"[52]:

हमारे कारवाँ का मंजिलों को इन्तजार है
ये आँधियों की बिजलियों की पीठ पर सवार है
तू आ कदम मिला के चल चलेंगे एक साथ हम
मुसीबतों के सर कुचल बढ़ेंगे एक साथ हम
कभी तो हेगी इस चमन पर भी बहार की नजर![53]

और मेहनतकशों की संगठित शक्ति का अगला कदम मेहनती गरीबों के लिए उठेगा; अंधेर नगरी में एक नयी सुबह लाने के लिए उठेगा; और यह लड़ाई होगी :

भूख के विरुद्ध भात के लिए
रात के विरुद्ध प्रात के लिए
मेहनती गरीब जात के लिए
हम लड़ेंगे हमने ली कसम![54]

और कवि को विश्वास है कि मार्क्स की विचारधारा पर चलनेवाले मजूर और किसानों की ही जीत होगी :

तय है जय मजूर की किसान की
देश की जहान की अवाम की
खून से रंगे हुए निशान की
लिख गयी है मार्क्स की कलम![55]

मजदूरों को, उसकी दयनीयता के बावजूद, किस्मत के भरोसे नहीं रहना है क्योंकि वे खुद किस्मत के मालिक हैं। भले ही यह मुश्किल है लेकिन असम्भव तो नहीं :

यह सच है रस्ता मुश्किल है मंजिल भी पास नहीं
पर हम किस्मत के मालिक हैं किस्मत के दास नहीं
मजदूर हैं हम मजबूर नहीं मर जाएँ जो घोंट गता![56]

मजदूरों की दयनीयता के बावजूद उनकी प्रचण्डशक्ति पर प्रगतिशील कवियों का ध्यान विशेष रहा है, क्योंकि उन्हें मालूम है कि ये सीधे-सादे गऊ मजदूर गिरते-गिरते भी सँभल जाते हैं और कुचलने वाले को बढ़कर कुचल देने में सक्षम होते हैं :

अड़ियल ये लोग गिरकर भी सँभल लेते हैं
कुचले जो इनको उसे बढ़कर कुचल देते हैं[57]

व्यंग्य का अस्त्र

इस तरह भूखी-नंगी जनता को मुट्ठी बाँधने और हाथ उठाने को ललकारनेवाला कवि अपनी कविता में व्यंग्य को हथियार बनाता है और चुन-चुनकर उन चरित्रों को सामने

लाता है जो विष से भरे कनक-घट के समान हैं, जो उम्मीदों की सीता हर लेते हैं, जो 'रामराज्य' के सपने दिखाते हुए साक्षात राम का रूप धरे आते हैं और मौका मिलते हीं 'अपना रावण रूप' दिखा देते हैं। मौकापरस्तों को बेनकाब करने का कोई भी मौका शैलेन्द्र हाथ से जाने नहीं देते :

सोशलिस्ट कहलानेवाले
बोले, "पैदावार बढ़ाओ!
पेट सेठ का कहाँ भरा है
और खिलाओ, और ठुँसाओ!"
झुक पटेल की चप्पल चूमी
मौका देखा, पलटा खाया![58]

वे जमीन पर रहनेवालों को, खटनेवालों को हर तरह के आसमानी आश्वासनों के यथार्थ से परिचित कराते हैं :

संघ खुला, खद्दर जी बोले,
आओ तिनरंगे के नीचे!
रोटी ऊपर से बरसेगी
करो कीर्त्तन आँखें मीचे![59]

हमें भूख है या नहीं, यह हम जानते हैं; लेकिन बताया यह जाता है :

तुमको भूख नहीं है भाई
कम्युनिस्टों ने है भड़काया![60]

इस 'भाई' के सुचिक्कण सम्बोधन के लिजलिजेपन को देखिए कि जिनकी भूख भड़की है, जो भूख से भड़के हैं, उन्हें कम्युनिस्टों द्वारा भड़काया गया बताया जाता है। 'भाई' कहकर 'भाला' मारनेवालों को शैलेन्द्र उन्हीं की भाषा-शैली में धीमी मगर धधक से भरी धमकी भी देते हैं :

लेकिन भैया, भूख आग है
भड़क उठे तो खा जाती है
नहीं गोलियों से बुझती है
गुपचुप जेल नहीं जाती है।[61]

"'भगतसिंह से', 'आजादी हो तो ऐसी हो' और 'मुझको भी इंगलैण्ड ले चलो' शैलेन्द्र की प्रसिद्ध व्यंग्य कविताएँ हैं। प्रगतिशील कवियों में नागार्जुन के बाद कदाचित शैलेन्द्र सर्वाधिक सफल व्यंग्यकार हैं। नागार्जुन की तरह ही उनका व्यंग्य भी बड़ा तीखा और तिलमिला देनेवाला है।"[62]

शैलेन्द्र की विशेषता यह है कि वे व्यंग्य को मर्मान्तक व्यथा के बीच उपलब्ध

करते-कराते हैं। भगतसिंह के साथियों और उनकी परम्परा के जनवादियों को कांग्रेसी सरकार जेलों में डाल रही है, इस तथ्य के सन्दर्भ में उनकी तिर्यक वाणी, हृदय पर खाई सीधी चोट का प्रतिफल है :

भगतसिंह इस बार न लेना काया भारतवासी की
देशभक्ति के लिए आज भी सजा मिलेगी फाँसी की![63]

यहाँ व्यंग्यमात्र नहीं, उसके पीछे वह दारुण पीड़ा है जो भगतसिंह जैसे देशभक्त और प्राणोत्सर्ग जैसे बलिदान को निरर्थक सिद्ध कर देनेवाली व्यवस्था से व्युत्पन्न है और इसीलिए हृदय के भीतर चुभ जाने की शक्ति से सम्पन्न :

मत समझो पूजे जाओगे क्योंकि लड़े थे दुश्मन से

× × ×

शान्ति-सुरक्षा की खातिर हर हिम्मतवर से डरना है
पहनेगी हथकड़ी भवानी रानी लक्ष्मी झाँसी की![64]

शैलेन्द्र के व्यंग्य में एक प्रताड़ित की प्रतिहिंसा है, वह अफसरी दृष्टि नहीं जो 'रागदरबारी' के लेखक की कलम से घर में शौचालय की सुविधा से वंचित स्त्रियों के दुख को ट्रक की आँखों से सड़क पर देखता है और मिठमार मुस्कान रच देता है। शैलेन्द्र के यहाँ तो :

उठती देखी हैं अनेक बिल्डिंगें जमी से
किन्तु सभी में पगड़ी वाले भूत बस चुके हैं पहले से
भूखी आँखों वाले मालिक ने माँगा
मुझसे नजराना।[65]

बिल्डिंगें जमीन से ही उठती हैं, मगर बात आसमान से करती हैं, जमीन से नहीं। इन घरों में रहने के लिए 'पगड़ी' चाहिए, पगड़ी गरीब के पास है नहीं मगर वह इन घर वालों को आदमी मानने से इनकार करने का अवसर क्यों चूके भला, दयानतदारी यह कि वह 'पगड़ी' भी इनमें रहनेवाले भूतों के ही माथे। जिस घर में आप अपनी 'घरनी' के साथ रह नहीं सकते वह भूतों का डेरा। ये घरवाले मालिक हैं मगर हैं भुक्खड़ और ऐसे भुक्खड़ जिनकी भूख आँत से निकलकर आँखों में उबल पड़ी है।

एक तरफ यह स्थिति, दूसरी तरफ पत्नी का पत्र, प्रेम की प्रगाढ़ पुकार :

ब्याह बाद के वे दो दिन कुछ ऐसा जादू डाल गये हैं
अपने लगते हैं बेगाने—
मैका मुझको जरा नहीं भाता है
कब आओगे बोलो
कब आकर मुझको ले जाओगे?[66]

इस प्रकार परिस्थितिजन्य व्यंग्य उपस्थित होता है— जिसमें अकाण्डछेदन का रसभंग है और है करुणा की निष्पत्ति।

भाषा के स्तर पर शैलेन्द्र एक मुहावरे और एक शब्द-भर से भी व्यंग्य से मर्मबेध कर पाते हैं :

रक्तहीन क्रांति के नेताओं का काम तमाम हो चुका
खत्म हो गये करतब उनके
अब तो बस कर्तव्य रह गये हैं, जनता के।[67]

'महीन-महीन दलीलें', 'छायावादी कविता जैसे रंग भरे लचकीले भाषण' — शैलेन्द्र का कवि मन जिससे विंधता है, उनका संघर्षी व्यक्तित्व उसी को बेधता है।

नेहरू को पत्र लिखते हुए शैलेन्द्र बड़ी विनम्रता और निर्ममता से, बड़े विवरणात्मक और वर्णनात्मक ढंग से बहुत ही साफ-साफ और सर्वथा सीधी लगनेवाली बातें कहते हैं जो कुल मिलाकर व्यंग्य का माहौल उपस्थित कर देती हैं। यह काव्य-पत्र जिस शातिर 'परनाम' से शुरू होता है वह अपनी व्यथा तक के कथन में विद्यमान रहता है। हिन्दी में यह व्यंग्य का दुर्लभ कोटि का उदाहरण है। प्रत्यक्षतः कोई उष्णता नहीं, ताप नहीं, आद्यन्त तरलता किन्तु भीतर ही भीतर जैसे ज्वालामुखी जगह तलाश रहा हो :

दर्शन के हित होगी भीड़ न घबरा जाना
अपने अनुगामी लोगों पर मत झुँझलाना
हाँ, इस बार उतर गाड़ी से बैठ कार पर
चले न जाना छोड़ हमें बिड़ला जी के घर![68]

उपालंभ का यह तेवर सूर की गोपियों के बाद हिन्दी में सीधे यहीं है। ब्रह्मज्ञानी उद्धव के साथ जैसा बालकों-सा व्यवहार है गोपियों का, कुछ वैसे ही देश चलानेवाले नेताजी को यहाँ चराया जाता है। उन्हें धारावी के उन गन्दे नालों की सैर कराने का वादा किया जाता है :

जहाँ हमारी उन मजदूरों की बस्ती है
जिनके बल पर तुम नेता हो यह हस्ती है[69]

लेकिन कहीं नेताजी भड़क न जाएँ इस प्रस्ताव से इसलिए यह प्रलोभन भी :

हम तुमको ले साथ चलेंगे उस दुनिया में
सुकुमारी बम्बई पली है जिस दुनिया में
वह बम्बई आज है जो जन-जन की प्यारी
देसी-परदेसी के मन की राजकुमारी![70]

इस कविता (नेताओं को न्यौता) में व्यंग्य का पूरा प्रबन्धन है। नेताजी को न्यौता

दिया जाता है और बड़े भोले मन से मान लिया जाता है कि वह स्वीकृत हो जाएगा, नेताजी आ भी जाएँगे और फिर बड़े जोर-शोर से उनके स्वागत की सुदीर्घ कल्पना है। इस कल्पना में ही धीरे-धीरे औपचारिक से अनौपचारिक हुआ जाता है और व्यंग्य शब्द में नहीं पूरे काव्यार्थ में घटित होता है। नेता के जनता के बीच जाने के बाद एक उल्लसित 'नेता आये-नेता आये' का शोर है और फिर उस शोर में शामिल लोगों की पहचान कराई जाती है :

घिर आएगी तुम्हें देखने बस्ती सारी

× × ×

टुकुर-टुकुर ताकेंगे तुमको बच्चे सारे—
शंकर, लीला, मधुकर, धोंडू, राम पगारे
जुम्मन का नाती करीम नज्मा बुद्धन की
अस्सी बरसी गुस्सेवर बुढ़िया अच्छन की
वे सब बच्चे पहन चीथड़े, मिट्टी साने
वे बूढ़े-बुढ़ियाँ जिनके लद चुके जमाने
और युवकगण जिनके रग में गरम खून है
रह-रह उफन उबल पड़ता है नया खून है।[71]

ये लोग 'ऊँच-नीच' का भेद नहीं जानते, जरा 'मुँहफट' हैं, कुछ कह-वह दें तो बुरा मत मानना। इनकी गलती है, ये ढोल के पोल को कुछ-कुछ समझने लगे हैं, इन्हें पूँजीपतियों के साथ प्रशासन की मिलीभगत का कुछ-कुछ पता चल गया है, ये उतने भोले नहीं रह गये हैं— कुछ 'कड़वी खरी' कह सकते हैं—बुरा मत मानना :

एक चिन्ता यह भी है कि क्या खिलाएँगे
तुम तो गेहूँ ही गेहूँ खाते आये हो
बड़े बाप के बेटे सब पाते आये हो!

× × ×

तुम भाकरी ज्वार की कैसे खा पाओगे—
खा भी लो तो पचा भला कैसे पाओगे?
डर लगता है तुम्हें न बदहजमी हो जाए
राजनीति का किरिया-करम शिथिल पड़ जाए![72]

आपके खाने की ही नहीं पाखाने की भी चिन्ता है। यह हमारी चिन्ता है, आपके लिए और आपकी जो चिन्ता है हमारे लिए उसका स्वरूप यह है कि :

भला करें क्या थोड़ा सा मिलता है राशन
दो दिन में चुक जाते हैं गेहूँ चावल के कन

बाकी दिन पकती है बस ज्वार की रोटी
बिना स्वाद की रूखी-सूखी मोटी झोटी![73]

ऐसे में नेता जी को पवाने के लिए जो जुगत निकाली जाती है उसके माध्यम से व्यवस्था की सारी सड़ांध सामने कर दी जाती है :

ऐसा करना तुम पगार के दिन आ जाना
उस दिन तुम भी हम सबके संग मौज उड़ाना
काले बाजारों में तो सबकुछ मिलता है
रुपयों की ठन-ठन से हर गुदाम खुलता है।[74]

भोजन के बाद बारी शयन की है। पगार के दिन आने जैसा सुझाव इस मामले में नहीं दिया जा सकता :

हम कतार में एक साथ सोते सब कोई
बीवी बच्चे माँ-बहनें साले-बहनोई

और

इतनी बड़ी झोंपड़ी अब कहाँ मिलेगी
पगड़ी बाँधे बिन सर पर छत कहाँ मिलेगी।[75]

चुनांचे निदान यह है कि :

अच्छा हो यदि बिस्तर अपना लेते आओ
संग-संग अपना होल्डॉल भी बाँधे लाओ
अपनी मच्छरदानी भी लेते ही आना
वरना होगी आँखों में ही रात बिताना![76]

और नेताजी यदि देश की इतनी बड़ी-बड़ी समस्याओं का समाधान कर सकते हैं तो हम एक छोटी-सी समस्या, सोने की जगह की समस्या का भी समाधान नहीं कर सकते?

जगह? खैर तुम घर के बाहर ही सो जाना
अगर गिरे बरसात बिस्तरा अन्दर लाना
ईंटों पर तख्ते पर पलँग बना देंगे हम
बिछा तुम्हारा बिस्तर तुम्हें सुला देंगे हम![77]

ऐसा ही सधा हुआ व्यंग्य 'आजादी हो तो ऐसी' कविता में भी है। कविता की शुरुआत में व्यंग्य का आभास भी नहीं, प्रशंसा की अजस्र धारा-सी है। बस कहीं-कहीं ही वे पंक्तियाँ हैं जो अपनी मुद्रा मात्र से भेद खोल देती हैं वरना बुरा क्या है :

आजादी हो तो ऐसी हो—
जो खून बहाये बिना मिले

जो जोर लगाये बिना मिले
लाठी गोली बौछार न हो
झगड़ा जूतम पैजार न हो
उपवास अहिंसा कौशल से
संन्यास तपस्या के बल से[78]

लेकिन बीच ही में दो पंक्तियाँ आती हैं और इन मीठी-मीठी, पंचायत-सी करती हुई, शाश्वत सत्य उचारती-सी पंक्तियों का भेद खुल जाता है :

अधिवेशन के प्रस्तावों से
भाषण की चपल अदाओं से[79]

इसी प्रकार मन जैसे ही इन पंक्तियों में रमने-रमने को होता है :

यह कवि-कल्पना उड़ान नहीं
यह झूठा वेद पुराण नहीं
यह आँखों देखा जादू है
(दिल विह्वल है बेकाबू है)
इस छह साला आजादी ने
कुछ ऐसा मंतर फेरा है
हर दूजे पहर सबेरा है
इस रामराज्य में सब खुश हैं
हम नये समाज के लवकुश हैं

कि तभी आती हैं व्यंग्य से आहत करती हुई ये पंक्तियाँ :

रावण न मरे लंका न जली
खुद घर लौट आयीं जनकलली
ना सेतु बँधा ना पूँछ जली
मन्त्री हैं श्री बजरंग बली।[80]

नेता को न्यौता के रूप में तो व्यंग्य है ही, नेता से अपने को साथ ले चलने के प्रस्ताव में भी व्यंग्य की कौंध है, बिजली के गिरने की गरज है :

मुझको भी इंग्लैण्ड ले चलो पण्डित जी महाराज
देखूँ रानी के सिर कैसे धरा जाएगा ताज!

× × ×

तुम जिनके जाते हो उनका बहुत सुना है नाम
सुनता हूँ उस एक छत्र में कभी न होती शाम
काले पीले गोरे भूरे उनके अनगिन दास

साथ किसी के साझेदारी औ' कोई बेदाम
खुश होकर वे लोगों को दे देती हैं सौराज![81]

यह व्यंग्य उनकी 'बस की प्रतीक्षा में' कविता में भी अत्यन्त मुखर है :

रेवड़ियाँ इनकी इनकी ही फैली झोली
इनकी रक्षाहित इनपर ही चली गोली[82]

शैलेन्द्र की व्यंग्य कविताओं की सबसे बड़ी शक्ति है एक सहजता, एक सरलता, एक ठेठ मजदूरपन। कभी-कभी वे ऐसी वाक्यरचना करते हैं जो बिलकुल मजदूरों के मुहावरों में होती है :

गवरमिन्ट बटुआ दिखलाती
कहती कौड़ी पास नहीं है
चाहो तो गोली खिलवा दें
गोली कभी खलास नहीं है[83]

यह व्यंग्य प्रगतिवादी कविता में खास तौर पर है, प्रायः सभी कवियों के यहाँ है लेकिन उसका इतना सधा हुआ स्वर कबीर, भारतेन्दु और उनकी मंडली तथा निराला के बाद नागार्जुन और शैलेन्द्र में ही खास तौर पर मिलता है। शैलेन्द्र का यही व्यंग्य उन्हें कबीर और निराला से जोड़ता है। डॉ. रणजीत के अनुसार, "कई बार वे जिस फक्कड़ाना ऊँचाई से अपने विरोधियों पर व्यंग्यात्मक प्रहार करते हैं, वह कबीर के फक्कड़पन से भरे व्यंग्यों की याद दिलाती है।"[84]

मजदूर आन्दोलन का कवि

शंकर शैलेन्द्र प्रगतिवादियों की उस नस्ल के कवि हैं जो घर बैठे इन्कलाबी कविताओं की कतार लगा देते हैं। वे मजदूर हैं, मजदूर आन्दोलनों के सिपाही हैं और मजदूर की मजबूरियों, उनके जीवन-संघर्षों और उनकी संघर्षशक्ति से सुपरिचित और अत्यन्त घनिष्ठ हैं :

अब यों गाड़ी नहीं चलेगी—
रेल कामगारों का नारा।
बोनस; या मिल नहीं चलेगी—
गिरनीवालों ने ललकारा!
गोदी-पोस्ट मजूर कह उठे—
बहुत दिनों तक धोखा खाया![85]

यह आकस्मिक नहीं है कि शैलेन्द्र की काव्यपंक्तियाँ मजदूर आन्दोलनों के नारे बन गयीं। अनेक कवियों ने नारेबाजी की कविताएँ लिखी हैं मगर शंकर शैलेन्द्र जैसे कवि

कुछ ही हुए जिनकी कविताएँ 'नारे की शक्ति' अर्जित कर सकीं, और सचमुच नारों के इस्तेमाल में आयीं :

हर जोर जुल्म की टक्कर में हड़ताल हमारा नारा है

शैलेन्द्र की ऐसी ही काव्य पंक्तियाँ जन आन्दोलनों की हमसफर हुईं :

तू जिन्दा है तो जिन्दगी की जीत में यकीन कर
अगर कहीं है स्वर्ग तो उतार ला जमीन पर
ये गम के और चार दिन सितम के और चार दिन
ये दिन भी जाएँगे गुजर गुजर गये हजार दिन[86]

या

क्रान्ति के लिए उठे कदम
क्रान्ति के लिए जली मशाल
भूख के विरुद्ध भात के लिए
रात के विरुद्ध प्रात के लिए
मेहनती गरीब जात के लिए
हम लड़ेंगे हमने ली कसम![87]

या

झूठे सपनों के छल से निकल
चलती सड़कों पर आ!
अपनों से न रह यों दूर दूर
आ कदम से कदम मिला![88]

दृष्टि सम्पन्न रचनाकार ही अपने समय की वास्तविक पहचान करता है और उसी की रचनाएँ समसामयिक सन्दर्भों के बावजूद कालजयी कल्पान्तर स्थायी हो पाती हैं। 'यदि जनता की बात करोगे तुम गद्दार कहाओगे', 'मत समझो पूजे जाओगे क्योंकि लड़े थे दुश्मन से', 'बैठ गये हैं काले, पर गोरे जुल्मों की गादी है/वही रीति है, वही नीति है, गोरे सत्यानाशी की' — की स्थिति जैसी तब थी वैसी ही आज भी है, बल्कि और भी विद्रूप रूप में। शंकर शैलेन्द्र की कविताएँ तब जितना बेचैन करती थीं, आज उससे अधिक बेचैन करती हैं। तेलंगाना के जनविद्रोह पर लिखी गयीं नागार्जुन और शंकर शैलेन्द्र की कविताएँ कांग्रेसी नेताओं की अंग्रेजपरस्ती और अमेरिकापरस्ती की कहानी कहती हैं। नागार्जुन की 'लालभवानी' और शंकर शैलेन्द्र की 'रात सोलह सितम्बर की' शीर्षक कविताएँ आज भी जन-मानस को उतना ही उद्बोधित-उद्वेलित करती हैं :

गूँज रहा है दसो दिशा में भूखे खेतिहरों का स्वर
सुनें प्रीमियर, सुनें मिनिस्टर, सुने असिमली के मेंबर

अंगरेजी, अमेरिकी जोंकें, देशी जोंकें एक हुईं
नेताओं की नीयत बदली, भारतमाता टेक हुई[89]

और

उठे सर रामास्वामी मुदालियार
ब्रिटिश सरकार के पुराने पेशकार
पर अब कांग्रेस के
प्रतिनिधि देश के
× × ×
एक तरफ हाथ नेहरू की दोस्ती का
दूसरी ओर डालर भगवान अमरीका[90]

मन्दिर-मस्जिद या आरक्षण जैसे मुद्दों पर उलझा दी गयी जनता की सर्वसामान्य समस्याओं का वास्ता देकर उन्हें एक जमीन पर ला खड़ा करने की जरूरत पहले की तुलना में आज ज्यादा है :

हम सबकी मुश्किलें एक सी हैं भूख रोग बेकारी
कुछ सोच कि सब कुछ होते हुए हम क्यों बन चले भिखारी
क्यों बाँझ हो चली धरती अम्बर क्यों सूख चला?[91]

बहुराष्ट्रीय कम्पनियों की जकड़बन्दी में कसते जा रहे भारत को खबरदार करती ये पंक्तियाँ आज भी असरदार हैं और इनकी आवश्यकता आज पहले से कहीं अधिक है :

सरकार बनाती है प्लान
डालर देता है योगदान
परदेशी पूँजी चिर उदार
करती जाती है परोपकार
× × ×
तू सर मत मार पत्थरों से
बनियों से लेता जा उधार
तू अपने मित्रों को पुकार
गा पुण्य भजन गाँधीवादी[92]

शैलेन्द्र उस समाजवादी यथार्थ को सामने करते हैं जिसमें एक तरफ तो पूँजीपति, पंडे, पुरोहित, राजनेता अपनी तिकड़म से समाज का शोषण कर रहे हैं दूसरी तरफ किसान-मजदूर और आम लोग हैं जो इस शोषण के शिकार होते हैं। किसान और मजदूर ही सामाजिक जीवन के मूलाधार हैं, इन दोनों के श्रम पर ही यह संसार

जीवित है और सभ्य बना हुआ है। लेकिन शैलेन्द्र यह भी मानते हैं कि इस यथार्थ से शोषक-वर्ग भी अपरिचित नहीं है। इस तथ्य को अच्छी तरह जान-समझकर ही वह इन्हें अपनी मुट्ठी में रखने के तमाम प्रत्यक्ष-परोक्ष उपाय करता है :

यही हैं वे लोग जिनसे उभरा है नेशन
इनके ही दम से चलता है कार्पोरेशन
यही हैं बिरलाजी सेठ के खरीदार
यही हैं टाटा और बाटा के तलबगार
यही हैं नाजुक एक्ट्रेसों के परवरदिगार
जनता जनार्दन पीपुल्स यही चिर उदार
नेता नित इनके हित करते हैं भाषण
'नीरा केन्द्र' 'अन्नपूर्णा' के उद्घाटन
इनके ही वास्ते हुई है दारूबन्दी
गुपचुप इनके हित ही लगती है भट्ठी![93]

शैलेन्द्र किसी कल्पना-लोक की बात नहीं करते। वे यदि किसी बदलाव की उम्मीद भी करते हैं तो इन श्रमिकों के भीतर की आग, जाग्रत होती चेतना और संघर्ष-शक्ति को देखकर ही, वरना वे बार-बार इस यथार्थ को सामने करते हैं और यह यथार्थ आज भी अपने स्थान से टस-से-मस नहीं है :

रोजगार का दफ्तर है बहुत दूर
रोजी है बहुत दूर
अरहर की दाल आलू का साग
रोटियाँ हैं बहुत दूर
अपना ब्याह एक सपना
बहनों की शादियाँ हैं बहुत दूर
हँसी-खुशी जिन्दगी है बहुत दूर![94]

सोवियत संघ को सलाम

दूसरे महायुद्ध के दौर में जब जर्मनी के हिटलर, इटली के मुसोलिनी और जापान के तोजो का फासिस्ट मोर्चा सारी दुनिया को गुलाम बनाने के अभियान को परवान चढ़ा रहा था तब उसकी राह में सोवियत संघ ही था जो अचल दुर्ग की तरह अड़ा था। यह सोवियत संघ मेहनतकश अवाम और तरक्कीपसन्द अदब का कितना बड़ा सहारा था, इसे लेकर लिखी गयी तब की अनेकानेक कविताओं से स्पष्ट होता है। सोवियत रूस की प्रशंसा में और उससे शक्ति संचय करते हुए मजदूर कवि शंकर शैलेन्द्र ने

तो कई कविताएँ लिखी ही हैं, उनके अतिरिक्त अनेक कवियों ने अपने शब्द-सुमन अर्पित किये। शिवमंगल सिंह 'सुमन' के उद्‌गार हैं :

ऐसा-वैसा दुर्ग नहीं यह मजलूमों का प्यारा है
यह इस युग के संघर्षों का, सबसे प्रबल प्रतीक है,
लाल फौज ने लाल खून से, आज बनायी लीक है।
इस जागृति के स्वर में जन-जन-कण-कण आज शरीक है,[95]

सोवियत रूस को सुमन जी दलितों की तीर्थ-भूमि का दर्जा देते हैं :

यह दलितों की तीर्थ-भूमि है,
युग का प्रबल तकाजा,
यहाँ संगठित जन-जीवन की
बोला करती तूती,
जिसने युग की बर्बरता को
दे दी आज चुनौती।[96]

डॉ. रांगेय राघव सोवियत रूस के लाल झंडे और लाल सेना की प्रशंसा करते हुए, उसे गरीबों का मसीहा घोषित करते हुए कहते हैं :

वह गरीबों का मसीहा
दीपक-सा अब भी चमकता,
क्रान्ति के इस कठिन पथ पर
एक आशा बन दमकता।[97]

इसी तरह

आज मैं तुमको सुनाऊँ गीत
रूस की यह जीत
× × ×
तू युगों का एक तारा
छिप गये सब, तू न हारा।[98]

नरेन्द्र शर्मा के लिए वह डूबती मानवता को मिलता किनारा है :

चौथा खंड सोवियत, जिसका झलमल लाल सितारा,
जहाँ डूबती मानवता को, मिलने लगा किनारा।
वहाँ हरा होता सदियों का, रेगिस्तान हमारा,
वहाँ सूख जाता दुखियों की आँखों का जल खारा।[99]

शंकर शैलेन्द्र 'चुनौती' शीर्षक कविता में रूस का पक्ष लेने के लिए तब खड़े हुए हैं जब :

चर्चिल माँगे खून मजूर किसानों का
ट्रूमन माँगे ताजा खून जवानों का

और

युक्ति निकाली है हिटलर के भाई ने
कुन्द छुरों पर धर ली धार कसाई ने

इसके ठीक विपरीत :

उधर रूस मेहनतकश जनता उसके साथ
जंग एक हथियार हजार निशानों का[100]

इस प्रकार एक पूरी परिस्थिति है, एक युद्ध जिसके दो पक्ष हैं और कविता में उन दोनों पक्षों की अवतारणा के बाद अपनी पक्षधरता स्पष्ट की जाती है और इसीलिए कविता अधिक प्रभावी बन पाती है :

खबरदार ऐ मददगार गद्दारों के
अधम पुजारी खून रंगी तलवारों के
तुम सोवियत रूस पर हमला बोलोगे?
भर देंगे हम आग अगर मुँह खोलोगे
हर घर दल हम हिम्मतवर मर्दानों का![101]

और तब इस प्रशंसा की जमीन बन जाती है :

रूस देश संघर्षों का कुर्बानी का
खून पसीने की अनकही कहानी का
वहाँ क्रांति की जीत तुम्हारी पहली हार
हमने अपनी हस्ती जानी पहली बार
रूस ख्वाब के इन्कलाब के गानों का!
वहाँ सुतार लुहार हुए मिल मैनेजर
राजा नहीं रंक बैठा सिंहासन पर
जिनका खून-पसीना उनका राज बना
स्वर्ग इसी धरती पर नया समाज बना
हुआ रूस में सच सपना इन्सानों का![102]

इस तरह कविता में एक पूरी कारण-कार्य शृंखला है। स्वयं कवि भी आगे इस 'इसीलिए' को जोड़कर लिखता है :

इसीलिए सोवियत रूस हमको प्यारा है
तुमको पुच्छलतारा हमको ध्रुवतारा है
अब तो दसों दिशाओं से होता है वार
आज तुम्हारे सर पर लटकी है तलवार
डगमग सिंहासन तुम बेईमानों का![103]

और तब उसकी यह ललकार खोखली उत्तेजना या उन्माद का अतिरेक नहीं प्रतीत होती, साँच की आँच बन जाती है :

ठहरो कहाँ चले यह फौज पलाट लिये?
कहाँ चले हर हिटलर जैसा ठाट किये?
तुम सोवियत रूस पर हमला बोलोगे!
हर घर दल आजादी के दीवानों का![104]

'कार्ल मार्क्स' को दिये गये शंकर शैलेन्द्र के 'सौ सलाम' कभी भी अर्थहीन नहीं हो सकते क्योंकि 'मिट्टी के पुतलों को फौलादी इनसान' बना देनेवाली उस विचारधारा का अन्त सोवियत रूस और चीन के अन्त से नहीं होनेवाला। 'दुनिया के मजदूरो एक हो' के नारे– जाति, वर्ण, धर्म के भेदभावों के विरोध शोषण और अन्याय की खिलाफत – कभी बेमानी नहीं होनेवाली :

सौ सलाम उस कार्ल मार्क्स को जिसने मुक्तिमार्ग दिखलाया
मिट्टी के पुतलों को जिसने फौलादी इनसान बनाया
'दुनिया के मजदूर एक हो जाओ' एक अस्त्र हमारा
महामंत्र बन गया आज एंगेल्स और मार्क्स का नारा[105]

आज भले ही कुव्यवस्था से पीड़ित सोवियत जनता सहसा मुक्ति के लिए छटपटा उठी हो (और यह छटपटाहट और व्यवस्थापलट जनशक्ति भी मार्क्सवाद के तहत ही है) और उन्माद में लेनिन जैसे जननायक की प्रतिमा तक को ढाह देने पर आमादा हो लेकिन इस इतिहास-सत्य से शायद ही कभी इनकार किया जा सके कि :

सौ सलाम लेनिन को स्टालिन को जिनकी अगुआई में
जिनके अथक अटूट श्रमों से कुशल अचूक रहनुमाई में
रूस हुआ आजाद धरा पर उतरा पहला सुर्ख सबेरा
श्रम के घन की एक चोट से चूर-चूर हो गया अँधेरा![106]

नये चीन की चुनौती

उस दौर में सोवियत संघ की अजेय शक्ति ने ही नहीं वरन् चीन की जनक्रांति ने

भी समाज और साहित्य को खूब प्रभावित किया। 'सुमन' के शब्दों में :

नयी जवानी नयी किस्म की खेती बोती,
नया चीन साम्राज्यवाद को नयी चुनौती!
टैंकों के बदले ट्रेक्टर मेहमान बन गये
अणु बम के बदले जन-जन के गान ठन गये![107]

इसी शीर्षक (नया चीन) की शैलेन्द्र की भी एक कविता है :

अन्तिम बन्धन तोड़ रहा है नया चीन एक नयाचीन
सदियों बाद किसान जमीं से मेहनत के फल उगा रहा है
पहले पहल मजूर चीन का मालिक बन मिल चला रहा है
खोद रहा है अपनी खानें, नयी बस्तियाँ बसा रहा है
तोड़ राह की चट्टानों को युग की धारा मोड़ रहा है।

और फिर वह सलाम यहाँ भी है :

नये चीन, हे लाल चीन, तुमको सलाम जाग्रत भारत का
हम भी काट रहे हैं साथी ऊँचा पर्वत अपने पथ का
घर-घर दर-दर गली-गली में पहुँचा है पैगाम वक्त का
जोर जुल्म से टकराना है भारत ताकत जोड़ रहा है![108]

शैलेन्द्र अगर चीन की प्रशंसा की सोलह पंक्तियाँ लिखते हैं तो अपने भारत के बारे में सिर्फ एक इस पंक्ति को कहने के लिए :

हम भी साथी काट रहे हैं ऊँचा पर्वत अपने पथ का

और इस एक पंक्ति के साथ कविता चीन की प्रशंसा तक ही सीमित नहीं रह जाती, अपनी, अपने भारत की हो जाती है। नया चीन अपने पथ का पर्वत काट चुका है, भारत अभी अपने पथ का पर्वत काट रहा है। ऐसी स्थिति में स्वाभाविक है कि भारत को नये चीन की विजय से नयी प्रेरणा और नयी शक्ति मिले।

प्रेम का प्रसार

क्रांति और व्यंग्य के बीच शंकर शैलेन्द्र की रचनाओं में यथावसर प्रेम के भी गहरे रंग हैं। 'स्वस्थ और स्फूर्तिदायक' प्रेम के चित्रण में उनके गीत अप्रतिम हैं। कविताओं में भी यह रंग बहुत ही हौले से, बड़ी ही आत्मीयता और पवित्रता के साथ उभरता है। गृहस्थ जीवन की यह आकांक्षा, यह तरल उच्छल प्रेम कहीं से भी किसी काम-कुण्ठा को जगह नहीं देता :

सोचा था, "ढूढूँगा कहीं मकान
नहीं-बस, एक कोठरी

एक कोठरी ही काफी है
दोनों सुख से साथ रहेंगे
जैसे किसी घोंसले में कपोत की जोड़ी
साथ रहेंगे तो जीवन की परेशानियाँ
आधी-आधी बँट जावेंगी
और अकेलेपन की हर मौसम की
यह दमघोंट धुएँ की काली बदली
उस दिन छँट जावेगी
जिस दिन प्यारी बीवी की मुस्कान
अँधेरा और उजाला एक करेगी।[109]

स्वकीया प्रेम की यह उदात्तता नागार्जुन की 'सिन्दूर तिलकित भाल' जैसी कविता में देखने को मिलेगी। 'लाली लाली डोलिया में लाली रे दुल्हनिया' या 'सजनवा बैरी होय गये हमार' जैसे गीतों में प्रेम और विरह के भाव और भाषा, जमीन से उनके जुड़ाव—अपनी माटी से प्रेम के प्रमाण हैं। यही वह प्रेम है जिसका प्रसार घर से लेकर राष्ट्रीय और अन्तर्राष्ट्रीय फलक तक हो जाता है। शैलेन्द्र का अन्तर्राष्ट्रीयतावाद उसे गहरे और सच्चे अर्थों में राष्ट्रीय बनाता है—

मेरा जूता है जापानी
ये पतलून इंगलिस्तानी
सर पे लाल टोपी रूसी
फिर भी दिल है हिन्दुस्तानी...[110]

इस सन्दर्भ में एक और बात ध्यान देने की है। शंकर शैलेन्द्र ग्राम-जीवन से उतने परिचित न थे जितने शहरी जीवन से। हमारे अधिकांश कवि-कथाकार प्रगतिशीलता के नाम पर अपने आपको गँवई भावभूमि से सम्बद्ध सिद्ध करने के लिए अदेखे-अनजाने गाँवों और किसानों का चित्रण करते रहे। शैलेन्द्र ने ऐसी नकली भावुकता की राह न पकड़कर अपने आस-पास के देखे-सुने जाने-समझे सच को ही कविता का विषय बनाया और शहरी निम्न-मध्य वर्ग और श्रमिक वर्ग के दुख-दर्द और संघर्ष को ही मुख्य रूप से अपनी कविता में अभिव्यक्त किया। उनका सम्बन्ध सक्रिय रूप से मजदूर आन्दोलनों से था, उनकी कविताएँ भी उन्हीं आन्दोलनों से सम्बद्ध हैं। उनकी कविताओं में उन आन्दोलनों की पहचान है और उन आन्दोलनों में उनकी कविताओं की पहचान है। इस प्रकार वे कोई गढ़ंत प्रगतिशील नहीं हैं, उनकी कविता में कोई छद्म नहीं है। उनका देशप्रेम 'देसी' कहलाने की ललक में गाँवों की स्वप्न-यात्रा नहीं करता, अपने वास्तविक परिवेश और

उसके वासियों के दुख-दर्द, उत्सव-उल्लास, निराशा और संघर्ष, व्यंग्य और सादगी को लेकर उपस्थित होता है।

जैसा कि ऊपर दिखाया गया है, शंकर शैलेन्द्र की देशभक्ति के भीतर से ही अन्तर्राष्ट्रीयता के भाव उठते हैं और उनके माध्यम से भी देशप्रेम को ही अभिव्यंजना हुई है। अन्तर्राष्ट्रीयता की भावना को वे अराष्ट्रीय होकर नहीं, मनुष्यता के रिश्ते से अपनाते हैं। वे अपने देश के हिन्दू-मुसलमानों को ही नहीं, पाकिस्तान के मुसलमानों से भी मिलकर रहने का आग्रह करते हैं :

सुन भैया रहमू पाकिस्तान के,
बुधुआ पुकारे हिन्दुस्तान से।
रहते थे हम दोनों पड़ोस में,
संग-संग थे जबसे आये होश में,
सोना-रूपा धरती की गोद में,
खेले हम दो बेटे किसान के।

....

सब कोई गुस्सा थूको, मुस्कराओ,
जो भी उलझन है मिलकर सुलझाओ,
बरसाओ मोती गेहूँ — धान के।[111]

इस प्रकार शंकर शैलेन्द्र ने प्रगतिशील काव्यधारा की गौरवशाली परम्परा के अनुरूप उसकी एक महत्त्वपूर्ण लहर के रूप में, कविता को जनजीवन की यथार्थभूमि के निकट लाने में महत्त्वपूर्ण भूमिका निभाई। उन्होंने साधारण जनता के प्रेम, दुख, संघर्ष और उल्लास को ही नहीं अपितु उनके संगठित आन्दोलनों को भी स्वर दिया। विशेष रूप से उन्होंने मजदूर आन्दोलन के साथ अपनी कविता को एकरूप करने का कठोर प्रयत्न किया। उनकी राजनीतिक कविताओं में जनता की व्यंग्य-चेतना और अनुभवसिद्ध राजनीतिक दृष्टि का अद्भुत संयोग दिखाई पड़ता है। वे प्रगतिशील धारा की देन हैं और दूसरी तरफ प्रगतिशील धारा को स्वयं उनकी देन भी महत्त्वपूर्ण है।

सन्दर्भ

1. डॉ. नामवर सिंह; *आधुनिक हिन्दी साहित्य की प्रवृत्तियाँ*, पृ. 78।
2. डॉ. रामविलास शर्मा; *मार्क्सवाद और प्रगतिशील साहित्य*, पृ. 26।
3. डॉ. नामवर सिंह; *आधुनिक हिन्दी साहित्य की प्रवृत्तियाँ*, पृ. 77।
4. वही, पृ. 80।
5. वही।
6. डॉ. कृष्णलाल 'हंस'; *प्रगतिवादी काव्य साहित्य (1971)*, प्रस्तावना, पृ. 5।

7. डॉ. नामवर सिंह; *आधुनिक हिन्दी साहित्य की प्रवृत्तियाँ*, पृ. 82।
8. वही, पृ. 90।
9. डॉ. कृष्णलाल 'हंस'; *प्रगतिवादी काव्य साहित्य (1971)*, पृ. 80 में उद्धृत।
10. वही।
11. वही।
12. डॉ. बलदेवराज गुप्त; *कांग्रेस का इतिहास*, पृ. 116।
13. डॉ. नामवर सिंह; *आधुनिक हिन्दी साहित्य की प्रवृत्तियाँ*, पृ. 90।
14. प्रेमचन्द; *कुछ विचार* (साहित्य का उद्देश्य), पृ. 8।
15. वही, पृ. 13।
16. वही, पृ. 16-17।
17. डॉ. रामविलास शर्मा; *मार्क्सवाद और प्रगतिशील साहित्य*, पृ. 392।
18. वही, पृ. 26।
19. *आलोचना*, जुलाई 1952 (सम्पादकीय), पृ. 3।
20. डॉ. नामवर सिंह; *आधुनिक हिन्दी साहित्य की प्रवृत्तियाँ*, पृ. 84।
21. डॉ. कृष्णलाल 'हंस'; *प्रगतिवादी काव्य साहित्य (1971)*, पृ. 192।
22. डॉ. रणजीत; *हिन्दी के प्रगतिशील कवि*, पृ. 173-178।
23. ललित मोहन अवस्थी; *आज के कवि*, पृ. 90-92।
24. भाग रहे हैं भूत प्रेत सारे अतीत के : न्यौता और चुनौती।
25. वही।
26. फ़ैज़ की प्रतिनिधि कविताएँ, पृ. 16।
27. वही।
28. नयी-नयी शादी है लेकिन : न्यौता और चुनौती।
29. वही।
30. बस की प्रतीक्षा में : न्यौता और चुनौती।
31. वही।
32. 15 अगस्त के बाद : न्यौता और चुनौती।
33. वही।
34. डॉ. रामविलास शर्मा; *मार्क्सवाद और प्रगतिशील साहित्य*, पृ. 24।
35. नागार्जुन; *हंस*, अप्रैल 1948 ई.।
36. अन्दर की यह आग : न्यौता और चुनौती।
37. नयी-नयी शादी है लेकिन : न्यौता और चुनौती।
38. वही।
39. नेताओं को न्यौता : न्यौता और चुनौती।
40. अन्दर की यह आग : न्यौता और चुनौती।
41. उठे कदम : न्यौता और चुनौती।
42. वही।

43. आजादी हो तो ऐसी : न्यौता और चुनौती।
44. 15 अगस्त के बाद : न्यौता और चुनौती।
45. वही।
46. नेताओं को न्यौता : न्यौता और चुनौती।
47. हर जोर-जुल्म की टक्कर में : न्यौता और चुनौती।
48. चुनौती : न्यौता और चुनौती।
49. नया चीन : न्यौता और चुनौती।
50. जनयुग (25 मई, 1947) 'अगिया बैताल' के छन्न नाम से।
51. अन्दर की यह आग : न्यौता और चुनौती।
52. डॉ. रणजीत; *हिन्दी के प्रगतिशील कवि (1973)*।
53. मेहनतकशों के लिए : न्यौता और चुनौती।
54. उठे कदम : न्यौता और चुनौती।
55. वही।
56. अन्दर भी आग जला : न्यौता और चुनौती।
57. बस की प्रतीक्षा में : न्यौता और चुनौती।
58. 15 अगस्त के बाद : न्यौता और चुनौती।
59. वही।
60. वही।
61. वही।
62. डॉ. रणजीत; *हिन्दी के प्रगतिशील कवि*।
63. भगतसिंह से : न्यौता और चुनौती।
64. वही।
65. नयी-नयी शादी है लेकिन : न्यौता और चुनौती।
66. वही।
67. वही।
68. नेताओं को न्यौता : न्यौता और चुनौती।
69. वही।
70. वही।
71. वही।
72. वही।
73. वही।
74. वही।
75. वही।
76. वही।
77. वही।
78. आजादी हो तो ऐसी : न्यौता और चुनौती।

79. वही।
80. वही।
81. मुझको भी इंग्लैण्ड ले चलो : न्यौता और चुनौती।
82. बस की प्रतीक्षा में : न्यौता और चुनौती।
83. 15 अगस्त के बाद : न्यौता और चुनौती।
84. डॉ. रणजीत; *हिन्दी के प्रगतिशील कवि*, पृ. 176।
85. 15 अगस्त के बाद : न्यौता और चुनौती।
86. मेहनतकशों के लिए : न्यौता और चुनौती।
87. उठे कदम : न्यौता और चुनौती।
88. अन्दर भी आग जला : न्यौता और चुनौती।
89. नागार्जुन; *हंस*, सितम्बर 1948।
90. शंकर शैलेन्द्र; *हंस*, सितम्बर 1948 और 'न्यौता और चुनौती' में संगृहीत।
91. अन्दर भी आग जला : न्यौता और चुनौती।
92. आजादी हो तो ऐसी : न्यौता और चुनौती।
93. बस की प्रतीक्षा में : न्यौता और चुनौती।
94. वही।
95. डॉ. कृष्णलाल हंस; *प्रगतिवादी काव्य-साहित्य*, पृ. 223 से उद्धृत।
96. वही।
97. वही, पृ. 225।
98. वही, पृ. 226।
99. वही, पृ. 227।
100. चुनौती : न्यौता और चुनौती।
101. वही।
102. वही।
103. वही।
104. वही।
105. पेरिस कम्यून : न्यौता और चुनौती।
106. वही।
107. डॉ. कृष्णलाल हंस; *प्रगतिवादी काव्य-साहित्य*, पृ. 224 से उद्धृत।
108. नया चीन : न्यौता और चुनौती।
109. नयी-नयी शादी है लेकिन : न्यौता और चुनौती।
110. गीतकार-शैलेन्द्र, फिल्म— श्री 420।
111. 'सुन भैया रहमू पाकिस्तान के', *नया पथ* (मार्च 1954), पृ. 365।

जिन्दगी की जीत में यकीन कर

गीत : विधागत जनवाद

साहित्य अपने भावन से लेकर विभावन तक, कारण से लेकर परिणाम तक, शुरुआत के संकल्प से लेकर सम्प्रेषण की सफलता तक अनिवार्य रूप से जीवन और जगत से जुड़ा हुआ सृजनकर्म है। यह जुड़ाव साहित्य की पहली और प्राथमिक शर्त है। लेकिन इसका निमित्त कोई एक होता है– कवि या लेखक– जो सामान्य नहीं विशिष्ट होता है, व्यक्ति होता है। साथ ही यह भी सही है कि यह विशिष्टता या वैयक्तिकता साहित्य की हर विधा में समान रूप से नहीं होती। यह निमित्त एक कवि के रूप में जितना विशिष्ट होता है उतना ही एक कहानीकार के रूप में नहीं। इसी तरह एक कविता संप्रेषित होने तक जितने लोगों का जितना सहयोग पाती है, नाटक और गीत उससे बहुत अधिक लोगों का बहुत अधिक सहयोग पाते हैं। इस तरह नाटककार की विशिष्टता उतनी नहीं रह पाती, उसका सामान्यीकरण हो जाता है और यह भी एक कारण है नाटक के सहज साधारणीकरण का। गीत के साथ भी, नाटक से कुछ ही कम लेकिन यही बात है। इस तरह कविता, कहानी, गीत, नाटक आदि में उत्तरोत्तर क्रम से घटते हुए विधागत व्यक्तिवाद की स्थिति है या उत्तरोत्तर बढ़ते हुए विधागत जनवाद की।

हमें विशेष तौर पर गीतों पर बात करनी है। गीत सिर्फ लिखा जाकर, छपकर या पढ़ा जाकर ही मुकम्मल नहीं होता। गीत गाया जाकर ही वस्तुतः गीत हो पाता है।

असल में ठीक तरह से वैयक्तिक होने और ठीक तरह से निर्वैयक्तिक या सामाजिक होने में बहुत कुछ समानता है। वैयक्तिक होने का अर्थ अपने सामाजिक सरोकारों को ठीक ढंग से पहचानना भी है। गीत इसी अर्थ में वैयक्तिक होते हुए भी निर्वैयक्तिक और सामाजिक भी होता है। इस प्रकार गीत का विधागत जनवाद इसके संप्रेषित होने तक के टीम वर्क से लेकर उसकी विशेषताओं तक कायम रहता है।

लेकिन इस विधागत जनवाद के बावजूद और बहुत कुछ तो इसी के चलते गीतों के असामाजिक या समाजविरोधी हो जाने के खतरे भी बहुत अधिक होते हैं। गीत निश्चय ही धारदार हथियार है लेकिन हथियार ही है और उसका प्रहार उसे थामनेवाले हाथों पर ही निर्भर है। जितने काम आ सकते हैं ये हमारी सांस्कृतिक विरासत को सँजोकर रखने में, जनता को उसके हिताहितों से परिचित कराने में उतने ही काम आ सकते हैं, आते हैं सांस्कृतिक पतन का मार्ग प्रशस्त करने में भी, जनता को अपने शोषण से सुनबहरी करके मीठी नींद सुला देने में भी। ये दूसरी तरह के हाथवाले सम्भवतः संख्या और शक्ति दोनों में ज्यादा हैं, तभी जमीन से जुड़ाव चाहने वालों में जनगीत का एक अलग प्रकार विकसित हो गया है।

गीतों की दुनिया दो राहों से गुजरती हुई आगे बढ़ती है। पहली राह से वह केवल गायन तक सीमित रहते हुए आगे बढ़ती और उसका उद्देश्य मात्र सस्ती लोकप्रियता अर्जित करना होता है और दूसरी राह सामाजिक विषमताओं और उसकी कष्टदायक रूढ़ियों के विरोध में आक्रामक रुख अख्तियार करते हुए। हिन्दी गीतों की जिस दुनिया से अब तक हमारा परिचय रहा है आम तौर पर वह मनोरंजन व आनन्द के आसपास का है। गीतों में लय, स्वर-लहरी, उसे पढ़ने, गाने और प्रस्तुत करने की कला ही गीतों की दुनिया में सर्वोपरि महत्त्व के बिन्दु रहे हैं। इन्हीं बिन्दुओं पर आमतौर पर गीतकारों में होड़ जैसी स्थिति भी बनी रही और ऐसे ही गीतकार व्यवसायियों और विलासियों के समाज में पाले-पोसे भी जाते हैं। आश्चर्य नहीं करना चाहिए कि ऐसी पाल-पोस के लिए आज हिन्दी गीतकारों का एक बड़ा हिस्सा लालायित भी रहता है, लेकिन गीतों की इस दुनिया से अलग गीतों की एक गम्भीर और सोद्देश्य दुनिया भी है। यह दुनिया हिन्दी में भारतेन्दु के जमाने से ही शुरू हो गयी थी। इस दुनिया के सामने समाज का वह विकृत रूप था जिसने दुनिया की बहुसंख्यक आबादी को मनुष्य-समाज में रहने की गरिमा से दूर कर दिया जहाँ आदमी, 'आदमी नहीं बैल घोड़ा है'। हिन्दी के जिन गीतकारों ने समाज की इस दुनिया को देखा और समाज में विभेद की गहरी जड़ें और उसके घृणित रूप देखने के बाद विचलित हुए, उन्होंने मनुष्यता के गीत लिखे, समाज में समता स्थापित करने की लालसा और संघर्ष के गीत लिखे। ये गीत नये समाज परिवर्तन की आकांक्षा से, मनुष्यविहीन समाज के विरुद्ध वास्तविक सांस्कृतिक लड़ाई के बिगुल के रूप में हमारे सामने आये हैं। ऐसे में गीत को गीत रहने देते हुए, उसकी लोकप्रियता बनाये रखते हुए जो गीतकार वह बात भी कह ले जाता है जो जनता को झिंझोड़ने और चिकोटी काटकर जगा देनेवाली है तो वह जनता का गीतकार है।

जन-आन्दोलन की देन : गीतकार शंकर शैलेन्द्र

शंकर शैलेन्द्र इसी लिहाज से अन्यतम गीतकार हैं। उनके गीत न तो आधुनिक नवगीतों की तरह अपनी प्रगतिशीलता से महज प्रगतिशीलों और शिक्षितों को ही तुष्ट करनेवाले हैं, न लोकगीतों के नाम पर औद्योगिक नगरों में जमे गायक-मण्डलियों, 'मुन्ना-नथुनियों और बालेश्वरों' की तरह लोगों की कुण्ठा और कुत्सा से लाभ लेनेवाले और न ही पहले से तैयार धुन में सिट्ठी की तरह निरर्थक शब्द-जाल भर देनेवाले। उनके गीत व्यापक जन-समुदाय को अच्छे-बुरे की तमीज देते हैं, उसकी सुरुचि जगाते हैं, उसे जगाते हैं, उसके दुख-दर्द के साथी बनते हैं, उसकी पीड़ाओं को शब्द देते हैं, उसे भूल जाने के लिए शराब की तासीरवाले 'अउवा-अउवा' और 'ओय-ओय' नहीं देते।

शंकर शैलेन्द्र, नरेन्द्र शर्मा, शील, अगिया बैताल (डॉ. रामविलास शर्मा) जैसे गीतकारों के गीतों में जन-पक्षधरता की उपज यों ही नहीं हुई। उसके लिए एक व्यापक पृष्ठभूमि तैयार थी। ठीक यही पृष्ठभूमि भक्ति-आन्दोलन और कबीर के जमाने में भी तैयार हुई थी। पहले तेलंगाना और बाद में चलकर नक्सलबाड़ी आन्दोलनों ने जनोन्मुखी गीत-निर्माण की प्रक्रिया को तीव्रता प्रदान की। डॉ. मैनेजर पाण्डेय ने इस तथ्य को स्पष्ट करते हुए लिखा है, 'आधुनिक हिन्दी कविता का इतिहास गवाह है कि जब-जब जन-आन्दोलन हुए हैं और कविता आन्दोलनों की ओर मुड़ी है तब-तब गीत रचना की गति में तेजी आयी है। जन-आन्दोलन गीत-रचना की उर्वर भूमि होते हैं और गीतों को लोकप्रिय बनाने में महत्त्वपूर्ण भूमिका भी निभाते हैं।'[1]

आन्दोलन और गीत का सम्बन्ध बड़ा घनिष्ठ है। जन-आन्दोलनों से उत्पन्न हुए नये परिवेश और नयी चेतना के कारण गीतों की रचना होती है और उन गीतों के प्रभाव से जन-आन्दोलन तीव्र और प्रभावकारी होते हैं। यह भी एक तथ्य है कि हिन्दी के अलावा जनगीत बहुधा उन्हीं क्षेत्रों और क्षेत्रीय बोलियों में लिखे गये जो जन-आन्दोलनों के लिए उर्वर भूमि रही हैं। इन जनगीतों की लोकप्रियता और उस लोकप्रियता की तेज गति भी इन्हीं जन-आन्दोलनों से जुड़ाव का परिणाम होती है। इस तरह लोकप्रियता जनगीतों के लिए एक अनिवार्य तत्त्व-सी सिद्ध होती है। अब यह गीतकार की अपनी प्रतिभा, स्थितियों को समझने की अपनी दृष्टि और अभिव्यक्ति की कला पर निर्भर है कि उसके गीत सामयिक लोकप्रियता अर्जित करते हैं कि उनके गीतों की लोकप्रियता सर्वकालिक सिद्ध होती है। इस निकष पर शंकर शैलेन्द्र सर्वाधिक समर्थ जनगीतकार हैं। डॉ. मैनेजर पाण्डेय लिखते हैं, 'जन-आन्दोलन से गीत के आत्मीय सम्बन्ध का बहुत अच्छा उदाहरण शंकर शैलेन्द्र के गीत हैं। शैलेन्द्र के गीत तेलंगाना आन्दोलन की देन हैं। ये गीत 1948 से 1953 के बीच के हैं जो उनके संग्रह 'न्यौता और चुनौती' में हैं।'[2]

ध्यान देने की बात है कि 'न्यौता और चुनौती' के गीत जब लिखे गये तब प्रयोगवाद का जमाना था और वैयक्तिक अनुभूतियों के अबूझ सम्प्रेषण को उत्कृष्ट कविता की पहचान बनाने और बताने के गम्भीर साहित्यिक प्रयास चल रहे थे। ऐसे में आश्चर्य नहीं कि साहित्य के नक्कारखाने में 'न्यौता और चुनौती' की आवाज अनसुनी कर दी गयी और हिन्दी का साहित्यकोश शंकर शैलेन्द्र नाम के किसी कवि और 'न्यौता और चुनौती' नामक किसी गीत संग्रह की स्थिति भी नहीं स्वीकार करता। लेकिन जनगीतकार इसकी परवाह नहीं करते कि साहित्य के सुधी समझे जानेवाले समीक्षक उनमें रुचि लेते हैं अथवा नहीं। आम जनता उन्हें वह आदर और स्नेह देती है जिसके लिए साहित्य की गम्भीर समझी जानेवाली विधाएँ और साहित्यकार और समीक्षक तरसते रह जाते हैं। शंकर शैलेन्द्र ने ऐसे समीक्षकों की भरपूर उपेक्षा और जनता का भरपूर प्रेम—दोनों ही पर्याप्त पाया।

शंकर शैलेन्द्र जनता के गीतकार इसलिए भी हैं कि वे अपने गीतों में वैयक्तिक अनुभूतियों को जगह देते हैं, प्रेम के गीत लिखते हैं, विरह और मिलन के गीत लिखते हैं; जनगीत के नाम पर हर शब्द को लाल पताका बना देने की कठहुज्जत नहीं करते।

शैलेन्द्र अपने गीतों की अपार लोकप्रियता के साथ आज के जनगीतकारों के लिए ईर्ष्या की वस्तु हैं। फिल्मी गीतों के फैलाए प्रदूषण और साप्ताहिक शोरवाले गीतों के बीच शंकर शैलेन्द्र जैसी कुछ प्रतिभाएँ ही जनप्रतिबद्धता बचाए रख सकती हैं। इसलिए कि उनकी प्रतिबद्धता किसी पार्टी के मैनिफेस्टोवाली नहीं, नागार्जुन वाली है :

प्रतिबद्ध हूँ, जी हाँ, प्रतिबद्ध हूँ—
बहुजन समाज की अनुपल प्रगति के निमित्त—
संकुचित 'स्व' की आपाधापी के निषेधार्थ....
अविवेकी भीड़ की 'भेड़िया-धसान' के खिलाफ...
अन्ध-बधिर 'व्यक्तियों' को सही राह बताने के लिए...
अपने आप को भी 'व्यामोह' से बारम्बार उबारने की खातिर...
प्रतिबद्ध हूँ, जी हाँ, शतधा प्रतिबद्ध हूँ![3]

जनता के गीतकार होने की पहली शर्त्त गीतकार का जन-समस्याओं, जन-जीवन के विभिन्न रंगों से न सिर्फ परिचित बल्कि संयुक्त होना है। इस लिहाज से शंकर शैलेन्द्र हिन्दुस्तान के निठाह अदना आदमी थे। नितान्त साधारण परिवार में जन्मे आर्थिक कठिनाइयों से जूझते, रोटी-कपड़ा-मकान की चिन्ता में हलकान, सामाजिक रूप से हिन्दुस्तान की बहुसंख्यक दलित जाति से सम्बद्ध, पग-पग पर अपमान और तिरस्कार पीने और पाने के लिए अभिशप्त। जाहिर है कि इस क्रम में जीवन के नाना रंगों से वे नानाविध परिचित होते गये और उसे ही उन्होंने अपनी रचनाओं में ढाला।

जीवन से असम्पृक्त उनके रचना-संसार में कुछ भी नहीं है। उनकी काव्य-वस्तु के चयन और त्याग का विवेक भी इसी सम्पृक्ति से सम्बद्ध है—

रूमानी कविता लिखता था सो अब लिखी न जाय
चारों ओर अकाल जिऊँ मैं कागद पत्तर खाय?[4]

लेकिन इतना ही तो काफी नहीं। हर शोषित-दलित कवि-गीतकार नहीं हो पाता। इसके लिए उस संवेदना, मन के उस सहज विस्तार की आवश्यकता होती है जो अपनी पीड़ाओं को सहे और भोगे ही नहीं, उन्हें देखे भी, उनके होने और उनके सहे जाने को भी अनुभव करे, अपने जैसे हर प्रताड़ित, उपेक्षित और अभिशप्त को अपने से जोड़कर देखे, उनकी मुक्ति के सपने भी दिखा सके, उसके लिए संघर्ष भी करे। शंकर शैलेन्द्र के व्यक्तित्व में ये सभी तत्त्व विद्यमान थे। 'महुआ घटवारिन' के गीत पर रेणु के साथ रो पड़नेवाला उनका मन और तेलंगाना विद्रोह में संघर्षशील जनता के कदम के साथ मिलकर चलनेवाले उनके कदम—दोनों मिल-मिला कर उन्हें उनके कवि, उनके गीतकार तक पहुँचाते हैं। यही कारण है कि उनके गीत कहीं से भी किसी छद्म को प्रश्रय नहीं देते।

इसके अतिरिक्त शंकर शैलेन्द्र में वह कलात्मक संयम है, संगीत की वह साधना है, छन्द, लय और भाषा की वह संगति है, धैर्य और अनुशासन है जो उन्हें सतही, भावुक, विलापी और प्रलापी गीतकार बनाने से रोकता है।

कहानी और उपन्यास के क्षेत्र में आंचलिकता का आन्दोलन मूलतः रचनाकार को अपने अनुभव के सीमित दायरे में रहकर यथार्थ को और अधिक घनिष्ठता और गहराई के साथ चित्रित करने के प्रयास की देन है। शंकर शैलेन्द्र का सम्बन्ध मजदूर आन्दोलन से रहा है और उनके गीत इस तथ्य के गवाह हैं कि वे अपने लगाव के इस सीमित दायरे का ही सत्य और समग्र, अतः प्रभावी अभिव्यक्ति करते हैं न कि सुनी-सुनाई और अनुमानित स्थितियों की बारीकियों और ब्योरे में प्रवेश कर किसान-आन्दोलन आदि को भी समेटने की कागजी कोशिश करते हैं।

शैलेन्द्र के गीतों में विषय के प्रति उनकी निष्ठा निरन्तर बनी रहती है। वे जन-जीवन के प्रति सहनुभूति-मात्र, मनुष्य और मनुष्यता की अन्तिम विजय के प्रति आस्था और विश्वास-मात्र, शोषकों-पूँजीपतियों के प्रति अपार घृणा-मात्र रखनेवाले गीतकार नहीं हैं। उनके गीतों के पात्र अपने जीवन के सम्पूर्ण दुख-सुख दिन-रात के साथ उनके गीतों में आते हैं, मात्र आन्दोलन के ही आलोड़न-विलोड़न के साथ नहीं :

नयी-नयी शादी है लेकिन
बटुए-सी दुल्हिन को लेकर
सिर्फ चार दिन साथ रह सका

छुट्टी कम थी, काम अधिक है
फिर सर्विस भी सरकारी है![5]

पेट पर पड़ी लात सिर्फ रोटी के स्तर पर आदमी को नहीं तोड़ता, उसके लिए भी 'कोठरी' की समस्या सिर्फ सिर छुपाने की समस्या नहीं है :

सोचा था, "ढूँढूँगा कहीं मकान
नहीं-बस, एक कोठरी
एक कोठरी ही काफी है
दोनों सुख से साथ रहेंगे
जैसे किसी घोंसले में कपोत की जोड़ी
साथ रहेंगे तो जीवन की परेशानियाँ
आधी आधी बँट जावेंगी..."[6]

इस तरह मजदूर की न्यूनतम माँग उतने भर की ही नहीं है जितना पाकर वह कारखाने में काम करने की काबिलियत भर जिन्दा रह सके। वह मशीन का पुर्जा नहीं है और न ही 'जीवन के बस तीन निशान-रोटी कपड़ा और मकान' के सहज नारे भर ही उसकी जरूरत और चाहत है। उसके लिए भी यह सबकुछ साध्य नहीं, साधन भर है, जीवन के आनन्द के :

और अकेलेपन की हर मौसम की
यह दमघोंट धुएँ की काली बदली
उस दिन छँट जावेगी
जिस दिन प्यारी बीवी की मुस्कान
अँधेरा और उजाला एक करेगी।[7]

यह परिवार छोटा भी है– पति-पत्नी तक सीमित और बड़ा भी है– दुनिया के मजदूरों को एक करता हुआ। इस छोटे परिवार की चिन्ता से शुरू होकर भी शैलेन्द्र अक्सर बड़े परिवार की चिन्ता से जुड़ जाते हैं। 'नंगे घुटने घिसने' और 'अधभूखे सोने' की स्थिति में केवल तभी तक नहीं रहना है जब तक मकान नहीं बन 'जाता', तबतक रहना है जबतक मकान नहीं बन 'जाते', यह बहुवचन महत्त्वपूर्ण है :

तबतक यों ही सेना होगा
नंगे घुटने घिसना होगा
अधभूखे ही सोना होगा
शादी तो हो गयी
बनेंगे जब मकान तब गौना होगा![8]

तथाकथित जनगीतों में अक्सर कुछ अच्छी भविष्यवाणियाँ की जाती हैं कि

शोषित-पीड़ित एक-न-एक दिन जागेंगे और जुल्म के सारे बन्धन तड़तड़ाकर टूट जाएँगे, जालिमों के सारे कस-बल निकल जाएँगे। शैलेन्द्र के गीतों में भी यह है लेकिन 'गे' वाले क्रिया-पदों में नहीं, 'ते' वाले क्रिया-पदों में—वर्तमान में। ऐसा इसलिए है कि वे दूर से ढोल बजाकर जगानेवालों में से नहीं, जगे लोगों के हमकदम हैं। वे जानते हैं कि जनता शोषण के खिलाफ संघर्षरत है और आगे चलकर जो भी होगा उसमें इस 'है' की अनिवार्य भूमिका है :

तब गरीब ने शोर मचाया
बहुत सहा, अब नहीं सहेंगे
कहाँ गये वे वादे? अब हम
भूखे नंगे नहीं रहेंगे
सुन ललकार जगी जनता की
दिल्ली काँपी दिल थर्राया।

× × ×

'अब यों गाड़ी नहीं चलेगी'—
रेल कामगारों का नारा
'बोनस; या मिल नहीं चलेगी'—
गिरनी वालों ने ललकारा
गोदी-पोस्ट मजूर कह उठे—
'बहुत दिनों तक धोखा खाया'[9]

शंकर शैलेन्द्र मजदूर आन्दोलनों के सबसे प्रामाणिक गवाह हैं। उनके गीतों का सम्बन्ध यह सही है कि सिर्फ मजदूर आन्दोलनों से है लेकिन साथ ही वे मजदूरों के प्रायः हर किस्म से, उनकी प्रायः हर समस्याओं से परिचित हैं। यह निष्ठा आचार्य महावीर प्रसाद द्विवेदी की उस निष्ठा से मिलती-जुलती है जिसके तहत रेलवे में काम करते हुए वे उसके हर अंग और उनके कार्यों से सुपरिचित हो गये थे।

शंकर शैलेन्द्र कारणों की पड़ताल करते हैं और परिणामों की समग्र प्रस्तुति। इसके चलते उनके गीत में भटकाव और भ्रान्तियों के लिए कोई जगह नहीं बन पाती, एक अप्रतिहत आवेग और अविच्छिन्न प्रभावान्विति बनी रहती है। उनके गीतों में जो मार्मिक व्यंग्य है वह इन्हीं वस्तुस्थितियों को उनके सही परिप्रेक्ष्य में समझने के चलते :

राम राज्य का ढोल बजाया
नेता ने कंट्रोल उठाया
कालेबाजारी बनियों को—
दिल में दिल्ली में बैठाया

खुल्लम-खुल्ला लूट मच गयी
महँगाई ने रंग दिखाया![10]

यहाँ ढोल अपने पोल के साथ उपस्थित है। कालेबाजारी बनियों की दिल और दिल्ली दोनों में उपस्थिति एक दारुण इतिहास-सत्य की तरफ संकेत करती है। अंग्रेज 'बनिये' बनकर ही आये थे जो मूर्ख बनाकर सत्ता पर आसीन हो गये। उनके चले जाने अर्थात् आजादी के बाद भी स्थिति में कोई अन्तर नहीं आया बल्कि अधिक भयावह स्थिति उत्पन्न हो गयी। अंग्रेज गये लेकिन जो रह गये वह न सिर्फ काले बल्कि कालेबाजारी बनिये हैं और सत्ता में उनकी पैठ भी अब पहले की अपेक्षा गहरी है। प्रशासन पूँजीपतियों का दलाल होकर रह गया है। दिल्ली में खुल्लमखुल्ला लूट मच जाती है उस लूट के परिणामस्वरूप महँगाई की चक्की में भारत की गरीब जनता पिसती हुई कराहती रहती है। आजादी के बाद के भारत की राजनैतिक और आर्थिक त्रासदियों को चित्रित करती शंकर शैलेन्द्र की गीत-पंक्तियाँ ऊपर-ऊपर बहुत सहज दिखाई पड़ती हैं लेकिन वे बहुत ही श्लिष्ट और प्रसंगगर्भित हैं। उनके व्यंग्यबाणों में सिर्फ नोक ही नुकीली नहीं है, उन्हें जहर में बार-बार बुझाया भी गया है।

'झुक पटेल की चप्पल चूमी, मौका देखा पलटा खाया'[11] या 'तुमको भूख नहीं है भाई, कम्युनिस्टों ने है भड़काया'[12] जैसी व्यंग्य उक्तियों के बीच 'बढ़ती गयी गरीबी दिन दिन, बेकारी ने मुँह फैलाया'[13] जैसे यथार्थ कथन; 'कहाँ गये वे वादे? अब हम भूखे नंगे नहीं रहेंगे'[14] जैसी बुलन्द होती हुई आवाजें; 'सुन ललकार जगी जनता की, दिल्ली काँपी दिल थर्राया'[15] जैसे विजय-विश्वास; 'उम्मीदों की सीता हर ली, अपना रावण रूप दिखाया'[16] जैसे मोहभंग कहीं भी एकरसता नहीं आने देते और तब व्यंग्य की धार और पैनी हो जाती है।

शंकर शैलेन्द्र गीत विधा की भावप्रवणता और सहजता को बचाये रखते हुए भी व्यंग्य की गम्भीरता बनाये रखते हैं। वे अपने गीत में भारत के असंख्य क्रांतिकारियों के बीच से भगतसिंह और लक्ष्मबाई का चयन करते हैं। भगतसिंह और झाँसी की रानी के साथ वे टीपू सुल्तान का सन्दर्भ देते हैं और इस तरह बड़े कौशल से आजादी की हमारी लड़ाई के प्रतिनिधि पात्रों का चयन करते हैं :

सत्य अहिंसा का शासन है रामराज्य फिर आया है
भेड़-भेड़िये एक घाट हैं सब ईश्वर की माया है
दुश्मन ही जज अपना टीपू-जैसों का क्या करना है
शान्ति-सुरक्षा की खातिर हर हिम्मतवर से लड़ना है
पहनेगी हथकड़ी भवानी रानी लक्ष्मी झाँसी की![17]

लेकिन ध्यातव्य है कि वे इतिहास-प्रसिद्ध व्यक्ति को ही नहीं उस जन-समुदाय

की भी बात करते हैं, जो व्यक्ति-शक्ति के रूप में इतिहास में रेखांकित नहीं होता :

'गढ़वाली' जिसने अंगरेजी शासन में विद्रोह किया
वीर क्रान्ति के दूत जिन्होंने नहीं जान का मोह किया
अब भी जेलों में सड़ते हैं 'निउ मॉडल' आजादी है[18]

भारत की 'निउ मॉडल आजादी' में भगतसिंह जैसे देशभक्तों के लिए कोई स्थान नहीं है। आजाद भारत में जनता की बात करनेवाला गद्दार कहलाता है और इसीलिए गीतकार भगतसिंह जैसे जननायकों को आजाद भारत में पुनः जन्म लेने से सावधान करता है। क्योंकि अंग्रेजों के 'पेशकार' ही देश के शासन-तंत्र में हैं, इसलिए आजादी के लिए दुश्मनों से लड़नेवाले और अब जनता को स्वराज्य का हक दिलानेवालों के लिए आज भी वही सजा है जो पहले थी :

भगतसिंह इस बार न लेना काया भारतवासी की
देशभक्ति के लिए आज भी सजा मिलेगी फाँसी की![19]

यह 'आज भी' आजाद भारत के गुलामगन्धी चरित्र का पर्दाफाश करता है। भगतसिंह को दी गयी चेतावनी उस आजादी को निरर्थक साबित कर देती है जो—

खून बहाये बिना मिली जो महाजनों को
शुभ चिन्तक उदार गोरों से[20]

जिसके लिए—

ढोल बजे ऐलान हुआ आजादी आयी
खून बहाये बिना लीडरों ने दिलवाई
खुश होकर अंग्रेजों ने दी नेताओं को
सत्य अहिंसावादी वीर विजेताओं को![21]

जो दान में मिल गयी—

तुम जिनके जाते हो उनका बहुत सुना है नाम
सुनता हूँ उस एक छत्र में कभी न होती शाम
काले पीले गोरे भूरे उनके अनगिन दास
साथ किसी के साझेदारी औ' कोई बेदाम
खुश होकर वे लोगों को दे देती हैं सौराज![22]

शंकर शैलेन्द्र को वह आजादी भीतर तक मथती है जिसकी कीमत भगतसिंह जैसे क्रांतिदूतों के बलिदान के रूप में नहीं उपवास और अहिंसा के रूप में आँकी गयी। इस प्रकार आजादी के साथ मुफ्त में पाये जाने का एक मुहावरा-सा जुड़ गया जिसके दूरगामी परिणामों के प्रति कवि की चिन्ता अभिव्यक्त होती है। यह चिन्ता कितनी सही थी, आज इसे अनुभव किया जा सकता है। आश्चर्य है कि आजादी

के तुरन्त बाद, योजनाओं की चकाचौंध और भूदान की शुरुआती सफलताओं के दौर में भी गीतकार सुदूर भविष्य के अन्धकार को देख लेता है—

आजादी हो तो ऐसी हो—
जो खून बहाये बिना मिले
जो जोर लगाये बिना मिले
लाठी गोली बौछार न हो
झगड़ा जूतम पैजार न हो
उपवास, अहिंसा, कौशल से
संन्यास तपस्या के बल से
अधिवेशन के प्रस्तावों से
भाषण की चपल अदाओं से
नादिरशाही दिल हिल जाए
पत्थर का अन्तर छिल जाए
डाकू धन-दौलत लौटा दे
जिसका जो है घर पहुँचा दे
कुछ ऐसा मन-परिवर्तन हो
घर बैठे हरि का दर्शन हो
मंगल गाये दादा-दादी
आजादी हो तो ऐसी हो।[23]

आजादी का यह जो सरलीकृत स्वरूप है वह कई चमत्कारों की आशा जगाता है, जनता को एक तिलिस्म में धकेल देता है और फिर तिलिस्म तो नहीं टूटता जनता जरूर टूट जाती है। अद्भुत मोहजाल है यह आजादी—

पाँचवें वर्ष के आसपास
होने को है ऐसा विकास—
सब जगह खेत लहराएँगे
भूखे नंगे तर जाएँगे[24]

या

संघ खुला खद्दर जी बोले,
"आओ तिनरंगे के नीचे
रोटी ऊपर से बरसेगी
करो कीर्तन आँखें मीचे![25]

लेकिन तिलिस्म के इस इन्द्रधनुषी रंग में भगतसिंह जैसे नाम भंग डाल देते हैं।

जीवन की सचाई इस नाम के साथ अपनी समस्त तिक्तता, कड़वेपन और यथार्थ के साथ मौजूद है। ऐसे में व्यवस्था जो नशा पिला रही है वह टूटे नहीं, इसके लिए भगतसिंह जैसों को फाँसी देना आज भी उतना ही जरूरी है जितना पहले थी—

देशभक्ति के लिए आज भी सजा मिलेगी फाँसी की

प्रकारान्तर से शैलेन्द्र आज भी उस हिम्मत और इरादे की जरूरत महसूस करते हैं जो जनता को जगा सके, अन्याय और अव्यवस्था की चलती चक्की के दोनों पाटों के बीच अपनी हड्डियाँ फँसा सके, लोगों को जुल्म की चक्की के होने और चलने का अहसास करा सके और उसकी चुप्पी तोड़ सके। जरूरत आज भी ऐसे ही बलिदानियों की है, उनकी नहीं 'जिनके एक इशारे भर से'—

कटकर गिर सकते थे शीश अलग हो धड़ से
जिनकी एक पुकार खून से रंगती धरती
लाशों ही लाशों से पट जाती यह धरती![26]

शंकर शैलेन्द्र जनता की बात करने के खतरों की तरफ संकेत करते हैं। वे जब ऐसी आजादी की खिलाफत करते हैं तो उन्हें भगतसिंह जैसे जननायकों से बल मिलता है; लेकिन व्यवस्था के पास सुविधा है कि वह 'ऐसी आजादी की खिलाफत' को 'आजादी की खिलाफत' के रूप में देखे और प्रस्तुत कर दे। भगतसिंह ने जिस आजादी की कल्पना की थी वह जनता के लिए थी, दिल्ली में बैठे या दिल्ली में बैठने को आतुर देशभर के नेताओं और उनके दिल में बैठे कालेबाजारियों की आजादी के लिए नहीं थी। स्थिति यह है कि—

'यदि जनता की बात करोगे तुम 'गद्दार' कहाओगे'[27]

यह अपनी सरकार तो बम पटकने के लिए हाथ उठाने का इन्तजार भी नहीं करने वाली, मुँह खोलते ही धर दबोचने को घात लगाये बैठी है—

बंब संब की छोड़ो भाषण दिया कि पकड़े जाओगे
निकला है कानून नया चुटकी बजते बँध जाओगे
न्याय अदालत की मत पूछो सीधे मुक्ति पाओगे
कांगरेस का हुक्म जरूरत क्या वारंट तलाशी की![28]

इस न्याय-अदालत और वारंट-तलाशी की चर्चा के साथ ही वे उस फाँसी और इस फाँसी के चारित्रिक अन्तर स्पष्ट करते हैं। भगतसिंह के लिए अपनी फाँसी उतना महत्त्वपूर्ण नहीं थी, जितना उसके पूर्व न्याय, अदालत, वारंट, तलाशी। महत्त्वपूर्ण यह था कि फाँसी चुपचाप नहीं पड़नेवाली थी, उसकी चर्चा होनी थी, चर्चे को लोगों तक पहुँचाना था, लोगों को जगाना था। लेकिन यह फाँसी तो चुपचाप होनी है। सच पूछा जाए तो यह चुप्पी ही फाँसी है।

शंकर शैलेन्द्र की एक विशेषता यह है कि वे व्यंग्य को बहुधा मूर्त्तन और गोचरता के माध्यम से प्रखर करते हैं। उनके व्यंग्य तक पहुँचने में कठिनाई नहीं होती। 'देशभक्ति के लिए आज भी सजा मिलेगी फाँसी की' जैसी विडम्बना की जब वे बात करते हैं तो कुछ शाश्वत किस्म की सर्व सामान्य टिप्पणियाँ भर करके नहीं रह जाते बल्कि 'कॉमनवेल्थ कुटुम्ब देश को खींच रहा है मंतर से' जैसे प्रत्यक्ष तथ्यों का उपयोग करते हैं। यहाँ 'कुटुम्ब' के प्रयोग से 'कॉमनवेल्थ' का न सिर्फ हिन्दीकरण बल्कि हिन्दुस्तानीकरण कर दिया गया है और इस तरह गीत में इसे सहज ही खपा लिया गया है। फिर इस अभिधात्मक उक्ति को 'मंतर' शब्द साधारणीकरण की असाधारण शक्ति के साथ 'व्यंग्य' बनाता है। ओझा-गुनियों के माया-प्रपंच में घाव की तरह पका भारतीय जनमानस इस 'मंतर' का अर्थ खूब समझता है। यह मंतर कॉमनवेल्थ के प्रति भारतीय शासनतंत्र के आकर्षण को प्रत्यक्ष कर देता है। इस कॉमनवेल्थ की खबर अपने दूसरे गीत में भी शंकर शैलेन्द्र खूब लेते हैं–

बोली बदल गयी है बात वही है सारी
हिज मैजेस्टी छठे जॉर्ज की लम्बरदारी
कॉमनवेल्थ कुटुम्ब वही चर्चिल की यारी
परदेशी का माल सुदेशी पहरेदारी![29]

या

उनका कॉमनवेल्थ कि जैसे दो धारी तलवार
एक वार से हमें जिलावें करें एक से ठार
घटे पौण्ड की पूँछ पकड़कर रुपया माँगे भीख
आग उगलती तोप कहीं पर कहीं शुद्ध व्यापार[30]

इस दिल्ली की लन्दन से आँख लड़ जाने की रुत को शंकर शैलेन्द्र अपने गीतों में बहुविध व्यंग्य के लक्ष्य पर रखते हैं–

रुत ऐसी है आँख लड़ी है अब दिल्ली की लन्दन से
× × ×
प्रेम विभोर हुए नेतागण रस बरसा है अम्बर से[31]

या

मुझको भी इंग्लैण्ड ले चलो पंडित जी महाराज
देखूँ रानी के सिर कैसे धरा जाएगा ताज![32]

या

परदेशी पूँजी चिर उदार
करती जाती है परोपकार[33]

या

घटे पौण्ड की पूँछ पकड़ रुपया चलता है[34]

इस तरह विभोरावस्था को तोड़ने के प्रयत्न उनके गीतों में बार-बार हुए हैं। शंकर शैलेन्द्र आजादी की उस अवधारणा पर बार-बार चोट करते हैं जिसमें सिर्फ चेहरे बदले हैं और सब कुछ यथावत है—

बैठ गये हैं काले पर गोरे जुल्मों की गादी है
वही रीति है वही नीति है, गोरे सत्यानासी की।[35]

मजदूर आन्दोलनों का सर्वाधिक लोकप्रिय नारा 'हर जोर-जुल्म की टक्कर में हड़ताल हमारा नारा है'[36] शंकर शैलेन्द्र का एक गीत है। इस तथ्य से आज के उन मजदूरों में से शायद ही कुछ लोग अवगत हों जो इस नारे के साथ अपने मनोबल को निरन्तर ऊँचा उठाए रखते हैं। यही वह जगह है जहाँ 'हम नहीं बोलेंगे बात बोलेगी' जैसी स्थितियों का साक्षात होता है। यही वह जगह है जहाँ से कोई गीत लोकगीत बनने की तरफ मुड़ जाता है, वह लोकगीत जिस पर किसी एक व्यक्ति का दावा नहीं होता, पूरे लोक का होता है। यही वह जगह है जहाँ 'छापक पेड़ छिउलिया' जैसे गीत होते हैं, उनको गाते हुए कण्ठ होते हैं, उन गीतों का शब्दकार नहीं होता।

लेकिन इस 'हर जोर जुल्म' मुखड़े वाले गीत का हर अन्तरा ध्यान देने योग्य है, क्योंकि पंक्ति-पंक्ति हड़ताल, कामबन्दी की वैधता की वकालत में हर मजदूर को नैतिक बल देती हुई है। पहले अन्तरे में हड़ताल कारण है। 'तुमने माँगें ठुकरायी हैं', यह एक कारण, लेकिन इतना पर्याप्त नहीं है। तुमने हर वादा तोड़ा है, धोखा दिया है—यह दूसरा कारण। यह पहले से मजबूत कारण है लेकिन शायद उतना नहीं कि काम को बिल्कुल ठप्प कर दिया जाए, हड़ताल कर दी जाए। इसलिए तीसरा कारण—'तुम छँटनी पर हो आमादा।' यह तीसरा कारण और जब नौकरी छूटने ही वाली है तब दूसरा कोई विकल्प, सिवा हड़ताल के, रह ही क्या जाता है, इसलिए— 'तो अपनी भी तैयारी है'। हड़ताल हो तो पूरी तैयारी के साथ। यह 'तैयारी' बहुत बड़ा अर्थ रखती है। मजदूर की तैयारी और हड़ताल के लिए, परीक्षा की तैयारी जैसी चीज है। यह सुदूर किसी मरणान्तक तीर्थ पर जाने के पहले अपने बाल-बच्चों-परिवार के खाने-पीने का इन्तजाम करके, अन्तिम विदा जैसी विदा लेते हुए चलने की तैयारी जैसी चीज है। एकता भी इस तैयारी का मुद्दा है, और पूँजीपतियों के उन षड्यंत्रों से पहले से खबरदार रहने की भी, जो हड़ताल तोड़ने के लिए नानाविध किये जाते हैं।

अगले अन्तरे में उन बहानों का जिक्र है जिनका इस्तेमाल मजदूरों के शोषण के लिए, उनके आन्दोलन को बरगलाने के लिए अपर पक्ष ने हमेशा किया है। ये

बहाने बड़े मीठे हैं, आजकल के नेताओं द्वारा युवकों को 'राष्ट्र की रीढ़' और 'कर्णधार' कहने जैसे। देश पर संकट है, मुद्रा-प्रसार है, इन्फ्लेशन है, हड़ताल से ताजा-ताजा आजाद हुए देश के विकास में बाधा आएगी— जैसे बहाने। 'व्यक्ति' जैसी तुच्छ चीज के सामने 'देश' जैसी बड़ी चीज रखकर कुर्बानियाँ माँगने की वह चाल है जिसका शिकार हिन्दुस्तान की भोली-भाली जनता अक्सर हो जाया करती है। खेती में मरजाद मानकर होरी तिल-तिल कर मरने को मजबूर रहा है इस देश में। ऐसे में शंकर शैलेन्द्र की इस चेतावनी का अद्यावधि महत्त्व सहज ही समझ में आनेवाली बात है :

मत करो बहाने संकट है मुद्राप्रसार इन्फ्लेशन है[37]

और इसके साथ ही यह प्रश्न 'हमारे कैसे लोहू पांड़े, तुम्हारे कैसे दूध' जैसे प्रश्नों की याद दिलाने में सक्षम है :

इन बनियों चोर लुटेरों को क्या सरकारी कन्सेशन है?[38]

तीसरा अन्तरा होरी के बेटे गोबर के जवान हो जाने के बाद के भी बाद का है, जब वह समझदार भी हो चुका है। अब वह समय के साथ हर घाव भूल जाने वाला वह शख्स नहीं रह गया जिसे एक ही दाँव से बार-बार परास्त किया जाता रहा है :

मत समझो हमको याद नहीं हैं जून छियालिस की छातें
जब काले गोरे बनियों में चलती थीं सौदे की बातें।[39]

चौथे अन्तरे में अभी के आन्दोलन को स्वतन्त्रता संग्राम के देशव्यापी आन्दोलन से जोड़कर प्रकारान्तर से परम्परा से जोड़ा जा रहा है— यह अपने शक्ति-अर्जन के लिए भी है और इस गर्जन से दुश्मनों का आधा बल हरने के लिए भी :

यह वार तुम्हारे अग्रज अंग्रेजों ने भी चक्खा है[40]

पाँचवें अन्तरे में समझौतापरस्ती की बड़ी सतर्क खिलाफत है। इसमें अपनी पहचान को प्रतिघाती पक्ष बनाकर नैतिक रूप से बल पाया और दिया गया है। निश्चित रूप से युद्ध में आक्रामक नैतिक रूप से युद्धपूर्व पराजित होता है। इसी तरह अगले अन्तरे में उन लोगों पर चोट है जो हैं तो अपने ही बीच के लेकिन अपनी ढुलमुल नीतियों, समझौतेबाजी से अन्ततः शत्रुपक्ष के ही मददगार होते हैं। और इस तरह 'हर जोर जुल्म की टक्कर में हड़ताल हमारा नारा है'—इस गीत के सार-संक्षेप के रूप में प्रस्तुत होता है और अन्ततः मन्त्रशक्ति अर्जित करता है।

'न्यौता और चुनौती' संग्रह के 'चुनौती' शीर्षक गीत में शंकर शैलेन्द्र मेहनतकश अवाम के पक्ष-विपक्ष को विश्व परिप्रेक्ष्य में रखते हैं। यह विश्व परिप्रेक्ष्य 'एका'[41] के उस आह्वान से निर्मित होता है जिसमें लड़ाई 'एक' की नहीं रह जाती 'एकेक' की हो जाती है। स्वाभाविक है कि जब आवाज दुनिया भर के मजदूरों के एक होने की

उठाई जाती है, अपना हिस्सा माँगते समय भी दुनिया भर के मजदूरों की आवश्यकताओं को भुला नहीं दिया जाता है। तब तो और भी जब सामन्तवादी-पूँजीवादी शक्तियों में साँठ-गाँठ पहले से हो। इस तरह चर्चिल, ट्रूमन, च्यांग—चुनौती सबको दी जाती है, क्योंकि जुल्म के रिश्ते से सभी जुड़े हुए हैं, 'हिटलर के भाई' हैं—

चर्चिल माँगे खून मजूर किसानों का
ट्रूमन माँगे ताजा खून जवानों का![42]

इन्हें शंकर शैलेन्द्र अन्यत्र भी याद करते हैं—

ट्रूमन की बन्दूकों ने भी अब तो अपना मुँह खोला है
अमरीकन संगीनों ने अब झपट च्यांग ही को घेरा है
डूब गया रुपया बनियों का अब क्या तेरा क्या मेरा है
शीश पटक चर्चिल रोता है ट्रूमन माथा फोड़ रहा है![43]

सामन्तवादी पूँजीवादी शक्तियों की आधारभूमि है मजदूरों का शोषण और युद्ध की राजनीति। ये युद्ध शुद्ध व्यापारिक उद्देश्यों की पूर्ति के माध्यम बनते हैं—

युक्ति निकाली है हिटलर के भाई ने
कुन्द छुरों पर धर ली धार कसाई ने
कहे कि छेड़ो जंग और बेचो बन्दूक
बेचो तोप टैंक बेचो गोला-बारूद
करो जंग या खून करो अरमानों का![44]

या

जंग चाहते हैं आज जंगखोर
ताकि राज कर सकें हरामखोर[45]

लेकिन क्या ये युक्तियाँ, ये षड्यंत्र सफल हो पाएँगे? 'एटम बम' और 'डालर' की मित्रता मनुष्यता को नष्ट कर पाएगी? यह असम्भव है क्योंकि इधर भारत में—

किन्तु आज हम दुश्मन को पहचान चुके हैं
उसकी सब काली करतूतें जान चुके हैं[46]

उधर चीन में—

सदियों बाद किसान जमीं से
मेहनत का फल उगा रहा है[47]

और उधर रूस में—

वहाँ सुतार लुहार हुए मिल मैनेजर
राजा नहीं रंक बैठा सिंहासन पर[48]

इन मेहनतकश इनसानों का हक छीन लेना अब उतना ही असम्भव है जितना घिरी

घटाओं में आग लगाना, आँधी के पाँवों में जंजीर डाल देना— इसीलिए परम मार्मिक चुनौती है, आह्वान है—

आओ, आग लगाओ घिरी घटाओं में
जंजीरें बाँधो आँधी के पाँवों में
खौल रहा हर सागर ढक्कन से ढाँको
चढ़ी नदी में बाढ़ बाँस का पुल बाँधो
राज रहे इनसानों पर हैवानों का![49]

'चुनौती', 'नया चीन' और 'पेरिस कम्यून' जैसे गीतों में रूस और नये चीन जैसे साम्यवादी देशों की प्रशंसा के स्वर हैं, उनके विरोधियों का विरोध है लेकिन महत्त्वपूर्ण यह है कि सबकुछ भारतीय मेहनतकश अवाम के दुख-दर्द, आशा-आकांक्षा के आलोक और आईने में प्रस्तुत किया गया है। रूस में अगर 'राजा नहीं रंक बैठा सिंहासन पर' तो असल बात यह है कि 'हमने अपनी हस्ती जानी पहली बार'[50]; चीन यदि 'खोद रहा है अपनी खानें, नयी बस्तियाँ बसा रहा है'[51] तो गीत का मुख्य कथ्य यह है कि—

हम भी काट रहे हैं साथी ऊँचा पर्वत अपने पथ का
घर-घर दर-दर गली-गली में पहुँचा है पैगाम वक्त का
जोर जुल्म से टकराना है भारत ताकत जोड़ रहा है![52]

शंकर शैलेन्द्र की विशेषता यह है कि चर्चिल, ट्रूमन, च्यांग, एटम बम, सोवियत रूस, हिटलर, डालर, अमरीकन जैसे शब्दों और उनसे सम्बद्ध तथ्यों को, राजनीति जैसे शुष्क प्रदेश को काव्यात्मक बना लेते हैं, गीत में उसके योग्य बनाकर प्रस्तुत करते हैं। इस सन्दर्भ में डॉ. मैनेजर पाण्डेय की पंक्तियाँ उद्धरणीय हैं— "शैलेन्द्र के गीतों की लोकप्रियता के मूल में गम्भीर भावों और विचारों को सहज-सरल रूप में रचने की उनकी कला है। भाषा, छन्द, लय और गति पर अद्भुत अधिकार के साथ वे जटिल बात को भी सहज बनाकर गीतों में अचूक प्रभाव की शक्ति पैदा करते हैं। कई बार तो नाटकीयता के सहारे प्रायः अकाव्यात्मक लगनेवाले शब्दों से भी काव्यात्मक प्रभाव पैदा कर लेते हैं—

समझौता? कैसा समझौता हमला तो तुमने बोला है,
महँगी ने हमें निगलने को दानव जैसा मुँह खोला है
हम मौत के जबड़े तोड़ेंगे एका हथियार हमारा है
हर जोर जुल्म की टक्कर में हड़ताल हमारा नारा है।
अब सँभले समझौतापरस्त घुटनाटेकू ढुलमुल यकीन,
हम सब समझौतेबाजों को अब अलग करेंगे बीन-बीन,

जो रोकेगा वह जाएगा यह वह तूफानी धारा है
हर जोर-जुल्म की टक्कर में संघर्ष हमारा नारा है।

शैलेन्द्र के गीतों की यही जादूगरी लोगों के मन को छूती है और बाँधती है।"[53] 'चुनौती', 'नया चीन', 'चाचा से' और 'पेरिस कम्यून' जैसे गीतों में भी यह जादूगरी रंग लाती है।

'मेहनतकशों के लिए' लिखे गये उनके गीत में वास्तविकता की कठोर धरती पर रहते हुए ही उस ओर उसी विश्वास की बात की गयी है जो जीने के लिए, जीवन को शत संघर्षों में रत रहकर भी जीने के लिए अनिवार्य है। तू जिन्दगी की जीत पर यकीन कर, इसलिए कि जिन्दा है। यह यकीन जिन्दा होने की शर्त्त भी है, प्रमाण भी—

'आदमी
मरने के बाद
कुछ नहीं सोचता
आदमी
मरने के बाद
कुछ नहीं बोलता
कुछ नहीं सोचने और कुछ नहीं
बोलने पर
आदमी
मर जाता है।'[54]

सच पूछा जाए तो 'मेहनतकशों के लिए' लिखा गया गीत शंकर शैलेन्द्र ही नहीं, हिन्दी-साहित्य के उन कुछ दुर्लभ गीतों में से एक है जिसका अर्थ होता है, अर्थात नहीं होता। ये वे गीत हैं जिनको सुनना ही उनको समझना होता है, ये वे गीत हैं जो बताते हैं कि गद्य कहाँ जाकर असफल हो जाता है—

तू जिन्दा है तो जिन्दगी की जीत में यकीन कर
अगर कहीं है स्वर्ग तो उतार ला जमीन पर।

....

न दब सकेंगे एक दिन बनेंगे इन्कलाब ये
गिरेंगे जुल्म के महल बनेंगे फिर नवीन घर![55]

जनवादी गीतों के लिए भी 'न्यौता और चुनौती' का यह गीत न्यौता भी है, चुनौती भी। ऐसे गीत पास हों तो हिन्दी के मजमायी गीतकारों को जनता की खुली अदालत में न्यौता-ललकारा जा सकता है।

वस्तुतः यह गीत, शंकर शैलेन्द्र ने जितना कुछ कहा और जितना कुछ उन्हें

कहना है, सबका सार-संक्षेप है। जिन्दगी की जीत और उस जीत में यकीन, इस यकीन को ही जीवित होने का प्रमाण, गम और सितम का वर्तमान और उनके गुजर जाने के आश्वासन और विश्वास के युक्त भविष्य, धरती और आकाश—प्रकृति के पूरे पट-विधान के सौन्दर्य से लगाव और हक की लड़ाई को दुनिया को सुन्दर बनाने के सपने से जोड़ना, एकता की प्रचण्ड शक्ति से बड़ी-से-बड़ी मुश्किलों का सामना, पेट की आग और दिल के दाग का इन्कलाब की आग के रूप में उभरकर आना—सबकुछ इस गीत में अपने सम्पूर्ण कला-कौशल के साथ उपस्थित है।

'उठे कदम' के दोनों प्रयाण-गीतों में से एक में गरीब भूखे मेहनतकशों की लड़ाई की कसम ली गयी है तो दूसरे में अमरीका जैसे जंगखोरों के विरुद्ध शान्ति की मशाल जलाई गयी है। किसी प्रकार के शोर से रहित वेग वाले ये गीत भूखी-नंगी जनता को एक अनुशासन देते हैं, जीवन-संघर्ष के महासमर के सैनिक बनाते हैं—

क्रान्ति के लिए उठे कदम
क्रान्ति के लिए जली मशाल!
भूख के विरुद्ध भात के लिए
रात के विरुद्ध प्रात के लिए
मेहनती गरीब जात के लिए
हम लड़ेंगे हमने ली कसम[56]

क्रान्ति और शान्ति अपने मूल अर्थ में प्रायः समानार्थी हैं। क्रान्ति अशान्ति के विरोध का नाम है और शान्ति आक्रान्त के भय और आक्रान्ताओं के नाश का। इसीलिए जो 'क्रांति के लिए उठे कदम' वे वस्तुतः—

शान्ति के लिए उठे कदम
शान्ति के लिए जली मशाल!
जंग चाहते हैं आज जंगखोर
ताकि राज कर सकें हरामखोर
पर जवान है जहान है कठोर
डालरों का जोर है नरम![57]

गीतों की भाषा के चयन में शैलेन्द्र सचेत रहते हैं। गीतों के विषय के अनुरूप भाषा का चयन उनकी विशिष्टता है। वे भाषा और शब्द मजदूर-जीवन और पूँजीपतियों के बीच से उठाते हैं। कंट्रोल, कालाबाजारी, बेकारी, बोनस, कामगार, कम्युनिस्ट, गवरमिन्ट, परचम, जन-आन्दोलन, एका, मुद्राप्रसार, कांग्रेस, कॉमनवेल्थ, सर्विस, नजराना, कन्सेशन, रक्तहीन क्रान्ति, प्लान, अमली सूरत, लीडर, साम्राज्य, समझौतापरस्त जैसे शब्दों का इस्तेमाल वे जिस सहजता से कर जाते हैं वह गीतों

से रणन-क्वणन मात्र की माँग करनेवालों को अवाक् कर देने के लिए काफी है। हिन्दी पाठक-श्रोता को किसान जीवन से सम्बद्ध गीतों-कविताओं को सुनने-सुनाने का एक सुदीर्घ अभ्यास रहा है। शंकर शैलेन्द्र के गीत ऐसे में एक नया क्षेत्र लेकर प्रस्तुत होते हैं और अपने लिए जगह बना लेते हैं—यह एक बड़ी बात है। यह ध्यान देने योग्य है कि बहुत कम कवियों ने गम्भीर बात कहने के लिए ऐसी चलताऊ भाषा का प्रयोग किया है। कवियों ने किसी पूर्वग्रह और अन्धविश्वास की तरह कविता की गम्भीरता बरकरार रखने के लिए, कविता में गम्भीर बात करने के लिए, गम्भीरता के साथ करने के लिए प्रायः गम्भीर भाषा का इस्तेमाल किया है।

ऐसी हालत में 'न्यौता और चुनौती' भाषा के स्तर पर भी एक चुनौती उपस्थित करता है। शैलेन्द्र ने बोलचाल की जिस भाषा को गम्भीर जनगीतों के लिए इस्तेमाल किया, अपने उस इस्तेमाल के लिए वह आज भी, खास तौर पर गीतों में, वैसे ही पड़ी है। ऐसा नहीं है कि कविता-गीत-नवगीतों आदि में आज भी संस्कृतनिष्ठ भाषा का प्रयोग हो रहा है या वही छायावादी मधुर-मधुर—मसृण-मसृण चल रहा है अथवा 'आकाश उपलाता' और 'निर्माण अँकुराता' जैसी ही बनावटी भाषा लिखी जा रही है। लेकिन फिर भी अधिकांशतः तद्भव शब्द और चलती भाषा के गठन, पदक्रम, लहजे, मुहावरे, लोकोक्ति वगैरह को भी बहुत ही विशिष्ट ढंग से सजा-सँवारकर प्रस्तुत किया जा रहा है, एक खास तरह के आभिजात्य के साथ जो टी.वी. पर तीजन देवी, ड्राइंग रूम के कैक्टस या फाइव स्टार होटलों की सुराही जितनी ही लोकोन्मुखी और निर्दय है।

शैलेन्द्र के गीत भाषा के मामले में इस आभिजात्य को बहुत दूर से प्रणाम करते हैं। वे न ऊर्ध्व तत्सम की दुनिया में प्रवेश करते हैं न अधम तद्भव की।

झूठे सपनों के छल से निकल
चलती सड़कों पर आ
अपनों से न रह यों दूर-दूर
आ कदम से कदम मिला।[58]

शैलेन्द्र ने तुकों को मिलाने के लिए जोर-जबर्दस्ती नहीं की, तो तुक न मिलें इसके लिए भी नहीं। उनके गीतों में तुक युगल—जोड़ी की तरह आते हैं और आते हैं तो उन्हें आने दिया जाता है; वैसे ही जैसे बाद में चलकर धूमिल ने आने दिया, कविता में आने दिया, इसके लिए धूमिल की आलोचना भी हुई[59] और शंकर शैलेन्द्र की अगर नहीं हुई तो शायद इसलिए कि एक तो उन्होंने अधिक गीत लिखे और दूसरे उनकी तरफ गम्भीर समीक्षकों की नजर गयी ही नहीं :

यह सच है रस्ता मुश्किल है
मंजिल भी पास नहीं

पर हम किस्मत के मालिक हैं,
किस्मत के दास नहीं।[60]

गीतों में शैलेन्द्र ने अक्सर संवाद का प्रयोग किया है। एक कथाशैली भी उनके गीतों में नजर आती है जो उन्हें शैली की दृष्टि से 'सोरठी वृजाभार' जैसे कथा-गीतों के नजदीक ले जाती है :

तब गरीब ने शोर मचाया
बहुत सहा, अब नहीं सहेंगे!
× × ×
सोशलिस्ट कहलाने वाले
बोले, "पैदावार बढ़ाओ!
× × ×
संघ खुला, खद्दर जी बोले
आओ तिनरंगे के नीचे!
× × ×
"अब ये गाड़ी नहीं चलेगी"
रेल कामगारों का नारा।[61]

और गीत की मारक बतकही शैली का एक उदाहरण :

समझौता! कैसा समझौता? हमला तो तुमने बोला है[62]

'न्यौता और चुनौती' के इन गीतों में एक सहज विकास-रेखा देखी जा सकती है जो '15 अगस्त के बाद' जैसे लम्बे गीतों से चलकर 'मेहनतकशों के लिए' और 'उठे कदम' जैसे छोटे गीतों तक पहुँचाती है; 'भगतसिंह इस बार न लेना काया भारतवासी की' जैसी लम्बी लय के गीतों से चलकर 'क्रान्ति के लिए उठे कदम' जैसे प्रयाण-धुन के गीतों तक पहुँचती है, जो चर्चिल-ट्रूमन जैसों को ललकारने-कोसने वाले विश्व फलक पर लिखे गये गीतों से चलकर 'तू जिन्दा है तो जिन्दगी की जीत में यकीन कर' और 'अगर कहीं है **स्वर्ग** तो उतार ला **जमीन** पर' जैसे देशी माहौल के गीतों में अभिव्यक्त विश्वास तक पहुँचती है। यह विश्वास-रेखा आगे चलकर उनके फिल्मी गीतों में और अधिक स्पष्टता के साथ नजर आती है। इस आधार पर यह विश्वास के साथ कहा जा सकता है कि राजनीति और जन-आन्दोलन जैसे विषयों पर लोकप्रिय जनगीत रचने में जैसी सफलता शंकर शैलेन्द्र को मिली वैसी सफलता नरेन्द्र शर्मा जैसे कुछ लोगों को छोड़कर अन्यत्र दुर्लभ है। लोकप्रिय जनगीतों की रचना के क्षेत्र में शैलेन्द्र के इन गीतों से अब भी बहुत कुछ सीखा जा सकता है।

सन्दर्भ

1. डॉ. मैनेजर पाण्डेय; *जन आन्दोलन और जनवादी गीत*, जनाधार भारती (प्रवेशांक, जुलाई 1991), पृ. 34।
2. वही।
3. नामवर सिंह (सम्पादक); *नागार्जुन : प्रतिनिधि कविताएँ*, पृ. 15।
4. मुझको भी इंगलैण्ड ले चलो : न्यौता और चुनौती।
5. न्यौता और चुनौती : नयी-नयी शादी है लेकिन।
6. वही।
7. वही।
8. न्यौता और चुनौती : नयी-नयी शादी है लकिन।
9. 15 अगस्त के बाद : न्यौता और चुनौती।
10. वही।
11. वही।
12. वही।
13. वही।
14. वही।
15. वही।
16. वही।
17. भगतसिंह से : न्यौता और चुनौती।
18. वही।
19. वही।
20. नयी-नयी शादी है लेकिन : न्यौता और चुनौती।
21. अन्दर की यह आग : न्यौती और चुनौती।
22. मुझको भी इंगलैण्ड ले चलो : न्यौता और चुनौती।
23. आजादी हो तो ऐसी : न्यौता और चुनौती।
24. वही।
25. 15 अगस्त के बाद : न्यौता और चुनौती।
26. नेताओं को न्यौता : न्यौती और चुनौती।
27. भगतसिंह से : न्यौता और चुनौती।
28. वही।
29. अंदर की यह आग : न्यौता और चुनौती।
30. मुझको भी इंगलैण्ड ले चलो : न्यौता और चुनौती।
31. भगतसिंह से : न्यौता और चुनौती।
32. मुझको भी इंगलैण्ड ले चलो : न्यौता और चुनौती।
33. आजादी हो तो ऐसी : न्यौता और चुनौती।
34. अन्दर की यह आग : न्यौता और चुनौती।

35. भगतसिंह से ; न्यौता और चुनौती।
36. हर जोर-जुल्म की टक्कर में : न्यौता और चुनौती।
37. वही।
38. वही।
39. वही।
40. वही।
41. दुनिया के मजदूर एक हो जाओ एक अस्त्र हमारा
    महामंत्र बन गया आज एंगेल्स और मार्क्स का नारा
    (पेरिस कम्यून : न्यौता और चुनौती)
    एका कब कटता है भाई
    जोर-जुल्म की तलवारों से
    एका हर बल से तगड़ा है
    (15 अगस्त के बाद : न्यौता और चुनौती)
    हम मौत के जबड़े तोड़ेंगे एका हथियार हमारा है
    (हर जोर जुल्म की टक्कर में : न्यौता और चुनौती)
42. चुनौती : न्यौता और चुनौती।
43. नया चीन : न्यौता और चुनौती।
44. चुनौती : न्यौता और चुनौती।
45. उठे कदम : न्यौता और चुनौती।
46. अन्दर की यह आग : न्यौता और चुनौती।
47. नया चीन : न्यौता और चुनौती।
48. चुनौती : न्यौता और चुनौती।
49. वही।
50. वही।
51. नया चीन : न्यौता और चुनौती।
52. वही।
53. डॉ. मैनेजर पाण्डेय; *जनाधार भारती* (प्रवेशांक), पृ. 35।
54. मरना (उदय प्रकाश); *समकालीन जनमत*, 25 सितम्बर, 1988, पृ. 3।
55. मेहनतकशों के लिए : न्यौता और चुनौती।
56. उठे कदम : न्यौता और चुनौती।
57. वही।
58. अन्दर की आग जला : न्यौता और चुनौती।
59. डॉ. शुकदेव सिंह; *धूमिल की कविताएँ : भूमिका-भाग*।
60. अन्दर की आग जला : न्यौता और चुनौती।
61. 15 अगस्त के बाद : न्यौता ओर चुनौती।
62. हर जोर जुल्म की टक्कर में : न्यौता और चुनौती।

मेहनतकश इनसान जाग उठा

फिल्मी गीतों की विशिष्टता

फिल्मी गीतों पर अलग से बात करने की क्या आवश्यकता है, यह एक स्वाभाविक प्रश्न है। वस्तुतः फिल्मों के लिए लिखे गये गीत कई अर्थों में गैर फिल्मी गीतों से विशिष्ट और अलग होते हैं। फिल्मी गीत एक तरह से एक विशिष्ट श्रव्य-दृश्य-प्रबन्ध का हिस्सा होते हैं जिनका फिल्म के कथानक के साथ उपयुक्त होना तो जरूरी होता ही है, स्वतन्त्र रूप से भी अपनी स्थिति बनानी पड़ती है। फिल्मी गीतों के लेखक में प्रबन्धकार कवि की क्षमता आवश्यक है। उसे गीत को फिल्म के परिवेश, दृश्य और पात्र के चरित्र आदि के अनुशासन में रहते हुए उसके ताने-बाने के अनुरूप तनना-बनना होता है। इस तरह, फिल्मी गीतकार स्वतन्त्र नहीं रह पाता। एक हद तक उसकी तुलना नाटक में आनेवाले गीतों से की जा सकती है। फिल्मी गीतकार की जिम्मेदारी अपेक्षाकृत कुछ अधिक होती है, क्योंकि उसे एक साथ फिल्म के पटकथा लेखक, संवाद लेखक, निर्देशक, संगीतकार, गायक, पात्र आदि सबके साथ जुड़ना पड़ता है और अपनी गीत-रचना को सबके मेल में रखना पड़ता है।

हिन्दुस्तानी फिल्मों के गीतकार के सामने एक और बड़ा संकट परिस्थितियों के पिष्टपेषण का होता है। अनेक फिल्मों में आये एक ही प्रकार के दृश्य के लिए लिखे गये—गाये गये एक ही तरह के गीतों के बीच कुछ नया, कुछ नये ढग से कहने का उस पर एक प्रत्यक्ष दबाव होता है। गीत वैयक्तिक अनुभूतियों की तीव्रता और उनकी अभिव्यक्ति की आकुलता की देन होते हैं। ऐसे में फिल्म के किसी दिये गये दृश्य से अपने को जोड़ना, वैसी ही अनुभूतियों को अपने भीतर किसी पूर्व स्मृति या कल्पना के द्वारा जगाना और तब एक नया, मौलिक और स्तरीय गीत लिख पाना एक दुष्कर कार्य है जिसमें बहुत कम गीतकार सफलता प्राप्त करते हैं। नतीजतन आज या तो किसी अच्छे गीत के उपयोग के लिए उसके उपयुक्त दृश्य की योजना करनी पड़ती है जो कि बहुधा हास्यास्पद हो जाता है अथवा किसी हास्यास्पद गीत को ठूँसकर काम

चला लिया जाता है। फिल्मी गीतों की स्तरीयता के निरन्तर ह्रास का एक कारण यह भी है।

इसके साथ ही गीतकार पर एक अप्रत्यक्ष लेकिन बहुत ही गहरा दबाव फिल्मों के उस आम दर्शक-वर्ग का होता है जो साहित्य का वह शिक्षित सहृदय सामाजिक नहीं होता जिसकी चर्चा साहित्य के गम्भीर समीक्षक बार-बार करते हैं। यह दर्शक वर्ग न बहुत ज्यादा घुमाकर कही गयी बात में कोई दिलचस्पी लेता है, न बहुत सीधे ढंग से कही गयी बात में। फिल्मी गीतकार को निरन्तर उसके स्तर और उसकी रुचियों का ध्यान रखना होता है। सम्प्रेषण के सबसे अधिक खतरे इस प्रकार एक फिल्मी गीतकार को ही उठाने पड़ते हैं। उसे अपनी रुचियों के साथ दर्शक वर्ग की रुचियों का एक स्वीकार्य और सुपाच्य तालमेल स्थापित करना होता है।

फिल्मी गीत और संगीत

गीतों के क्रमिक विकास पर विचार करते हुए डॉ. रामखेलावन पाण्डेय ने लक्ष्य किया है कि अपनी "प्राथमिक अवस्था में गीत गेय थे।"[1] "दूसरी अवस्था वहाँ से शुरू होती है, जहाँ संगीत और गीत का अन्तर स्पष्ट होने लगता है।"[2] "विकास-क्रम की तीसरी अवस्था में भाव और संगीत समान स्तर पर आ गये, एक के लिए दूसरे की हत्या नहीं की जा सकी।"[3] "चौथी अवस्था में आकर गीतिकाव्य संगीत के शास्त्रीय विधान का पल्ला छोड़ देता है यद्यपि संगीतात्मकता का आधार वह नहीं छोड़ सका।"[4]

फिल्मी गीतों के सम्बन्ध में कमोबेश ये बातें कही जा सकती हैं, लेकिन यह एक तथ्य है कि 'गेयता' के गुण को फिल्मी गीत अपने विकास के किसी भी चरण में छोड़ नहीं पाया। फिल्मों में गीत अपने शब्दार्थ से शायद ही कभी विचलित हुआ हो। यहाँ तक कि सामान्य रूप से न गाये जा सकने वाले, सदोष शब्द-विधान वाले गीत भी खींच-तान कर गा ही दिए जाते हैं। इस तरह गीत अगर फिल्मी है तो उसका गेय होना निश्चित है। एकाध अपवाद छोड़कर उनका साज-बाज पर गाया जाना भी निश्चित है।

दूसरी बात जो फिल्मी गीतों पर विशेष रूप से लागू होती है वह यह कि यहाँ एकाकी गीतों के अलावा दो-गाने और सामूहिक गाने ज्यादा चलते हैं। इस तरह के गीतों का एक खास फिल्मी विधान या व्याकरण होता है, साहित्यिक गीतों को इस व्याकरण से गुजरने की कोई मजबूरी नहीं होती। एक ही गीत की चार कड़ियाँ, चार लोग, चार तरह के मन से गायें जबकि गीत का लेखक एक हो—कुछ ज्यादा ही अभ्यास, परिश्रम, प्रतिभा, कल्पना और कौशल की माँग करता है, इसमें कोई शक नहीं। इस प्रकार जीवन के किसी पहलू के कई व्यक्तियों के मन पर पड़ने वाले

कल्पनागत प्रभाव के सौन्दर्य और कलापूर्ण चित्रण का निर्वाह फिल्मी गीत लेखकों को अक्सर करना पड़ता है।

फिल्मी गीतों की प्रभावान्विति या सामहित प्रभाव या साधारणीकरण बहुत कुछ निर्देशक की प्रस्तुति-क्षमता पर निर्भर करता है। रचना और पाठक के बीच जिस सेतु का काम साहित्य-जगत में आलोचक करता है उसे फिल्मों में निर्देशक को करना होता है। लेकिन निर्देशक यह काम गीतकार के सामर्थ्य के सहयोग से कर पाता है। गीतकार का सामर्थ्य अपनी बात को बिना किसी उलझाव के, बिना अगोचर और नितान्त कल्पना-सम्भव बिम्बों-प्रतीकों के, कह देने में निहित होता है। साहित्यिक गीत का पाठक होता है जबकि फिल्मी गीतों का श्रोता और दर्शक। पाठक को गीत समझने का जितना अवसर उपलब्ध होता है, अर्थ-बोध के लिए जितना वह स्वतन्त्र होता है उतना फिल्मी गीत का श्रोता और दर्शक नहीं। इसके बावजूद वह गीत के साथ चल सके इसके लिए गीतकार और निर्देशक तथा अभिनेता—तीनों को अतिरिक्त परिश्रम करना होता है।

इसी प्रकार साहित्यिक गीत पाठक की गुनगुनाहट में अपनी धुन पाते हैं। उसका हर पाठक उसका नया संगीतकार होता है। इसके विपरीत फिल्मी गीत एक धुन और स्वर-संगीत में बँधकर लोगों के सामने आता है। लोग उस गीत को किसी नयी धुन में उपलब्ध करने के बजाय उसी धुन में पकड़ने की चेष्टा करते हैं। इस प्रकार इन गीतों में धुनों का वैविध्य नहीं आ पाता, हालाँकि इनके साथ स्वयं धुन न बना पाने वाले के लिए अनुपलब्ध हो जाने का खतरा भी नहीं रहता।

फिल्मी गीत और आत्माभिव्यक्ति

आत्माभिव्यक्ति गीत का एक प्रमुख तत्त्व है। यह आत्माभिव्यक्ति फिल्मी गीतों में भी होती है। लेकिन इस आत्माभिव्यक्ति के लिए फिल्मी गीतकारों का रास्ता उतना सुगम नहीं है। निश्चय ही उनके गीत मुक्त नहीं, किसी विशिष्ट प्रबन्ध के अंग होते हैं और गीतकार पर नहीं, किसी पात्र पर फिल्माए जाते हैं। इस प्रकार कथा और चरित्र से तादात्म्य स्थापित करने के बाद ही फिल्म के गीत-लेखक को आत्माभिव्यक्ति की जगह मिलती है। यों यह सुविधा जरूर है कि फिल्मों में गीत अक्सर नायक-नायिका ही गाते हैं, खलनायक नहीं। वैसे, गीत के नाम पर कुछ भी चिल्ल-पों अनर्गल लिख देने वालों को तो हर स्थिति में सुविधा ही सुविधा है।

हालाँकि सूर भी जब गीत लिखते हैं तो गोपियों का गीत लिखते हैं और गोपियाँ भी एक नहीं अनेक हैं, अलग-अलग रुचि-स्वभाव की हैं और हर गोपी के तादात्म्य के साथ ही उनकी आत्माभिव्यक्ति होती है लेकिन उन्हें भाव की एकरूपता की

सुविधा है। फिल्मी गीतकार को मर्द-औरत, मजदूर, सिपाही, आवारा, आशिक, संन्यासी, क्रांतिकारी – बहुत कुछ होना पड़ता है।

सामाजिक विधा की सामाजिक मर्यादाएँ

फिल्मों के एक सजग गीतकार को उसके गीत के किसी फिल्म के अंग होने के चलते मिलनेवाली लोकप्रियता से भी कम खतरा नहीं होता। वह जिसका भाव, विचार को प्रश्रय देता है, जिस सौन्दर्य-बोध को अपने गीतों से अभिव्यक्त करता है उसका शीघ्र और व्यापक प्रभाव पड़ता है। ऐसे में अभिव्यक्ति में एक खास तरह के संयम की अपेक्षा उससे होती है। उपन्यास के पाठक-समुदाय के लिए 'चितकोबरा' के सम्भोग-दृश्य चल-बन सकते हैं, नाटक के दर्शक-समुदाय में उसकी अभिव्यक्ति अमर्यादित ही कही जाएगी। श्लील-अश्लील आदि का प्रश्न बहुत कुछ पाठक-दर्शक की शिक्षा-दीक्षा, संस्कार, परिवेश और रुचि पर भी निर्भर करता है। यह विधा के वैयक्तिक और सामाजिक होने पर भी निर्भर करता है। राही मासूम रज़ा के उपन्यास में जो चल-बन गया वह उपन्यास के अपेक्षाकृत वैयक्तिक विधा होने के चलते। रज़ा फिल्मों से भी सम्बद्ध रहे लेकिन 'आधा गाँव' वाली दुस्साहसी भाषा का चमत्कार वे यदि फिल्मी दुनिया में नहीं दिखा सके तो इसका एक कारण फिल्मों का अपेक्षाकृत सामाजिक विधा होना भी है।

फिल्मी गीतों के विधान या विभावन से सम्बद्ध सारी बातें इस एकमात्र तथ्य पर निर्भर करती हैं कि फिल्में व्यापक जन-समुदाय के लिए होती हैं। फिल्मी गीतों की अभिव्यक्ति-पद्धति में इस व्यापक जन-समुदाय का लिहाज तो होता ही है। श्रोता-दर्शक समुदाय के अनेक स्तर-भेदों का लघुतम समापवर्त्य या औसत फिल्मी गीतों की भाषा से पता चलता है। इस औसत की समझ बहुत महत्त्वपूर्ण है। इस औसत से नीचे गिरना बहुत आसान होता है क्योंकि ऊपर उठना बहुत मुश्किल तो नहीं पर मना (वर्जित) होता है।

लेकिन ये सारे दबाव फिल्मी गीत लेखकों पर तभी काम करते हैं जब गीतकार अपनी कुछ जिम्मेदारियाँ अनुभव करता हो, यदि उसे जनरुचियों का ध्यान रखने के साथ-साथ उसके परिष्कार की भी चिन्ता हो, जिसकी प्रतिबद्धता फिल्म के बॉक्स ऑफिस मात्र के साथ न हो।

शंकर शैलेन्द्र और फिल्म-जगत का परिवेश

इन दुःस्थितियों में, वह गीतकार, जिसकी सहानुभूति मजदूरों-मजलूमों के साथ जुड़ी हुई हो, जो शोषक वर्ग के प्रति अपार घृणा से भरा हो, जो समझौतापरस्ती के खिलाफ

हो, जो चट्टान के समान आत्मविश्वास और आत्मसम्मान के साथ जी रहा हो, कैसे अपने को 'एडजस्ट' करता है, इसकी पड़ताल दिलचस्प के साथ-साथ कारआमद भी होगी। यह आज के लिए और भी प्रासंगिक है। आज कलाकारों के लिए यह जानना बहुत जरूरी है कि कैसे वे मीडिया का उपयोग कर सकते हैं, जबकि मीडिया के पास उन्हें अपने हक में इस्तेमाल कर लेने के तमाम प्रलोभन और तमाम तरीके पूर्वलब्ध हैं।

ऐसा नहीं है कि शंकर शैलेन्द्र एक व्यापक असरवाले संचार माध्यम के साथ जनता के सामने ज्यादा प्रभावशाली ढंग से, ज्यादा असरदार तरीके से व्यापक स्तर पर अपनी बात कहने के लिए जुड़े। हिन्दी का कोई भी गम्भीर साहित्यकार फिल्म के साथ इस महत् उद्देश्य को लेकर नहीं जुड़ा; अपनी मजबूरियों, खासतौर पर आर्थिक मजबूरियों से विवश होकर ही जुड़ा—यह एक सत्य है, कहना चाहिए कि दुर्भाग्यपूर्ण सच है। फिल्म जैसी सर्वाधिक व्यापक असरवाली विधा के साथ इन साहित्यकारों का अछूत जैसा व्यवहार भी सिनेमा के स्तर के गिरने का एक प्रमुख कारण है। शंकर शैलेन्द्र भी कोई अपवाद नहीं हैं। उन्होंने पहले तो फिल्मों में गीत लेखन के राजकपूर के प्रस्ताव को एक झटके के साथ अस्वीकार कर दिया था—यह सबकी जानी हुई बात है। बाद में जब पत्नी के साथ बम्बई नगरी में रहने के लिए कोई ठौर-ठिकाना मिलता नजर नहीं आया—

सोचा था, "ढूँढूँगा कहीं मकान
नहीं-बस, एक कोठरी
एक कोठरी ही काफी है
दोनों सुख से साथ रहेंगे"
× × ×
भूखी आँखों वाले मालिक ने माँगा
मुझसे नजराना।
भला कहाँ से दूँ दो हजार की 'पगड़ी'
× × ×
कोस रहा था मैं अपने को
उफ, मैं कैसा हतभागा हूँ?
जाने किस साइत में जन्मा![5]

तब जाकर उनके पाँव फिल्मों की तरफ बढ़े।

साहित्य-जगत के किसी और शख्स को इस फिल्मी दुनिया में शंकर शैलेन्द्र जैसी सफलता नहीं मिली। इसके कई कारण थे। एक तो यही कि सबको राजकपूर

जैसा कला-पारखी नहीं मिला। खुद प्रेमचन्द को इस अंधी दुनिया के बड़े कड़वे अनुभव हुए। लेकिन एक दूसरा और अपेक्षाकृत महत्त्वपूर्ण कारण भी था। उसका सम्बन्ध फिल्म और उपन्यास-कविता आदि के कला की अलग-अलग विधाएँ होने से है। जरूरी नहीं कि एक अच्छा उपन्यासकार फिल्म के लिए भी उतना ही अच्छा कथानक दे सके। राजेन्द्र यादव ने इसे समझने-समझाने का प्रयास करते हुए लिखा है : "हम जिस तरह यह मानते हैं कि स्क्रीन को ध्यान में रखकर कहानी की स्वतन्त्र कलात्मकता को सुरक्षित नहीं रखा जा सकता, उसी तरह यह भी मानना चाहिए कि स्क्रीन पर कहानी नहीं लिखी जा सकती... किताब में वह कहानी कितनी ही खूबसूरत क्यों न हो... सम्पूर्ण कला-अभिव्यक्तियों के पीछे एक ही धारणा है : सिद्धान्ततः यह मानते हुए भी यह नहीं भूला जा सकता कि दोनों दो स्वतन्त्र कलाएँ हैं, दोनों की 'जबान' और व्याकरण अलग हैं– दोनों के स्वतन्त्र और अलग दो अनुशासन हैं। कहानी व्यक्तिगत हो सकती है, उसको दूसरा व्यक्ति अपने निजी स्तर पर ग्रहण भी कर सकता है और बीच में किताब बन्द करके रख भी सकता है– सिनेमा उस अर्थ में व्यक्तिगत नहीं हो सकता—वह कहीं-न-कहीं टीम और फिर दर्शक-समूह से बँधा है। फिल्म, कहानी के ढाँचे और संवेदना में जन्म लेनेवाली स्वतन्त्र रचना है। इन सारी सीमाओं को ध्यान में रखकर ही बाकी सारी छूटें ली जा सकती हैं।"[6] हर विधा की अपनी सीमाएँ, अपनी विशेषताएँ होती हैं, जिनके अनुरूप अपने को ढालना सबके वश की बात नहीं हो सकती। शैलेन्द्र हालाँकि मजबूरी में ही फिल्मों से सम्बद्ध हुए लेकिन जल्दी ही उन्होंने इस विधा की माँग के अनुरूप ढलना सीख लिया और तब वे बहुत कुछ उसे अपनी माँग के अनुरूप ढालने में भी समर्थ हो सके। 'न्यौता और चुनौती' में जैसे लम्बे गीत उन्होंने लिखे वैसे फिल्मों में नहीं। फिल्मों के विशाल दर्शक-श्रोता समुदाय को सम्बोधित करने के लिए उन्होंने एक नयी भाषा, नयी शब्दावली अपनाई—यह आसानी से देखा-समझा जा सकता है।

लेकिन इसका श्रेय अकेले शंकर शैलेन्द्र को नहीं उस पूरी टीम को है जिसके मुखिया राजकपूर थे। राजकपूर ने शैलेन्द्र के कलाकार पर कभी कोई अनुचित दबाव नहीं डाला, उनके कलाकार मन को शीशे की तरह सम्हाल कर रखा। फिर मुकेश जैसे गायक के स्वर उनके गीतों के शब्द को ही नहीं, अर्थ को भी गाते हुए उभरे।

शंकर शैलेन्द्र को यह सुविधा भी मिली कि उन्हें बिना अन्तःकरण की प्रेरणा के गीत लिखने के लिए मजबूर नहीं होना पड़ा। यहाँ भी उन्होंने समझौतापरस्ती से काम नहीं लिया। एक खास तरह की ठसक बनी रही और उसे बनाये रखने का खासे ध्यान राजकपूर ने रखा भी। स्वयं राजकपूर के शब्दों में : "उन्होंने पैसों के लोभ में गीत कभी नहीं लिखे। यदि वैसा होता तो उस लोकप्रिय गीतकार ने अबतक न जाने

कितनी बिल्डिंगें खड़ी कर ली होतीं। गीत लिखने के लिए जबतक उनके अपने अन्तर से भावों की गूँज नहीं उठती, तबतक वे नहीं लिखते थे।.... वे जो कुछ लिखते थे वह उनकी अन्तरात्मा से निकलता था। खुद की समझ में नहीं आता तो काटकर बदल देते, लेकिन जब एक बार गीत उन्हें जँच जाता तो फिर उनसे कुछ बदलवा लेना नामुमकिन होता था। उन्होंने तुकबन्दी कभी नहीं की...।"[7]

फिर भी 'सिचुएशन' के मुताबिक शैलेन्द्र ने लिखा ही नहीं, यह कहना गलत है। 'सिचुएशन' के मुताबिक न लिख पाना भी उतनी ही बड़ी प्रतिभाहीनता है जितनी हर 'सिचुएशन' में गा देने के लिए ऊल-जलूल कुछ भी लिख देना। प्रशंसनीय यह है कि शैलेन्द्र ने परिस्थितियों की माँग के अनुरूप भी गीत लिखे तो उनमें कही अपनी ही बात। 'न्यौता और चुनौती' की अनेक बातें, विचार, भाव उनके फिल्मी गीतों में भी कलात्मकता और व्यापक प्रभावान्विति के साथ व्यक्त हुए।

फिल्मी गीत-परम्परा और शंकर शैलेन्द्र

फिल्मों में गीत का प्रवेश उनके सवाक् होने के साथ ही हुआ। "भारतवर्ष में सवाक् फिल्मों का निर्माण और प्रदर्शन सन् 1931 में प्रारम्भ हुआ। इस वर्ष 4 फरवरी को बम्बई के एस्पायर थियेटर में बोलती-गाती दो रीलें प्रदर्शित हुईं जिनमें नृत्य, संगीत तथा गीत सम्मिलित थे। इसमें मुन्नीबाई द्वारा गाये गीत 'अपने मौला की मैं जोगन बनूँगी' ने लोगों को मुग्ध कर दिया।"[8] पहला पूरी लम्बाई का सवाक् चलचित्र 'आलम आरा'[9] इसके कुछ ही दिनों बाद प्रदर्शित हुआ। इसमें कुछ घटनाओं को गीतों के सहारे गूँथकर चित्रित किया गया था। 'बदला दिला ए यारब तू सितमगरों से'[10], 'दे दे खुदा के नाम पर हिम्मत है अगर देने की कुछ'[11] आदि कई गीत इस फिल्म में थे।

इसके बाद तो फिल्मी गीतों की बाढ़-सी आ गयी। आगाहश्र काश्मीरी लिखित 'शीरीं फरियाद' में गीतों की संख्या 42 थी। गीतों की बहुसंख्या का एक बहुत बड़ा कारण था तकनीकी विकास की कमी। परिस्थितियों का ध्यान न रखकर ज्यादा-से-ज्यादा गीत रंखे जाते थे ताकि फिल्म की लम्बाई बनी रहे और कथानक की कमियाँ छुपाई जा सकें।

सवाक् चित्रों के प्रारम्भिक वर्षों में पारसी रंगमंच के प्रभाव से सतही प्रेम-कथाओं पर आधारित फिल्में अधिक संख्या में बनती थीं और तदनुरूप हो उन फिल्मों के गीतों में फूहड़पन और अश्लीलता भी थी। 'हुस्न' और 'हाय-हाय' से ऐसे गीत भरे पड़े थे। गजलों का प्रयोग ज्यादा था और गीतों की भाषा भी अरबी-फारसी से ज्यादा प्रभावित थी। लेकिन इनके साथ ही प्रेम की गम्भीर और मार्मिक व्यंजना के गीत भी लिखे गये, राष्ट्रीय भावना, सामाजिक सुधार आदि से सम्बद्ध गीतों की भी रचना हुई। इस

दौरान फिल्मी गीत लेखकों में राधेश्याम कथावाचक, आगा हश्र काश्मीरी, नारायण प्रसाद बेताब, मधोक, पं. सुदर्शन, पं. मधुर, पं. इन्द्र, आरजू लखनवी, आर.सी. बोराल, प्रदीप आदि ने अच्छी प्रसिद्धि पायी।

फिल्मी गीतों की दुनिया में दूसरी क्रांति फिल्मों में पार्श्व गायन की तकनीक के विकास के साथ आयी। अब तक अभिनेताओं के द्वारा स्वयं गाने की लाचारी थी और इसतरह अभिनय और गायन दोनों कलाओं में निष्णात व्यक्ति ही फिल्मों में अपने लिए अच्छी जगह बना पाते थे। ऐसे अभिनय-सह-गायन कला के कुछ पारंगत थे— के.एल. सहगल, जूथिका राय, देविका रानी, शान्ता आप्टे, खुर्शीद, नूर जहाँ, सुरैया, मास्टर विनायक आदि।

आगे चलकर भरत व्यास, नीरज, गोपाल सिंह नेपाली, साहिर लुधियानवी, मजरूह सुल्तानपुरी, शकील बदायूँनी, जाँ निसार अख्तर, गुलज़ार आदि ने फिल्मी गीत-साहित्य को समृद्ध, सशक्त और लोकप्रिय बनाने में महत्त्वपूर्ण भूमिका निभाई।

निश्चय ही गीतों की सफलता और लोकप्रियता में संगीत का महत्त्वपूर्ण हाथ रहा है। सन् 1931 के आस-पास की प्रारम्भिक भारतीय फिल्मों का संगीत-पक्ष काफी कमजोर था, लेकिन धीरे-धीरे ये कमजोरियाँ दूर होती गयीं। संगीत के स्वरों के साथ ही फिल्मी गीतों की शब्दावली भी बदलती गयी। प्रारम्भ में शास्त्रीय संगीत का ही बोलबाला रहा। इसके साथ ही कजरी, ठुमरी, दादरा, गजल, कव्वाली आदि ने भी फिल्मों में अपनी जगह बनाई थी। बाद में संगीत में तीव्रता की आवश्यकता महसूस करते हुए लोकधुनों को भी मिलाया गया। 'खजांची' (1941) से शुरू हुए तीव्र संगीत ने अब पाश्चात्य धुनों की चोरी और अमरीकी हॉलीवुड की नकल पर 'जाज', 'राक एण्ड रोल' आदि का दरवाजा खोल दिया। इन विदेशी धुनों का जमकर प्रयोग भारतीय फिल्मों में किया गया और हिन्दी गीत तुड़-मुड़कर इनका साथ देते रहे। गीत और संगीत के सकारात्मक सम समायोजन के बजाय संगीत के अनुरूप गीत लिखने की जोड़-तोड़ शुरू हुई। यह हर्ष का विषय है कि आज भारतीय फिल्मों में यदि एक ओर तेज रफ्तार और तीखे शोर-शराबे वाले पाश्चात्य धुन के गीतों का चलन है तो उसी के समानान्तर लोकधुनों और शास्त्रीय परम्पराओं के मेल या सार्थक समायोजन का प्रयास भी जारी है।

लोकप्रियता के तत्त्व को हमारे फिल्मी गीतकारों ने शुरू से ही पकड़ने की कोशिश की है। यह पकड़ 'धरती माता' (1936) फिल्म में पंडित सुदर्शन के गीत में बखूबी देखी जा सकती है—

दुख की नदिया जीवन नैया, आशा की पतवार लगे
ओ नैया के खेनेवाले, नैया पार लगे

पार बसत है देश सुनहरा,
किस्मत छैल-छबीली बाबा

लोकभाषा और लोकधुनों का सहारा लेकर एक ठेठ देसी रूप देते हुए लोकप्रिय गीतों की एक अच्छी-खासी परम्परा पुरानी फिल्मों में देखी जा सकती है।

इसी तरह 'बाबुल मोरा नइहर छूटल जाए' (स्ट्रीट सिंगर, 1937) या 'तेरी गठरी में लागा चोर' (धूप-छाँव, 1937) जैसे गीतों में लोकगीतों से लिया गया लोकशिल्प फिल्मी गीतकारों के आम आदमी के मन को छूने के प्रयास की तरफ ही संकेत करता है। लोकप्रियता के साथ-साथ प्रगतिशीलता का जीवन-सन्देश भी पिरोने की कोशिश की गयी। पुराने फिल्मी गीतों में प्रगतिशीलता के तत्त्व परिवर्तन की इन कामना में :

इन तारों को खोलो-इन तरबों को फेंको
उत्तम तार नयी तरबें हों सब हो गया सिंगार
जिस परदे से जो सुर बोले गूँज उठे संसार
बीन के झूठे पड़ गये तार।
बजने को है कूच नगारा....[12]

जागरण के इस सन्देश में :

नींद में माल गँवा बैठेगा
अपने आप लुटा बैठेगा
फिर कुछ नहीं बनेगा
चाहे लाख मचाए शोर
मुसाफिर जाग जरा...[13]

सबके सुख की इस कामना में :

एक बंगला बने न्यारा
रहे कुनबा जिसमें सारा[14]

इस हिम्मत और कूबत में :

दुख का नाश हो सुख का पालन
दोनों बोझ सँभाल
चुभते काँटे पिस-पिस जाएँ
फूल न हो पामाल[15]

या सामाजिक विषमता के ऐसे चित्रण में :

चारों तरफ लगा हुआ मीना बाजार है
धन की जहाँ पर जीत गरीबों की हार
इन्सानियत के भेष में फिरता है लुटेरा[16]

और ऐसी वैयक्तिक प्रतिक्रिया में भी :

जी चाहता है संसार में आग लगा दूँ
सोये हुए इनसान की किस्मत जगा दूँ
ठोकर से उड़ा दूँ मैं दया धर्म का डेरा[17]

या इस कड़वाहट में भी :

तेरा खिलौना टूटा बालक
× × ×
गगन पे बैठे खेल निराले खेले खेलनहार
देखौ लोगों कठपुतली का नाटक है संसार
हम तुम सब हैं खेल खिलौने, मीठे कड़वे और सलोने
ले लो बच्चो, दो-दो कौड़ी का बिकता इनसान
मेड इन जापान ये है लल्लू ये हैं ज्ञान
वे हैं कल्लू ये हैं प्राण, तू क्यों रोता चंद्रभान
× × ×
पी ले बीड़ी खा ले पान मेरे खिलौने दो-दो आने[18]

देशभक्ति के ऐसे तरानों में :

वतन की राह में वतन के नौजवां शहीद हो
पुकारते हैं यह जमीन-ओ आसमाँ शहीद हो
× × ×
खिलेंगे फूल उस जहाँ पे तू जहाँ शहीद हो[19]

—भी ढूँढ़े जा सकते हैं।

लेकिन वस्तुतः प्रगतिशील समझबूझ के साथ फिल्मी गीतों की दुनिया में पाँव रखनेवाले गीतकार बहुत कम हुए और जो हुए उनमें शंकर शैलेन्द्र ऐसे पहले गीतकार थे जिन्होंने हर तरह की अतिरंजना से बचकर, गदलश्रु भावुकता से बचकर, गीत को गीत रहने देते हुए ऐसे गीत लिखे जो जुबान पर भी चढ़ते हैं, जगाते भी हैं, जिलाते भी हैं, हँसाते हैं मगर मुँह को अंगुलियों से फाड़कर नहीं, रुलाते हैं मगर आँखों में अंगुली डालकर नहीं।

"उन्होंने आवश्यकता और अवसर के अनुकूल नारी-सौन्दर्य, प्रणय, पारिवारिक स्नेह, देशप्रेम, प्रकृति-सौन्दर्य, कठिन परिस्थितियों के विरुद्ध संघर्ष के साहस, मानवीय श्रम के गौरव और मानवीय भविष्य के प्रति आशा और विश्वास की उदात्त भावनाओं को वाणी दी है। यद्यपि एक फिल्मी गीतकार को बहुत-सी थोपी हुई सीमाओं में ही रचना करनी होती है, फिर भी शैलेन्द्र के फिल्मी गीतों में उनका

प्रगतिशील स्वर उभरकर सामने आया है।"[20] प्रगतिशीलता की बड़ी गहरी, सूक्ष्म और संश्लिष्ट समझ शैलेन्द्र के फिल्मी गीतों में पायी जाती है।

आवारा हूँ

शंकर शैलेन्द्र के फिल्मी गीतों से सर्वाधिक उभरकर जो विशिष्ट चरित्र सामने आता है वह एक भोले-भाले फक्कड़, दूसरों के दुख में दुखी, सुख में सुखी, मस्त मगन इनसान के बच्चे का है जिसकी सबसे बड़ी पहचान उसका हिन्दुस्तानी होना है। ऐसे आदमी की प्रगतिशीलता की पहचान के लिए प्रगतिशीलता के ठेठ भारतीय पैमाने को समझना आवश्यक है। वह है एक महान देश का वासी, जिसे भारत कहते हैं, जहाँ गंगा बहती है। वह महान देश का एक नागरिक है मगर बेघरबार है। चलती भाषा में कहें तो आवारा है। आवारा समाज के घृणा की पात्र होता है पर शंकर शैलेन्द्र उसे अपने गीत की दुनिया का पात्र बनाते हैं और कुछ इस प्रकार बनाते हैं कि वह असंख्य सहृदय श्रोताओं-दर्शकों की सहानुभूति का पात्र बन जाता है। वह दुखी है मगर ऐसा मस्तमौला है कि खुशी के गीत गाता है :

घरबार नहीं, संसार नहीं
मुझसे किसी को प्यार नहीं,
× × ×
आबाद नहीं, बरबाद सही,
गाता हूँ खुशी के गीत मगर
जख्मों से भरा सीना है मेरा,
हँसती है मगर ये मस्त नजर
दुनिया में तेरे तीर का,
या तकदीर का मारा हूँ....

(आवारा)

यह सबकुछ रोज कुआँ खोदकर पानी पीनेवाले गरीब हिन्दुस्तानो के दैनन्दिन जीवन की पीड़ा है, सबकी जानी-पहचानी सूरत है। यह सूरत भारत के ठेठ गाँवों और ठेठ शहरों के ठेठ गरीबों की सूरत है। लेकिन शैलेन्द्र के गीत में आकर यह आदमी दुख से दुहरा नहीं होता, बल्कि सबके दुखों का प्रतिनिधि बन जाता है। धरती पर उसका कहीं ठौर-ठिकाना नहीं, गोया वह धरती का नहीं, आसमान का नागरिक है :

आवारा हूँ
या गर्दिश में हूँ
आसमान का तारा हूँ

गर्दिश में होने के सच की कड़वाहट को वह 'आसमान का तारा' होकर धो देता है। घर-बार और अपना संसार नहीं होने की पीड़ा को वह 'अनजान नगर सुनसान डगर का प्यारा' 'आवारा' होकर धो देता है, आबाद न होने किन्तु बरबाद होने के दुहरे भार को वह खुशी के गीतों में दफन कर देता है।

लेकिन यह प्रगतिशीलता कैसे है? इसे छल क्यों न कहें, नशे में ज्यादा बोल जाने की लत क्यों न कहें, इसे वास्तविकता से मुँह मोड़ लेना क्यों न कहें, यथार्थ से पलायन क्यों न कहें? सच पूछें तो पश्चिमी नजरिये से यह पलायन ही है, लेकिन हमारा देश हमेशा से दुख के सच को न इनकार करने वाला मगर दुखान्तता का विरोधी रहा है। उसने दुखों से ऊपर होकर रहना सीखा है, जीवन-संघर्ष में शामिल रहते हुए तन से लथपथ रहकर भी मन पर उसकी कोई छाप न पड़ने देने के लिए कटिबद्ध रहा है। दिन भर की हलवाही के बाद, दो जून की रोटी के लिए निरन्तर के युद्ध के बाद, उसने गाँव की चौपाल में ढोलक-झाल लेकर चैत-फागुन हर मास को अलग-अलग जानते-पहचानते-गाते और जीते रहना सीखा है। यह उसकी प्रबल जिजीविषा का वह रहस्य है जिसने पराजय के हजारों वर्षों के इतिहास के बावजूद अपनी पहचान नहीं मिटने दी है। शंकर शैलेन्द्र के इस आवारा का सम्बन्ध हमारी इसी अपराजेय संस्कृति से है। इसका सम्बन्ध कबीर के 'हमन हैं इश्क मस्ताना हमन से होशियारी क्या' और तुलसी के 'सोवे सदा तुलसी भरोसे एक राम के' से है। इसी के बलबूते हिन्दुस्तान का आम आदमी दुखों से पार नहीं उतरता, दुखों को पार उतारता भी है। सच पूछिए तो यह मजदूर का अध्यात्म है और इस आध्यात्मिक सुख की प्रगतिशीलता असंदिग्ध है। इसी के बल पर वह राजे-महाराजाओं के सुख को भी ठेंगे पर रखता है :

होंगे राजे राजकुँवर
हम बिगड़े दिल शहजादे,
हम सिंहासन पर जा बैठे
जब-जब करें इरादे

(श्री 420)

इरादे और कुछ नहीं, जनता की निहित शक्ति है जो संगठित होकर बड़े-बड़े तख्तो-ताज उलट-पलटकर रख देती है। यहाँ जनता की क्रांतिकारी शक्ति को अत्यन्त कलात्मक ढंग से व्यंजित किया गया है। जनता की इस जीवन-दृष्टि में मानव-प्रेम के आगे राज्यों और राजघराने की कोई हैसियत नहीं। कुलीनता नहीं, मनुष्यता बड़ी है। मनुष्य का कुल नहीं, मनुष्य का प्रेम ही महान है :

कविराज कहे न ये ताज रहे
न ये राज रहे न ये राज घराना

प्रीत और प्रीत का गीत रहे
कभी लूट न सका ये कोई खजाना
(जिस देश में गंगा बहती है)

इसी के बल पर शैलेन्द्र का पालिशवाला भी नानक के प्यालेवाते मतवालेपन में डूबा रहता है :

ठहर जरा ओ जाने वाले
बाबू मिस्टर गोरे काले
कब से बैठे आस लगाए
हम मतवाले पालिश वाले
(बूट पालिश)

और ऐसे ही मतवालों का :

जख्मों से भरा सीना है मेरा
हँसता है मगर ये मस्त नजर
(आवारा)

अपने को अपने से अलग करके देख लेने में कुछ महारत हासिल है शैलेन्द्र के इस किरदार को; कि खुद तो अपने 'दीवानेपन' और 'मुहब्बत के सुरूर' में कोई भेद नहीं कर पाता, फिर बड़ी दिलेरी से इस भेद न कर पाने को औरों की ही नजरों का कुसूर कायम कर देता है :

ये मेरा दीवानापन है
या मुहब्बत का सुरूर
तू न पहचाने तो है ये
तेरी नजरों का कुसूर
(यहूदी)

और फिर शैलेन्द्र की दुनिया में अगर कहीं प्यार भी है तो इसी बेपरवाही, इसी गैर दुनियादारी के नाम :

मैंने दिल तुझको दिया....
नैनों में थी प्यार की रोशनी
तेरी आँखों में ये दुनियादारी न थी
तू और था, तेरा दिल और था
तेरे मन में ये मीठी कटारी न थी
(श्री 420)

और चाहे जो सुख-सुविधाएँ मिल जाएँ इस 'होशियारी' को सीखकर, अच्छा लगता

है कि शैलेन्द्र आश्वस्त करते हैं कि प्रेम का सुख तो नहीं ही मिलना है :

उस देश में तेरे परदेश में
सोने चाँदी के बदले में बिकते हैं दिल
इस गाँव में, दर्द की छाँव में
प्यार के नाम से ही धड़कते हैं दिल

(श्री 420)

और सोने-चाँदी के देश के होकर लोग अब वही नहीं रह गये, खो चुके अपनी पहचान :

रस्ता वही और मुसाफिर वही
एक तारा न जाने कहाँ छुप गया
दुनिया वही दुनियावाले वही
कोई क्या जाने किसका जहाँ लुट गया

(श्री 420)

यहाँ तनिक ध्यान से देखें तो धन के समान बँटवारे की बात उतनी नहीं की जा रही है जितनी उसके उचित बँटवारे की। यह नहीं कि सबको थोड़ी-थोड़ी गरीब की मनुष्यता बाँट दी जाए, थोड़ी-थोड़ी पूँजीपतियों की पशुता। इस तरह रोटी, कपड़ा और मकान के मामले में भी आगे बढ़ने की एक निर्धारित सीमा हमारे यहाँ तय है और उसके ऊपर जाना मनुष्य होने को नीचे छोड़ देना है—यह भी तय है :

ज्यादा की नहीं लालच हमको
थोड़े में गुजारा होता है

(जिस देश में गंगा बहती है)

और इसीलिए

मेहनत का फल मीठा-मीठा
हाँ भाई हाँ रे
भाग किसी का रूठा-झूठा
ना भाई ना रे
मेहनत की एक सूखी रोटी
हाँ भाई हाँ रे
लानत जो फोकट की खाए
लानत जो हराम की खाए

(बूट पालिश)

इस तथ्य को समझे बिना भारतीय मन को अर्थ-पिशाचों की बराबरी में खड़ा

करने का सपना देखनेवालों को अन्ततः पराजित ही होना है। लड़ाई निश्चित रूप से यहाँ भी रोटी की ही है लेकिन रोटी की चिन्ता का एक पक्ष यह भी यहाँ अनिवार्यतः रहा है कि घर में चूल्हे न फुकेंगे तो चौपाल के ताल में चित्त कैसे रमेगा?

यह देश बेगानी शादी में भी दीवाने अब्दुल्लों का देश है, छोटे लेकिन दिल से बड़े लोगों का देश है :

शादी किसी की हो
अपना दिल गाता है

(जिस देश में गंगा बहती है)

शैलेन्द्र का यह आवारा और दीवाना जिस जिन्दादिली में जीता है वह जीवन की प्रेरणा बन जाती है। वह सितम के दास्तानों के खात्मे और खुशी के दिनों के आने का यकीन दिलाता है। वह यकीन दिलाता है कि

वहाँ कुछ देर है प्यारे
नहीं अंधेर है प्यारे
वो तुमको ना दिखाई दे
नजर का फेर है प्यारे
तू बहकावे में न आना
है उसका सब जग जाना
मेरी सूरत पे न जाना
पते की बात कहेगा, कहेगा जब भी दीवाना

× × ×

जो ना तलवार से होगा
वो पल में प्यार से होगा
न कर पाएँगे जो लाखों
वो एक दिलदार से होगा
सभी से प्यार निभाना है, अपना चलन पुराना

(दीवाना)

और

चला गर सफर कोई बेसहारा
तो मैं हो लिया संग लिए एकतारा
गाता हुआ
दुख भुलाता हुआ

(आशिक)

और इस तरह शैलेन्द्र जिस जीवन-शैली की हिमायत में खड़े होते हैं उसे आज का मतलबी माहौल शायद सौ साल पुराना कहकर मुँह बिचका दे लेकिन वही असल प्रगतिशीलता है, भारतीय पैमाने की और अगर सचमुच हम प्रगतिशील हुए तो वही हमारी भविष्यकथा भी हो :

किसी की मुस्कुराहटों पे हो निसार
किसी का दर्द मिल सके तो ले उधार
किसी के वास्ते हो तेरे दिल में प्यार
जीना इसी का नाम है
माना अपनी जेब से फकीर हैं
फिर भी यारों दिल के हम अमीर हैं
मिले जो प्यार के लिए वो जिन्दगी
जले बहार के लिए वो जिन्दगी
किसी को हो न हो हमें तो एतबार
जीना इसी का नाम है
रिश्ता दिल से दिल के एतबार का
जिन्दा है हमीं से नाम प्यार का
कि मरके भी किसी को याद आएँगे
कहेगा फूल हर कली से बार बार
जीना इसी का नाम है

(अनाड़ी)

जिस देश में गंगा बहती है

यों तो यह किरदार बेघरबार और आवारा है मगर अपना परिचय कुछ इस तरह देता है मानो भारत उसका देश नहीं, उसका घर है :

मेरा नाम राजू घराना अनाम
बहती है गंगा जहाँ मेरा धाम

(जिस देश में गंगा बहती है)

'घराना अनाम' होना कोई गर्व करने की बात नहीं समझी जाती। 'खानदानी' होना ही बहुत बड़ी काबिलियत समझी जाती है। लेकिन शैलेन्द्र ने यह 'अनाम घराना' कुछ इस तरह बयान किया है कि उसके आगे बड़े-बड़े खानदान पानी भरें। इस 'घराना अनाम' में धर्म और जाति का प्रबल निषेध है लेकिन इस निषेध में शोर-शराबा नहीं है। इस अनाम घराने की अपनी ठसक है मगर उसमें दम्भ नहीं है।

'घराना अनाम' ही नहीं शैलेन्द्र जब 'घरबार नहीं संसार नहीं' कहते हैं तो न सिर्फ किसी मस्त आवारा फिल्मी चरित्र का चित्र उकेरते हैं बल्कि अपना भी, जो इसी घरबार नहीं पा सकने की मजबूरी में फिल्मों से जुड़े थे। और यह न सिर्फ उनकी कथा है बल्कि भारत-गाथा है। बेघर राम की कहानी, जिसे प्रसाद जी ने 'एक निर्वासित का उत्साह' कहा है, से भी यह गाथा सम्बद्ध है। इस तरह इस 'घराना अनाम' और 'घरबार नहीं' के माध्यम से शैलेन्द्र भारत की लड़ाई लड़ते हैं, उसके जन-जीवन की लड़ाई लड़ते हैं, बेघरों की लड़ाई लड़ते हैं। यह लड़ाई हिन्दू-मुसलमान की नहीं, ब्राह्मण-चमार की नहीं, बेघरों की है।

अनाम घरानेवाला राजू अपने परिचय में नाम के बाद धाम के रूप में सिर्फ एक बात जोड़ता है— 'बहती है गंगा जहाँ मेरा धाम' और इस अभिमान के साथ ही उसके कुछ भी नहीं होने का स्वाभिमान दोबाला हो जाता है। इस गंगा-स्मरण के साथ ही वह देश से—देश की मिट्टी से जुड़ जाता है, जीवन-संघर्ष के भगीरथ प्रयत्नों से जुड़ जाता है। ध्यान रहे कि यह देशभक्ति उनकी नहीं जिनके महले दोमहले हैं, यह उसकी देशभक्ति है जिसको अपने ही देश में रहने का ठौर-ठिकाना नहीं है।

दिनकर की तरह शैलेन्द्र के लिए भी भारत, भू के मानचित्र पर अंकित किसी त्रिभुज का नाम नहीं है। उनकी देशभक्ति भारत की चौहद्दियों में ही घिरकर नहीं रह जाती। वे भारत के नाम पर या तो उस गंगा की बात करते हैं जो सिर्फ बाहर से बहती दिखाई ही नहीं पड़ती, भीतर बहती हुई अनुभूत भी होती है या फिर उस भारत-भाव की बात करते हैं जिसे सचाई कहते हैं, सरलता और ईमानदारी कहते हैं :

होठों पे सचाई रहती है
जहाँ दिल में सफाई रहती है
हम उस देश के वासी हैं
हम उस देश के वासी हैं
जिस देश में गंगा बहती है

(जिस देश में गंगा बहती है)

होठों की सचाई और दिल की सफाई का आधार है एक साधारण भारतीय मनुष्य की लोभपराङ्मुख सन्तोषभावना। ज्यादा का लालच नहीं है क्योंकि थोड़े में गुजारा हो जाता है। इस थोड़े में गुजारे की जीवन-शैली में कृपणता नहीं, एक अद्भुत उदारता है जहाँ अतिथि प्राणों से भी प्रिय लगता है :

मेहमां जो हमारा होता है
वो जान से प्यारा होता है

ज्यादा का नहीं हमको लालच
थोड़े में गुजारा होता है

(जिस देश में गंगा बहती है)

राष्ट्रीयता अपने आप में भी प्रगतिशील भावना ही है, इस तथ्य को नहीं समझ पानेवाले अन्तर्राष्ट्रीयतावाद के नाम पर राष्ट्रीयता की भावना कुचल देने का प्रयास करते हैं। ऐसी अन्तर्राष्ट्रीयतावाद के गर्भ से ही उग्र राष्ट्रवाद का जन्म होता है। नामवर सिंह के शब्दों में, "प्रगतिशील कवि जिस ममत्व से बंगाल के साथ हाथ मिलाता है, उसी ममत्व से केरल के साथी को भी भेंटता है और उसी स्नेह के साथ नये चीन, सोवियत यूनियन, लैटिन अमेरिका, अफ्रीका तथा अन्य देशों की जनता को छाती से लगाती है।"[21] शैलेन्द्र के यहाँ 'वसुधैव कुटुम्बकम्' और 'जननी जन्मभूमिश्च स्वर्गादपि गरीयसी' का जैसा स्वस्थ, सन्तुलित और सहज समन्वय मिलता है और उसकी जैसी सहज गीत-व्यंजना मिलती है वह अन्यत्र दुर्लभ है :

मेरा जूता है जापानी
ये पतलून इंगलिस्तानी
सर पे लाल टोपी रूसी
फिर भी दिल है हिन्दुस्तानी

(श्री 420)

शैलेन्द्र के इस 'हिन्दुस्तानी दिल' को उनके हर तरह के गीतों में धड़कते सुना जा सकता है :

आ अब लौट चलें,
नयन बिछाए बाँहें पसारे
तुझको पुकारे देश तेरा

(जिस देश में गंगा बहती है)

देश को मिली आजादी पर शंकर शैलेन्द्र ने अपने काव्य-संग्रह 'न्यौता और चुनौती' में शतधा व्यंग्य-प्रहार किया है, अपने फिल्मी गीतों में पहुँचकर उस आजादी की कीमत से भी इनकार नहीं करते। मुश्किल यह है कि आजाद भारत के अर्थ को हमारे हुक्मरानों ने अपने ही तक समेट लिया है, उसे अवाम तक पहुँचने ही नहीं दिया। गीतकार आजादी के अहसास को जन-जन तक पहुँचाना चाहता है, एक आजाद हिन्दुस्तानी के नाते जो उसके अधिकार और कर्तव्य हैं उसकी समझ पैदा करना चाहता है :

ये चमन हमारा अपना है
इस देश पे अपना राज है

मत कहो कि सर पे टोपी है
कहो सर पे हमारे ताज है
× × ×
देखना कहीं गम न रहे
कहीं गम न रहे
रोशनी कभी कहीं कम न रहे
कहीं कम न रहे
सारे संसार की आँख हम पे लगी
अपने हाथों में अपनी लाज है

(अब दिल्ली दूर नहीं)

कौन हँसता है फूलों में छिपकर

अच्छा लगता है कि शैलेन्द्र देवता, भगवान वगैरह शब्दों से भी परहेज करनेवाले प्रगतिशीलों में से नहीं हैं। इन शब्दों के साथ अपने गीतों में उनका व्यवहार इतना सहज और समान है कि किसी लोकोत्तरता का भ्रम नहीं उपस्थित होता :

चाहा था बनूँ प्यार की राहों का देवता
मुझको बना दिया है गुनाहों का देवता

(गुनाहों का देवता)

दैव और दैत्य जैसी कल्पनाओं के बजाय अच्छा देवता और बुरा देवता जैसे भेद आदमी को देवता नहीं बनाते जितना देवता को आदमी बनाते हैं। और फिर ऐसा भी नहीं है कि अगर कभी 'पछाड़ दिया हो' उन्हें उनके 'आस्तिक ने'[22] तो इस पराजय को भी झूमकर गा देने में उन्हें कोई हिचक रही हो, नक्षत्रों से हुए मौन आमंत्रण[23] के आभास को उन्होंने छिपाने की कोशिश की हो :

ये कौन हँसता है फूलों में छुपकर
बहार बेचैन है किसकी धुन पर

(मधुमती)

ध्यान रहे कि ये फूल और बहार धरती की ही चीज हैं, किसी अपर लोक के नहीं।

यह सहज उल्लास ही उन्हें वास्तविक प्रगतिशील बनाता है। यह उल्लास उन्हें कबीर के निकट ले जाता है जो 'हमन हैं इश्क मस्ताना हमन को होशियारी क्या' के धुनिया हैं और उनकी उदासी 'फ़ैज़' को उनके निकट लाती है जिनके 'अब यहाँ कोई नहीं कोई नहीं आएगा' की धुन बिना किसी शोर-शराबे के दिल हिला देती है।

शैलेन्द्र किसी चमत्कार के भरोसे के बजाय आदमी को, उसके सपने को ही उतना बड़ा बनाते हैं जो ईश्वर के रूप में मनुष्य की विराट कल्पना की उपज तक नये तरीके से पहुँचता है :

सपनों का सौदागर आया ले लो ये सपने ले लो
हमसे किस्मत खेल चुकी अब तुम किस्मत से खेलो

× × ×

ये चाँद और सूरज अपने ये अन्धी आँखों के तारे
सपनों का सौदागर..............
चाहे तो अम्बर को भी तू बाँहों में भर ले
दुनिया को झूठा करके इक सपना सच कर ले
बिन मांझी बिन नइया के सागर पार उतर ले

(सपनों का सौदागर)

या फिर

दिल ने कहा तेरा सपना झूठा,
मैंने कहा सच होगा
हम पहले दिन जान गये थे,
कैसे कब क्या होगा

(कन्हैया)

रोटी के सपने देखने के बजाये सपनों की रोटी पकाने की यह हिम्मत मनुष्य की प्रबल जिजीविषा की महागाथा है :

सूरज जरा आ पास,
आज सपनों की रोटी पकाएँगे...

(उजाला)

हमारी ईश्वर सम्बन्धी कल्पनाओं के पीछे सिर्फ पाखण्ड, विवाद और मीठे नशे वाली बात ही नहीं, वह हमारे विश्वास का हेतु भी है, निराश क्षणों को जीने और जीतने का हथियार भी। इस कल्पना के इस सकारात्मक पक्ष की पहचान में भी प्रगतिशीलता के तत्त्व हैं :

बहुत दिया देनेवाले ने तुझको
आँचल ही में न समाए तो क्या कीजै
बीत गये जैसे ये दिन रैना
बाकी भी कट जाए दुआ कीजै
जो भी दे दे मालिक तू कर ले कबूल

कभी-कभी काँटों में भी खिलते हैं फूल
वहाँ देर भले है अंधेर नहीं
घबरा के यूँ गिला मत कीजै
बहुत दिया देने वाले ने तुझको
देंगे दुख कब तक भरम के ये चोर
ढलेगी ये रात प्यारे फिर होगी भोर

(सूरत और सीरत)

यह वही विश्वास है जो

ये गम के और चार दिन
सितम के और चार दिन
ये दिन भी जाएँगे गुजर
गुजर गये हजार दिन

(न्यौता और चुनौती)

में है। यह आलसी की दैव दैव पुकारा नहीं, सबके दाता राम वाला मलूकदासियत नहीं; विश्वास पर्याय ईश्वर की शक्ति अपनी भुजाओं में उतार लेने का संकल्प-स्रोत है। इसी तरह शैलेन्द्र के फिल्मी गीतों में प्रेम के ईश्वरीकरण के बजाय ईश्वर के प्रेमीकरण का एक सूफियाना अन्दाज भी खूब-खूब दिखाई पड़ता है। ईश्वर उनके लिए अगर बड़ा है, प्रार्थना के योग्य है तो इस रूप में :

तू प्यार का सागर है
तेरी एक बूँद के प्यासे हम
लौटा जो दिया तूने
चले जाएँगे जहाँ से हम

(सीमा)

यह सस्ता सिनेमापन नहीं, इसमें जीव और जीवन के जगत-प्रसार से उत्फुल्ल सौन्दर्य-दृष्टि है। इस प्रसार को शैलेन्द्र के गीतों में अन्यत्र भी देखा जा सकता है :

रातें दसों दिशाओं में सुनाएँगी कहानियाँ
गीत हमारे प्यार के दोहराएँगी जवानियाँ
मैं न रहूँगी, तुम न रहोगे,
फिर भी रहेंगी निशानियाँ

(श्री 420)

ईश्वर नामधारी सर्वशक्तिमान से मिट्टी के खिलौने इनसानों की शिकायतें शैलेन्द्र के गीतों में जगह पाती हैं। उनकी प्रगतिशीलता इसी पीड़ित मानवता को स्वर देने

में निहित है :

मिट्टी से खेलते हो बार-बार किसलिए

× × ×

बना के जिंदगानी बिगाड़ने से क्या मिला
मेरी उम्मीद का जहाँ उजाड़ने से क्या मिला

× × ×

जरा-सी धूल को हजार रूप ओ नाम दे दिए
जरा-सी जाँ के सर पे सात आसमान दे दिए

(पतिता)

रमैया वस्ता वैया : मैंने दिल तुझको दिया

नामवर सिंह ने प्रगतिशील कविता पर विचार करते हुए लिखा है, "ऐसा नहीं है कि प्रगतिशील कवि को प्रेम सम्बन्धी दुख-दर्द नहीं सताता! सताता है। वह भी आदमी है और इस व्यवस्था में उसे जहाँ आर्थिक कष्ट है वहाँ उन आर्थिक कष्टों के कारण अथवा उनके अलावा अन्य प्रकार की भी मानसिक व्यथाएँ होती हैं।"[24] लेकिन फिल्मी दुनिया में शैलेन्द्र जैसे कुछ ही गीतकार हुए जिन्होंने प्रेम को एक मानवीय और सामाजिक सच और यथार्थ के स्वस्थ रूप में निरूपित किया, जनता की माँग के नाम पर सतही भावुकता, ओछे रोमांस और ऊल-जलूल हाय-तौबा को जगह नहीं दी। प्रेम का मतलब पुरुष के लिए स्त्री का, स्त्री के लिए पुरुष का साथ है—जीवन और जगत के शीत-ताप-बरसात में—न कि सिर्फ और सिर्फ सुहागरात की सेज और 'हम तुम एक कमरे में बन्द हों और चाबी खो जाए' का सार्वजनिक प्रदर्शन। शैलेन्द्र की दृष्टि में "जनता को मूर्ख या सस्ती रुचि का समझनेवाले कलाकार या तो जनता को नहीं समझते या अच्छा और खूबसूरत पैदा करने की क्षमता उनमें नहीं है।"[25] इसी विश्वास के साथ रचे हुए उनके गीत, "जिन्हें लड़के, लड़कियाँ एक-दूसरे को छेड़ने के लिए नहीं इस्तेमाल कर सकते,"[26] बेहद लोकप्रिय हुए।

प्रेम में वैयक्तिकता, पारिवारिकता और सामाजिकता की जो समझ शैलेन्द्र के गीतों में है वह उन्हें प्रगतिशील सिद्ध करती है। शैलेन्द्र के यहाँ प्रेम व्यक्ति को अपने आप में समेट नहीं देता उसे जीवन और जगत में पसार देता है। प्रेम व्यक्तिगत कुण्ठाओं का मुक्ति-मार्ग बन जाता है :

तेरी प्रीत तेरे गीत तू है तो बहार है
कोई कहे प्रीत है ये कोई कहे प्यार है

(शरारत)

या

झूमे रे, नीला अम्बर झूमे,
धरती को चूमे रे
तुमको याद कर के
मेरा दिल भी झूमे
किसके इशारे मुझको यहाँ ले आये
किसकी हँसी ने राह में फूल खिलाए
अमवा की डाली-डाली गाए कोयल प्यारी
× × ×
नदिया का पानी सुनता प्यार की कहानी

(एक गाँव की कहानी)

प्रेम का यह प्रसार कोयल और नदियों के गाने और सुनने और गा-सुनकर तृप्त हो जाने तक ही नहीं है, एक अतृप्ति, एक चाह, एक प्यास हमेशा बनी रहती है :

ये गोरी नदियों का चलना उछलकर
कि जैसे अल्हड़ चले पिया से मिलकर
प्यासे-प्यासे ये नजारे हैं हर कहीं

(मधुमती)

अतृप्ति की यह तड़प सिर्फ एक प्रेमिका की ही नहीं रह जाती, स्त्री जाति से जुड़ जाती है, इस दुनिया पर उसके हक के सवाल से जुड़ जाती है :

मैं दिए की ऐसी बाती,
जल न सकी जो बुझ भी न पाती
× × ×
मैं नदिया फिर भी मैं प्यासी

(मधुमती)

प्रेम के नाना अनुभवों-अनुभावों को अपने गीतों में ढालते हुए शंकर शैलेन्द्र की नजर इधर-उधर से एकदम हट नहीं जाती। उनका अत्यन्त प्रसिद्ध गीत है :

रुक जा, रुक जा ओ जानेवाली रुक जा
मैं हूँ राही तेरी मंजिल का
नजरों में तेरी मैं बुरा सही
आदमी बुरा नहीं मैं दिल का

(कन्हैया)

अपने दिल से बुरा नहीं होने का हवाला देने वाला यह प्रेमी आदमी अ ता किस दुनिया

से है, यह इस गीत के अन्तरे में एक छोटी-सी उपमा में स्पष्ट है :

देखा भी नहीं तुझको सूरत भी न पहचानी
तू आके चली छम से यूँ धूप के दिन पानी

धूप के दिन में पानी के आकर छम से चले जाने की अनुभूति रखनेवाला यह प्रेमी कोई आज की फिल्मों का छिछोरा नहीं है। अपने गीतों में पुरानी बात भी जब शैलेन्द्र दुहराते हैं तो एक हल्के स्पर्श भर से एक नयी चमक दे देते हैं। 'जो मैं होती राजा बन की कोइलिया' या 'शफरी-सी जल में विहंगिनी-सी कानन में' जैसी ही बात कह रहे हैं शैलेन्द्र :

मोरनी बन के राह तकूँ मैं,
तुम बादल बन जाओ
मेरे प्यासे रोम-रोम पे
रस बरसाते जाओ
तेरे दिल में बसेरा ओ सजना

(दिल अपना और प्रीत पराई)

लेकिन इस गीत के सम्बोधन सुनें तो प्रेम के सम्बन्ध-प्रसार का सुख हासिल हो जाए :

मेरा दिल अब तेरा ओ सजना
कैसा जादू फेरा ओ सजना

प्रेम की प्रगाढ़ता, अनकहे भी कह देने का यह कौशल विरल कोटिक है।

स्वच्छन्द प्रेम की अभिव्यक्ति शैलेन्द्र के गीतों में भी हुई है लेकिन वहाँ तेवर एकदम वही नहीं जो अमूमन फिल्मों में देखने को मिलता है। नामवर सिंह के शब्दों में, "प्रगतिशील कवि जहाँ स्वच्छन्द प्रेम का चित्रण करता है वहाँ भी संयम और स्वस्थ मनोवृत्ति का परिचय देता है।"[27] उनके प्रेमी के मन में जहाँ एक निपट निश्चिन्तता है कि :

चाहे कोई मुझे जंगली कहे
कहने दो जी कहता रहे
हम प्यार के तूफानों से घिरे हैं
हम प्यार करें

(जंगली)

वहाँ उसका एक दावा यह भी है :

राह मेरी वही
जिस पे दुनिया चली

(जंगली)

"प्रगतिशील कवि का प्रेम इतना स्वस्थ और स्फूर्तिदायक इसलिए है कि वह प्रेम को सम्पूर्ण जीवन का अंग समझकर अनुभव करता है...जिस तरह उसके प्रेम-सम्बन्ध को सामाजिकता सुधारती चलती है, उसी तरह उसका प्रेम-सम्बन्ध सामाजिक भावना को भी बल देता चलता है।"[28] शैलेन्द्र मनुष्यता को प्रेम की सबसे बड़ी शर्त्त के रूप में प्रस्तुत करते हैं। प्रेम-पात्र के चयन में वे हमेशा एक सावधानी बरतते हैं। और ध्यान देने की बात है कि प्रेम की अर्हता की तलाश उन्हें पुरुष पात्रों में ही होती है। गलत हो या सही लेकिन सच है कि ऐसी कोई शर्त्त स्त्रियों के साथ उनके गीतों में नहीं हे। प्रेम की योग्यता के लिए उनके मन में सम्भवतः अचेतन में, कहीं-न-कहीं आदर्श के रूप में 'हीरामन' स्थापित है। इस दृष्टि से देखें तो फिल्म-निर्माण के लिए रेणु के 'मारे गये गुलफाम' को ही उन्होंने अचानक नहीं चुना। उनके गीतों का नायक बहुत पहले से हीरामन जैसा ही कोई पात्र रहा है। प्यार की रोशनी उन्होंने ऐसे ही भोले, निश्छल और गैरदुनियादार लोगों में देखी थी। उनके यहाँ प्यार की दुनिया थी और दुनिया को प्यार करने की तमीज थी, लेकिन उनके मन में इस दुनियादारी के लिए कोई जगह नहीं थी :

नैनों में थी प्यार की रोशनी
तेरी आँखों में ये दुनियादारी न थी
तू और था तेरा दिल और था
तेरे मन में ये मीठी कटारी न थी

(श्री 420)

प्यार की उचित जगह उन्हें गाँव ही लगते थे, शहरों की चकाचौंध नहीं :

उस देश में तेरे परदेश में
सोने चाँदी के बदले में बिकते हैं दिल
इस गाँव में दर्द की छाँव में
प्यार के नाम से ही धड़कते हैं दिल

(श्री 420)

इन प्यार करनेवालों की वर्गीय स्थिति पहचानिए। ये महलों में रहनेवाले लोग नहीं :

चाँद तारों के तले
रात ये गाती चले

(श्री 420)

प्यार, ईमान के ऐसे शहजादे-शहजादियों के ही वश की बात है—दलित, शोषित, गरीब, मजदूर, किसान की दुनिया को इससे बड़ा नैतिक समर्थन शायद ही कभी कोई मिला हो।

प्यार में 'तू तू करता तू भया तुझमें रही न हूँ' जैसा समर्पण होता है तो 'ना मैं देखूँ और को न तुझ देखन देऊँ' जैसी हेकड़ी शैलेन्द्र में भी देखने को मिल जाएगी। इस हेकड़ी का सम्बन्ध भी 'दिलवालों' से है 'मिलवालों' से नहीं :

दिल से तुझको बेदिली है
मुझको है दिल का गुरूर
तू ये माने या न माने
लोग मानेंगे जरूर
ये मेरा दीवानापन है
या मुहब्बत का सुरूर

(यहूदी)

मुहब्बत को माशूका से मनवाने के बजाय लोगों से मनवाने का यह मन का सन्तोष अद्‌भुत है, अभूतपूर्व है। विश्वास इतना है अपने पर कि यदि प्यार से हम हैं, हमारी दुनिया है, तो यह भी कि

रिश्ता दिल से दिल के एतबार का
जिन्दा है हमी से नाम प्यार का

(अनाड़ी)

एतबार यह भी कि

होगा यहाँ रूप तो पूजा ही जाएगा
चाहे जहाँ हो फूल वह मन को लुभाएगा
होकर रहेगा जिन्दगी में प्यार एक बार
बसकर रहेगा दिल में निगाहों का देवता

(गुनाहों का देवता)

और इस प्यार में एतबार हारकर भी हार नहीं मानने का हौसला ऐसा कि :

खो गयी हैं मंजिलें मिट गये हैं रास्ते
गर्दिशें ही गर्दिशें अब हैं हमारे वास्ते

(संगीत सम्राट तानसेन)

लेकिन इसके बावजूद

और ऐसे में मुझे फिर बुला गया कोई

(संगीत सम्राट तानसेन)

यह 'प्यार के अन्त' वाले सिद्धान्त का विरोध है और जिन्दगी की जीत बनाम प्यार की जीत का विश्वास।

प्रेम निजत्व की सीमाएँ तोड़ता है। प्रेम में एकान्त का अर्थ 'एक का अन्त' हो

जाता है। प्रेम में एकान्त दो (एक से अधिक) के होने पर होता है, केवल एक के होने पर नहीं। उपलब्धियाँ व्यक्तिगत नहीं रह जातीं—दो की मिलकर हो जाती हैं :

तुम जो हमारे मीत न होते
गीत ये मेरे गीत न होते
हँस के जो ये तुम रंग न भरते
ख्वाब ये मेरे ख्वाब न होते

(आशिक)

यह एक से दो हो जाना व्यक्ति और व्यक्तित्व के विस्तार का प्रथम और प्राथमिक सोपान है जो इसके बाद परिवार तक, समाज तक पहुँचाता है। सुख हो या दुख, जीवन का सफर अकेले नहीं तय होता :

जिन्दगी के सफर में तू अकेला ही नहीं
हम भी तेरे हमसफर हैं

(श्री 420)

त्रिलोचन कहते हैं :

आज मैं अकेला हूँ
अकेले रहा नहीं जाता[29]

विशिष्ट या विरल और सामान्य या प्रतिनिधि वस्तु का जैसा सन्तुलित-समन्वित उदाहरण यह प्रेम नामक वस्तु है, शायद ही कुछ और। यह एक ऐसा किस्सा है जो मेरा है इसलिए मेरा है लेकिन यही आपका-उनका भी है इसलिए सबका है। शैलेन्द्र प्रेम के प्रति अपनी प्रगतिशील दृष्टि का परिचय उसे जीवन की सबसे अहम जरूरत बना कर देते हैं।

अपने प्रेम गीतों में शंकर शैलेन्द्र प्रेम के परिचित प्रदेशों में भी जिस आत्मीयता और सहजता से ले जाते हैं वह हमें हमारी जानी-पहचानी दुनिया को ही नये सिरे से प्राप्त करता है। भावों की आवृत्ति ऐसे गीतों का दोष नहीं है, ये वो सच हैं जिन्हें बार-बार दुहराने की जरूरत पड़ती है मनुष्यता को बचाये रखने के लिए, सभ्यता के निरन्तर घने होते जा रहे आवरणों को भेदते रहने के लिए, मिथ्या को महत्त्वपूर्ण न होने देने के लिए। यह अपने तमाम भक्तों-सन्तों-मीराओं-कबीरों के सुर में सुर मिलाना है जो आज के डिस्को गीतों जैसी मूलघ्न मौलिकता से हजार गुना बेहतर है।

इस क्रम में देखें तो शैलेन्द्र के बहुतेरे गाने अपनी सीधी-सादी, सहज प्रसन्न भाषा से मन को प्रेम की गहरी पीड़ा से जोड़ने वाले हैं :

है दर्द ऐसा कि सहना है मुश्किल
दुनिया वालों से कहना है मुश्किल

घिर के आया है तूफान ऐसा
बच के साहिल पे रहना है मुश्किल
दिल को सँभाला न दामन बचाया
फैली जब आग तब होश आया
गम के मारे पुकारें किसे हम
हमसे बिछड़ा हमारा ही साया

(दिल अपना और प्रीत पराई)

ऐसे गीत जीवन की तमाम दैनिक दुश्वारियों की भीड़ को ठेलते हुए सीधे मन तक पहुँचते हैं, मन को हल्का करते हैं और सच पूछिए तो साहित्य का प्रत्यक्ष फायदा ऐसे ही गीतों से मिल पाता है :

नैन मिले चैन कहाँ दिल है वहीं तू है जहाँ
ये क्या किया सैंया साँवरे

(बसन्त बहार)

या

कैसे मनाऊँ पियवा
गुन मेरे एकहु नाहीं

(चार दीवारी)

इसी तरह

क्यों आग-सी लगा के गुमसुम है चाँदनी
सोने भी नहीं देता मौसम का ये इशारा

(चोरी चोरी)

शैलेन्द्र के प्रेम गीतों में अधिक संख्या विरह के गीतों की है। इन विरह गीतों में आँसू से ज्यादा उदासी और अवसाद की मात्रा है। आँसू बहकर पीड़ा को धो देते हैं लेकिन उदासी उसके प्रलंबित होने का इजहार करती है। सुख के सपनों और दुख के सच दोनों की अभिव्यक्ति में उन्हें महारत हासिल है। सोवियत लेखक संघ के एक भूतपूर्व मन्त्री तिखोनोव ने लिखा है : "मैं चाहता हूँ कि इस तरह लिखूँ कि न सुख छूटे न दुख छूटे; मैं बिल्कुल दूर न चला जाऊँ और साथ ही एक बने हुए ढाँचे के मुताबिक कहानी कहता हुआ सस्ती ख्याति के पीछे भी न दौडूँ।"[30]

शैलेन्द्र के कई गीतों में दुख या प्यार न पा सकने की पीड़ा अकेले नहीं, कई-कई मनोभावों के बीच व्यक्त हुई है। फक्कड़ाना मौज और खुशी के गीत गाने और गाते रहने की हिम्मत और कूबत के बीच, आसमान का तारा होने के

स्वाभिमान के बीच भी :

घर-बार नहीं संसार नहीं
मुझसे किसी को प्यार नहीं
उस पार किसी से मिलने का इकरार नहीं
अनजान नगर सुनसान डगर का प्यारा हूँ
आवारा हूँ
आबाद नहीं बरबाद सही
गाता हूँ खुशी के गीत मगर

(आवारा)

ऐसी उदासी के आलम में भी यह सन्तोष कि अपने दिल का ही कहा किया है और ऐसी निश्चिंतता कि बाद में सोचेंगे कि बुरा किया या भला—आदमी को दुख के बावजूद दुख से ऊपर उठाती है :

दिल ने हमसे जो कहा
हमने वैसा ही किया
फिर कभी, फुरसत में सोचेंगे
बुरा था या भला

(जागते रहो)

फिल्म 'कन्हैया' के एक गीत में वे

मुझे तुमसे कुछ भी न चाहिए
मुझे मेरे हाल पे छोड़ दो—

जैसी बात भी कहते हैं लेकिन यह 'ऐ चंद्रमुखी तुम रहो सुखी मेरा क्या मैं तो जी लूँगा'—जैसे उद्‌गार भर नहीं रह जाते जब इसी गीत में वेदना का यह पहलू उजागर होता है :

तुम्हें अपना कहने की चाह में
कभी हो सके किसी के न हम
ये दर्द मेरे जिगर में है
मुझे मार डालेगा बस ये गम

(कन्हैया)

सम्भावित विरह से बचने के लिए जब प्रिय को परदेश जाने से रोका जा रहा है तब भी :

ओ बसन्ती पवन पागल
न जा रे न जा

रोको कोई

× × ×

याद कर तूने कहा था
प्यार से संसार है
हम जो हारे दिल की बाजी
ये तेरी ही हार है

(जिस देश में गंगा बहती है)

आमन्त्रण की यह सादगी, यह उदास बतकही भी मन को झकझोर देनेवाली है :

वहाँ कौन है तेरा
मुसाफिर जाएगा कहाँ
दम ले ले घड़ी भर
ये छँइया पाएगा कहाँ

(गाइड)

शैलेन्द्र का प्रेमी प्यार चाहता है, संसार चाहता है; संसार 'से' भी और 'में' भी। वीराने में तो वह घुटकर मर जाएगा :

ऐसे वीराने में इक दिन
घुट के मर जाएँगे हम
जितना जी चाहे पुकारो
फिर नहीं आएँगे हम

(यहूदी)

दिल में प्यार का जज्बा हो तो पीड़ा सहने का माद्दा भी आ ही जाता है। कहना यह भी चाहिए कि दुख एक सच है लेकिन इस सच को कड़वा न रहने देने के, सौन्दर्यपूर्ण बना देने के उपाय के रूप में एकमात्र रास्ता प्रेम का ही है। तब शिकायत नहीं रहेगी शायद :

न होते मुकाबिल न दिल हारते हम
ये अपनी खता है, गिला क्या करें

(यहूदी)

और शैलेन्द्र का मानना तो यह है कि 'दुखी दिल सभी का भला माँगते हैं' (बूट पालिश)

परिस्थितियाँ, बहुत सम्भव है कि, प्यार की राहों का देवता बना देनेवाले को गुनाहों का देवता बना दे, लेकिन :

किस्मत भी चल रही है चाल हर कदम

इक चाल हम भी चल दिए तो हो गया सितम
अब तो चलेंगे चाल हम किस्मत के साथ भी
(गुनाहों का देवता)

इसके साथ ही प्रेम-पीड़ा के भावोद्वेग शैलेन्द्र के कई गीतों में अपने विशुद्ध आदिम और मानवीय रूप में बहते दिखाई पड़ते हैं। ऐसे गीत बहुधा कोई नयी बात नहीं लेकिन सही बात कहते हैं। ऐसे गीतों में, यदि वे सधे हुए हों, दर्द के बावजूद गीत होने के चलते जो काव्यानन्द होता है वह वास्तविक जीवन की यथार्थ पीड़ा को शमित-सन्तुलित करता है।

बात चाहे यादों के आने और दिल दुखाने की हो, अपने मन को मनाना न आने की हो, प्यार करके भुलाना न आने की हो (श्री 420), इन्तजार की घड़ियों के न बीत पाने की हो (कन्हैया), इश्क के शमा और परवाने वाले दस्तूर की हो (आशिक), गम की रात के सौ-सौ सदियों से लम्बी हो जाने की हो (हरियाली और रास्ता), दुनिया में अकेले होने की पीड़ा की हो (एराउण्ड दि वर्ल्ड), गम की दुनिया से दिल के भर जाने की हो (दाग), दिल के पाने मगर आँखों के गँवाने की हो (मधुमती), पंथ निहारते-निहारते आँखों के थक जाने की हो (मधुमती), दिल के अपना और प्रीत के पराई होने की हो या रति की यह निर्वेदप्राय भावाभिव्यक्ति ही क्यों न हो :

मुझे तुमसे कुछ भी न चाहिए
मुझे मेरे हाल पे छोड़ दो
मेरा दिल अगर कोई दिल नहीं
उसे मेरे सामने तोड़ दो
(कन्हैया)

या दोनों तरफ आग के बराबर लगे होने के इस प्रबल विश्वास की कि :

खोया खोया चाँद खुला आसमान
आँखों में सारी रात जाएगी
तुमको भी कैसे नींद आएगी
(काला बाजार)

या इस प्रेम-मूर्च्छना के बाद की ऐसी ठंढी साँस की कि :

कल की यादें मिट रही हैं दर्द भी है कम
अब जरा आराम से आ जा रहा है दम
(मैं नशे में हूँ)

—सर्वत्र शंकर शैलेन्द्र मात्र अपनी भाषागत मौलिकता के सहारे भी अनुभूति की प्रामाणिक विश्वसनीयता से उस सामाजिक जरूरत की पूर्ति करते हैं जिसकी ऊपर

चर्चा की गयी है। सबसे बड़ी बात जो उन्होंने की वह प्रेम-पीड़ा को विरह के आँसुओं से धो देने के बजाय घनीभूत उदासी में ढाल देना है। यह उदासी बहुत दूर तक और बहुत देर तक मन को अपने गीतात्मक आकर्षण के प्रसन्नपाश में बाँधे रखती है :

सजनवा बैरी हो गये हमार
चिठिया हो तो हर कोई बाँचे
भाग न बाँचे कोय
करमवा बैरी हो गये हमार
जाए बसे परदेश सजनवा
सौतन के भरमाए
न सन्देश न कोई खबरिया
रुत आये रुत जाए
डूब गये हम बीच भँवर में
करके सोलह श्रृंगार
सजनवा बैरी हो गये हमार
सूनी सेज गोद मेरी सूनी
मरम न जाने कोय
छटपट तड़पे प्रीत बिचारी
ममता आँसू रोए
न कोई इस पार हमारा
न कोई उस पार
सजनवा बैरी हो गये हमार

(तीसरी कसम)

और भी गम हैं जमाने में मुहब्बत के सिवा

शैलेन्द्र के गीतों में प्यार मात्र स्त्री-पुरुष के प्रेम-सम्बन्ध के रूप में ही अपनी बहुरंगी बहुआयामी छवि-छायाओं से अभिभूत नहीं करता बल्कि समग्रता में जीवन-पर्याय के रूप में उपस्थित होता है। बरसात के रंगीन मौसम में प्रेमी-प्रेमिकाओं के मिलने के लिए बेचैनी तो आम गीतों में मिल जाएँगी लेकिन आषाढ़ चढ़ते ही ससुराल में नयी बसनेवाली नव-विवाहिता बेटियों के नैहर पहुँचने की बेचैनी शंकर शैलेन्द्र जैसे घर-परिवार-समाज से जुड़े गीतकार ही अनुभव कर सकते हैं। नवविवाहिता (बेचारी) दिन भर वर्षा के पानी-कीचड़ में भीगती हुई गृहकार्य सम्पन्न करने के बाद रात-भर नैहर की याद में आँसुओं की वर्षा में भीगती रहती है :

अब के बरस भेज भैया को बाबुल
सावन में लीजो बुलाय रे...
अमवा तले फिर से झूले पड़ेंगे...
कसके रे जियरा छलके नयनवा...
बैरन जवानी ने छीने खिलौने
बाबुल जी मैं तेरे नाजों की पाली...
बीते रे जुग कोई चिठ्यो ना पाती
ना कोई नैहर से आये रे[31]

(बन्दिनी)

पीड़ा उनके यहाँ सूनी सेज की ही नहीं सूनी गोद की भी है :

सूनी सेज गोद मोर सूनी
मरम न जाने कोय...

(तीसरी कसम)

और गोद के लिए भी :

इलाही तू सुन ले हमारी दुआ
हमें सिर्फ इक आसरा है तेरा
तेरी रहमतें राह रौशन करें
सलामत रहे साया माँ-बाप का

(छोटे नवाब)

और

माता ओ माता—जो तू आज होती
मुझे यूँ बिलखता अगर देख लेती
तेरा दिल टूट जाता

(अब दिल्ली दूर नहीं)

न जननी न जन्मभूमि के आँसू ही देखे जाते हैं उनसे :

मत रो माता लाल तेरे बहुतेरे (बन्दिनी)

नन्हे मुन्ने बच्चे तेरी मुट्ठी में क्या है

बच्चों के और बच्चों के लिए गीत लिखनेवाले सयाने गीतकारों की सूरदास के बाद से हिन्दी में बड़ी कमी रही है। बच्चों के लिए कुछ भी लिखना साहित्य का सर्वाधिक सावधानी और निपुणता की माँग रखनेवाला काम है। शैलेन्द्र के इस दिशा में पड़े कदम भी मानक स्थापित करते हैं। जिस तहे दिल से शैलेन्द्र निश्छलता और भोलेपन

के आशिक हैं, उससे असम्भव था कि उन्हें बच्चों और बचपन का उत्सवधर्मी स्मरण न बना रहे। बचपन को वे बीतने नहीं देना चाहते :

बचपन ओ बचपन प्यारे प्यारे बचपन

(मेम दीदी)

और

मत जा मत जा मेरे बचपन नादाँ

(छोटी-सी मुलाकात)

और बड़े विश्वास के साथ :

मेरा बचपन कभी न बीतेगा

(छत्रपति शिवाजी)

जैसे मुखड़े के गीत लिखते हैं और 'मेरा बचपन वापस आया' (माशूका) जैसे मुखड़े के भी। 'ये लाड़ले राम-से होते हैं, घनश्याम-से होते हैं' (छत्रपति शिवाजी) – सुन्दरता में भी, भविष्य के सूत्रधार के रूप में भी।

यतीम बच्चों के प्रति शैलेन्द्र दुनिया के लोगों के कर्त्तव्य की बात करते हैं, लेकिन गीत कर्त्तव्य के नहीं करुणा के हुआ करते हैं। ऐसे में शैलेन्द्र इस करुणा को दुनिया के ऊपरवाले से जोड़कर एक बड़ी कला और कौशल के साथ, दुनियावालों के कर्त्तव्य की याद दिलाने के लिए एक प्रकारान्तर का निर्माण करते हैं :

तुम्हारे हैं तुमसे दया माँगते हैं
तेरे लाड़लों की दुआ माँगते हैं
यतीमों की दुनिया में हरदम अँधेरा
इधर भूलकर भी न आया सबेरा
किसी शाम को एक पल भर जले जो
हम आशा का ऐसा दिया माँगते हैं
थे हम जिनकी आँखों के चंचल सितारे
हमें छोड़ वो इस जहाँ से सिधारे
किसी की न हो जैसी किस्मत है अपनी
दुखी दिल सभी का भला माँगते हैं
बचा हो जो रोटी का टुकड़ा दिला दो
जो उतरा हो तन से वह कपड़ा दिला दो
तुम्हारे हैं तुमसे दया माँगते हैं

(बूट पालिश)

ये यतीम बच्चे भी 'तुम' के हैं जिस 'तुम' के वो तमाम लोग हैं जिनके पाँव कभी

धरती पर नहीं पड़ते। इस वैषम्य, विडम्बना की त्रासदी और व्यंग्य की ऐसी भीतर चुभनेवाली अभिव्यक्ति बहुत कम सम्भव हो पाती है :

'तुम्हारे हैं'—तुमसे दया माँगते हैं

माँगते हैं ये यतीम बच्चे और दाता हैं ये महल-कोठियों वाले। इन दोनों के बीच परमपिता परमेश्वर क्या करें? दलाली! न वे लें, न दें, बस दिला दें :

बचा हो जो रोटी का टुकड़ा 'दिला दो'

शैलेन्द्र के गीतों में आये बच्चे सामान्य बच्चे तो हैं ही, सबके घर के भी हैं :

मुन्ना बड़ा प्यारा अम्मी का दुलारा
कोई कहे चाँद कोई आँखों का तारा
हँसे तो भला लगे रोए तो भला लगे
अम्मी को इसके सिवा कुछ न अच्छा लगे

(मुसाफिर)

साथ ही वे जिस वर्ग से आते हैं उसकी भी स्पष्ट पहचान उनके गीतों में है :

एक दिन वो माँ से बोला
क्यों फूँकती है चूल्हा
क्यों न रोटियों का पेड़ हम लगा लें
आम तोड़े रोटी तोड़े रोटी आम खा लें

(मुसाफिर)

कौन न रीझ जाए ऐसे भोले और भले भगवान पर, शिशु भोलानाथ पर जो सचमुच के भगवान की सृष्टि में इतने बड़े और खुशगवार बदलाव ला देने की हिम्मत जानता है। इस भोले भगवान को माँ हँसी-हँसी में ही यह सीख देती है :

....हँस के वो कहने लगी
मेहनत के बिना रोटी किस घर में पकी

(मुसाफिर)

और इस तरह यह 'मेहनत' मजदूर लड़के की मातृभाषा का सबसे महत्त्वपूर्ण शब्द हो जाता है।

यह मुन्ना छुपाछुपी खेलता है और ऐसा उस्ताद कि कुर्सियों के पीछे, बिस्तरों के नीचे किसी को कहीं ढूँढ़े नहीं मिलता। लेकिन मुन्ना भी क्या करे, सारी उस्तादी धरी रह जाती है :

सारा जग ढूँढ़ थके कहीं मुन्ना ना मिला
मिला तो प्यार भरी माँ की आँखों में मिला

(मुसाफिर)

दुख के दिनों में स्वाभाविक है कि सुख के दिन ज्यादा याद आते हैं। लेकिन शैलेन्द्र के गीत-पात्र को इन दुख के दिनों के नाम पर माँ की याद आती है :

मुझे चूमकर तूने एक दिन कहा था
मेरे लाड़ले, तू तो राजा बनेगा
सदा प्यार की पालकी में चलेगा
बेआस-बेघर
मैं भटकता हूँ दर दर
मुझे यूँ भटकता अगर देख लेती
तेरा दिल टूट जाता

(अब दिल्ली दूर नहीं)

हर माँ की तरह ही अपने बेटे को 'राजा बेटा' कहने और उसके राजा बनने के ख्वाब देखनेवाली माँ यह भी है लेकिन इसके साथ ही एक असाधारणता इस मातृ-चरित्र में है। किसी हीरे-मोती जड़े राज-सिंहासन या पालकी की बात वह नहीं करती :

मेरे लाड़ले तू तो राजा बनेगा
सदा प्यार की पालकी पर चढ़ेगा।

'नन्हे मुन्ने बच्चे तेरी मुट्ठी में क्या है' शैलेन्द्र के अत्यन्त लोकप्रिय गीतों में से एक है। सरल और संश्लिष्ट प्रश्नोत्तरों से गुँथा यह गीत बच्चों के लिए भी है, बड़ों के लिए भी, जीवन-संघर्ष के हर योद्धा के लिए भी :

नन्हे मुन्ने बच्चे तेरी मुट्ठी में क्या है
मुट्ठी में है तकदीर हमारी
हमने किस्मत को बस में किया है
भोली-भाली मतवाली आँखों में क्या है
आँखों में झूमे उम्मीदों की दीवाली
आनेवाली दुनिया का सपना सजा है

(बूट पालिश)

और इस उम्मीद के इस स्वाद को तो जितना भी सराहा जाए, कम है :

आते होंगे बाबा
मुन्ने की मिठाई लाते होंगे बाबा

(मुसाफिर)

खास तौर पर अपने फिल्मी गीतों में शैलेन्द्र ने वर्तमान समाज-व्यवस्था से असन्तोष या समाज के यथार्थ चित्रण में प्रायः एक ऐसे कलात्मक संयम का परिचय

दिया है जिससे बात बनती और असर करती है :

दम लेने को साया है तलवारों का
सो जाने को विस्तर है अंगारों का
कदम चूम तू जर के अन्धे पीरों का
करना है तो सजदा कर दीवारों का

(यहूदी)

उनके गीतों में शोषक-समाज के प्रति व्यंग्य का एक छुपा नश्तर विद्यमान है तो दलित-पीड़ित मानवता के लिए खुला प्यार :

दिल की बात सुने दिलवाला
छोटी-सी बात न मिर्च मसाला

× × ×

छोटे-से घर में गरीब का बेटा
मैं भी था माँ के नसीब का बेटा

(श्री 420)

फिर भेदभाव ये कैसा है

पाखण्ड के विरोध में शंकर शैलेन्द्र बहुत सार्थक और कबीर की तरह चुभते हुए प्रश्न उठाते हैं :

पंडित जी मंतर पढ़ते हैं
वो गंगा जी नहलाते हैं
हम पेट का मंतर पढ़ते हैं
जूते का मुँह चमकाते हैं
पंडित की पाँच चवन्नी है
अपनी तो एक इकन्नी है
फिर भेद-भाव ये कैसा है
जब सब को प्यारा पैसा है

(बूट पालिश)

पाखण्ड और सामाजिक विषमता का विरोध करते हुए श्रम को ही वे श्रेष्ठता के मापदण्ड के रूप में प्रस्तुत करते हैं :

मेहनत का फल मीठा मीठा, हाँ भाई हाँ रे
भाग किसी का रूठा-झूठा, ना भाई ना रे
मेहनत की एक सूखी रोटी, हाँ भाई हाँ रे

लानत जो फोकट की खाए
लानत जो हराम की खाए

(बूट पालिश)

शैलेन्द्र का रिक्शावाला तमाम लोगों को मंजिल तक पहुँचाता है और अपनी तमाम दुश्वारियों के बावजूद दिल के रिश्ते जोड़ने पर विश्वास रखता है। लेकिन वह 'होरी' नहीं जो पाँवों के नीचे सिर है तो तलुए सहलाने में ही अपनी खैरियत मानता है; वह वह 'गोबर' है जिसके मन में इस तरह के सवाल उठ चुके हैं :

रात दिन हर घड़ी एक सवाल
रोटी कम है क्यों अकाल
क्यों दुनिया में कमी है
ये चोरी किसने की है
कहाँ है सारा माल
कहाँ है सारा माल?

(छोटी बहन)

इस जागृति को शैलेन्द्र पहचानते हैं और उसे धरती के भाग्य के जागरण से जोड़ते हैं :

मेहनतकश इनसान जाग उठा
लो धरती के भाग जगे

(इनसान जाग उठा)

वे उस आग को वाणी देते हैं जिसे भोजपुर जनपद में आकर नागार्जुन भी महसूस करते हैं :

यही धुआँ मैं ढूँढ़ रहा था
यही आग मैं खोज रहा था
यही गन्ध थी मुझे चाहिए
बारूदी छर्रे की खुशबू!....[32]

इस शक्ति, इस ओज को शैलेन्द्र अभिव्यक्ति-सामर्थ्य देते हैं; इस शक्ति, इस ओज से वे अभिव्यक्ति-सामर्थ्य लेते हैं :

है आग हमारे सीने में
हम आग से खेलते जाते हैं
टकराते हैं जो इस ताकत से
वे मिट्टी में मिल जाते हैं

× × ×

हम गाते गरजते सागर हैं
कोई हमको रोक नहीं पाया
हम मौज में जब भी लहराए
सारा जग डर से थर्राया
हम छोटी-सी वो बूँद सही
है सीप ने जिसको अपनाया
(जिस देश में गंगा बहती है)

रूस और उसकी समाजवादी शासन-व्यवस्था की प्रशंसा में प्रगतिशील कवियों ने काफी कुछ लिखा है। खुद शंकर शैलेन्द्र ने भी 'न्यौता और चुनौती' में कम प्रशस्तियाँ नहीं पढ़ी हैं। उनकी शक्ति और कमजोरी की चर्चा हम पिछले अध्यायों में कर आये हैं। लेकिन शैलेन्द्र के फिल्मी गीतों के सन्दर्भ में यह तथ्य ध्यातव्य है कि उनके अनेक गीत रूस सहित कई देशों के कण्ठहार बने। यहाँ आकर बाजी पलट जाती है। उनका 'मेरा जूता है जापानी' और 'आवारा हूँ गर्दिश में हूँ आसमान का तारा हूँ' जैसे गीतों ने प्रेमचन्द के साहित्य की तरह विदेशों में भारत की पहचान बनाई। "यह भी कहा जाता है कि चीन के चेयरमैन माओत्से तुंग को राजकपूर की यह फिल्म (आवारा) सर्वाधिक प्रिय थी। राजकपूर इस फिल्म से रातोंरात सुपर स्टार बन गये थे। इस फिल्म का एक गीत 'आवारा हूँ' देश-विदेश में लोगों की जुबान पर चढ़ गया था और राजकपूर की फिल्मी ड्रेस का स्टाइल देश के नवयुवकों ने अपना लिया था। जिधर देखो, नवयुवक अपनी पतलून की मोहरी ऊपर की ओर मोड़कर गाते हुए मिलते। इस अन्तर्राष्ट्रीय प्रसिद्धि प्राप्त गीत के बोल शैलेन्द्र ने लिखे थे, गाया था मुकेश ने और धुन बनाई थी शंकर-जयकिशन ने।"[33] "अपनी समाजवादी विचारधारा और इस फिल्म के टाइटिल सांग– 'आवारा हूँ' ने इस फिल्म को देश-विदेश में आशातीत सफलता दिलाई। ऐसी सफलता बहुत कम लोगों के नसीब में लिखी होती है।"[34]

इस तरह शंकर शैलेन्द्र ने अपने फिल्मी गीतों से प्रगतिशीलता की भावना को और भी गाढ़ा, प्रभावकारी, जन-जनव्यापी रंग-रूप दिया है।

सन्दर्भ

1. डॉ. रामखेलावन पांडेय; *गीतिकाव्य*, पृ. 9।
2. वही, पृ. 10।
3. वही, पृ. 12।
4. वही, पृ. 13।
5. न्यौता और चुनौती : 'नयी-नयी शादी है लेकिन' शीर्षक कविता से।

6. राजेन्द्र यादव; *साहित्य और सिनेमा* (युगावलोकन, प्रवेशांक, अगस्त-सितम्बर-1987), पृ. 53।
7. धर्मयुग; 1 जनवरी, 1967, पृ. 43-44।
8. डॉ. ओंकार प्र. माहेश्वरी; *हिन्दी चित्रपट का गीति-साहित्य,* पृ. 25।
9. आर्देशिर ईरानी (निर्देशक); *आलम आरा,* प्रदर्शन-4 मार्च, 1931।
10. गायिका : जुबैदा।
11. गायक : डब्ल्यू.एम. खान।
12. फिल्म : *स्ट्रीट सिंगर* (1937); गीतकार : आर.सी. बोराल।
13. फिल्म : *धूप छाँव* (1937); गीतकार : सुदर्शन।
14. फिल्म : *दी प्रैसीडेन्ट यानी बड़ी बहन* (1936); गीतकार : आरजू लखनवी।
15. फिल्म : *डॉक्टर* (1940); गीतकार : प्रदीप।
16. फिल्म : *किस्मत* (1942); गीतकार : प्रदीप।
17. वही।
18. फिल्म : *अनमोल घड़ी* (1947); गीतकार : तनवीर नकवी।
19. फिल्म : *शहीद* (1948); गीतकार : राजा मेंहदी अली खाँ।
20. डॉ. रणजीत; *हिन्दी के प्रगतिशील कवि,* पृ. 177।
21. नामवर सिंह; *आधुनिक साहित्य की प्रवृत्तियाँ,* पृ. 105।
22. नागार्जुन की कविता 'पछाड़ दिया मुझको मेरे आस्तिक ने'।
23. पन्त की कविता 'मौन निमन्त्रण'।
24. नामवर सिंह; *आधुनिक साहित्य की प्रवृत्तियाँ,* पृ. 101।
25. शैलेन्द्र; *मैं, मेरे गीत और मेरा कवि,* धर्मयुग (16 मई, 1965), पृ. 38।
26. वही।
27. नामवर सिंह; *आधुनिक साहित्य की प्रवृत्तियाँ,* पृ. 102।
28. वही, पृ. 102-103।
29. त्रिलोचन; *धरती,* पृ. 60।
30. डॉ. रामविलास शर्मा; *मार्क्सवाद और प्रगतिशील साहित्य,* पृ. 29 में उद्धृत।
31. 'महुआ-घटवारिन' गीत-कथा पर आधारित गीत।
32. नामवर सिंह (सम्पादक); *नागार्जुन : प्रतिनिधि कविताएँ,* पृ. 112।
33. डॉ. महेन्द्र मित्तल; *राजकपूर : सितारों से सितारों तक,* पृ. 78।
34. वही, पृ. 180।

यह आँखों देखा जादू है

शंकर शैलेन्द्र की मुख्य काव्य-वस्तु गरीब, शोषित, उत्पीड़ित और जीवन के लिए संघर्ष करता हुआ मजदूर है। वे स्वयं एक मजदूर थे—अपने अधिकारों के लिए संघर्षशील मजदूर। उनकी जीवन-स्थितियों पर ध्यान दें तो उनका जीवन उनकी कविताओं-गीतों के साथ अनुस्यूत मिलेगा। कह सकते हैं कि उनकी कविताएँ सबसे पहले खुद उनके बारे में हैं लेकिन उनमें आत्मग्रस्तता नहीं है, आत्मविस्तार है। उन्हें उनका स्वान्तः सुख हासिल होता है उन लोगों के सुख में, उन लोगों के दुख और उनकी संघर्षशीलता को वाणी देने में जिनके बीच वह थे, जिनके दुख, जिनकी समस्याएँ उनकी अपनी थीं। यही कारण है कि उन्हें उस लोकप्रियता का एक भरपूर हिस्सा मिला जो लोकसिद्ध कवियों को ही हासिल होता है।

यह ध्यातव्य है कि शंकर शैलेन्द्र की कविता में किसान अनुपस्थित हैं और हैं भी तो नाम ही भर के :

चर्चिल माँगे खून मजूर किसानों का

इसी तरह गाँव और गाँव से जुड़ी तमाम समस्याओं से शंकर शैलेन्द्र का काव्य-संसार वंचित है। लेकिन सच पूछिए तो अभिव्यक्ति की यही ईमानदारी उन्हें एक विश्वसनीय कवि बनाती है। किसान-जीवन का अनुभव उन्हें नहीं था और ऐसी स्थितियों को यदि उन्होंने अपनी काव्य-वस्तु नहीं बनाया तो यह उनकी सच्ची और खरी ईमानदारी ही कही जाएगी। प्रगतिशील कवि अक्सर गरीबों-मजलूमों का मसीहा बनने के चक्कर में ऐसी गलती कर जाते हैं। हाथ लगती हैं निष्प्राण गर्जन और प्रलाप तत्त्व से भरी हुई हास्यास्पद रचनाएँ।

उपन्यासों में आंचलिकता का आन्दोलन एक जाने-जिए भूखण्ड को ही उसकी संपूर्णता-समग्रता में प्रस्तुत कर देने की ईमानदारी से प्रेरित था। यही ईमानदारी शंकर शैलेन्द्र की कविताओं में मिलती है। मजदूर-जीवन, और खास तरह से बम्बई के मजदूर जीवन का यथार्थ चित्रण शंकर शैलेन्द्र की कविताओं में समग्रता के साथ हुआ है। कविता की दुनिया में यह एक तरह से स्थानीय या आंचलिक रंग का समावेश

है जो प्रगतिशील कविता की विशेषता रही है। लेकिन यह वह आंचलिकता नहीं है जिसकी मोहक रंगीनी धरती के तमाम दुखों और पीड़ाओं को भी रंगीन और मोहक बना देती है।

मजदूर-जीवन स्वयं में इतना भरा-पूरा है, उसके इतने पक्ष-विपक्ष हैं कि उसे गहराई से जिए बिना समझना और अभिव्यक्ति देना असम्भवप्राय है। देखना यह चाहिए कि शंकर शैलेन्द्र इसमें कितना सफल हुए हैं और इस जीवन की कुरूपता और सुन्दरता, आस्था और संघर्ष को किस हद तक अपनी काव्य-वस्तु बना पाये हैं।

शैलेन्द्र की काव्य-वस्तु को ठीक-ठीक पकड़ने के लिए उनकी काव्य-प्रेरणा को समझना जरूरी है। उनके काव्य की प्रेरणा है– 'कोटि-कोटि कंठों की व्याकुल विकल पुकारें' और 'अम्बर की छाती बिदारनेवाली नवयुग की ललकारें'। उनकी कविता में जो करुणा है, जो व्यथा है, उनके गीतों में वह इन्हीं 'कोटि-कोटि कंठों की व्याकुल विकल पुकारें' सुन सकने के सामर्थ्य के चलते। उनकी कविता में जो आशा, विश्वास, संजीवनी शक्ति, उत्साह और मस्ती है वह इन्हीं 'नवयुग की ललकारों' को सुन सकने के सामर्थ्य के चलते। वे साफ-साफ दूर भागते दुश्मनों को देख रहे हैं। दुश्मनों को दूर भागने का विश्वास उनकी कविता में व्यंग्य की धार देता है। जीत के विश्वास के बिना व्यंग्य नहीं किया जा सकता; विश्वास के अभाव में तो व्यंग्य एक असमर्थ रुदन की शक्ल अख्तियार कर लेता है।

उनकी कविताओं पर एक सरसरी निगाह डालते ही साफ हो जाता है कि भूख, गरीबी, रोटी, कपड़ा, मकान, बेरोजगारी, हड़ताल, आन्दोलन, माँग, बोनस, पगार, महँगाई, नारे, संघर्ष, समझौते, मौकापरस्ती, एकता, परिवर्तन, शोषण, सरकार, नेता, साथी, पत्नी, रूस, चीन, ब्रिटेन, अमेरिका, तेलंगाना विद्रोह, गाँधी, नेहरू, लेनिन, चर्चिल, स्तालिन, आजादी जैसी सभी चीजें, स्थितियाँ, स्थान और लोग उनकी कविता के विषय बने हैं।

उनकी कविताओं की रचना का समय आजादी के तत्काल बाद का है। आजादी के बाद का मोहभंग उनकी कविता में उतने ही प्रामाणिक ढंग से प्रस्तुत हुआ है जितने प्रामाणिक ढंग से जनता के विभिन्न आन्दोलनों में फूट रहा था। अपने समय की सूक्ष्म और गहरी पहचान के चलते ही शंकर शैलेन्द्र की कविता अपनी प्रासंगिकता आज भी बरकरार रखे हुए है।

स्थान के लिहाज से एक तरफ तो शैलेन्द्र की कविता में अन्तर्राष्ट्रीयता की स्थिति है तो दूसरी तरफ भारत, उसमें भी खास तौर पर शहरी और उसमें भी औद्योगिक क्षेत्र। मिल और कारखाने उनकी कविता में जगह पाते हैं और उनकी कविता को जगह देते हैं। रहने के लिए जगह का न मिल पाना भी उनकी कविता

का एक मुख्य विषय है।

शंकर शैलेन्द्र की कविता जिस विषय-वस्तु के चयन में अपनी विरल कोटिकता सिद्ध करती है वह है सम्बन्ध। ये सम्बन्ध पारिवारिक भी हैं, सामाजिक भी। सामाजिक सम्बन्धों के उदाहरण के रूप में मजदूर और पूँजीपति, महाजन और कर्जदार के सम्बन्धों जैसे हैं। पारिवारिक सम्बन्धों में सबसे ज्यादा गाढ़ा रंग पति-पत्नी के सम्बन्ध का है। यह 'पत्नी' हिन्दी कविता का विषय बहुत कम बन पायी है। हिन्दी कविता का अधिकांश 'उर्वशी' के नाम है, बहुत कम 'औशीनरी' के हिस्से में पड़ता है। यह पत्नी कबीर के प्रतीकों में है, जायसी के 'पद्मावत' में है, नागार्जुन के 'सिन्दूर तिलकित भाल' में है और है शैलेन्द्र की कविता में :

यह दमघोंट धुएँ की काली बदली
उस दिन छँट जावेगी
जिस दिन प्यारी बीवी की मुस्कान
अँधेरा और उजाला एक करेगी।[1]

शंकर शैलेन्द्र ने राजनीतिक कविताएँ अधिक लिखी हैं। कुछ लोगों को राजनीति को कविता का विषय बनाना आयुर्वेद शास्त्र को कविता के विषय बनाने जैसा ही प्रतीत होता है। ऐसा तब होता है जब राजनीतिशास्त्र के सिद्धान्तों को कविता में कहने की कोशिश की जाती है। शंकर शैलेन्द्र, नागार्जुन, नरेन्द्र शर्मा, रामविलास शर्मा, केदारनाथ अग्रवाल जैसे कवियों की राजनीतिक कविता का अर्थ मनुष्य को, उसके आचरण और उसकी स्थिति को राजनीतिक परिप्रेक्ष्य में रखना है। राजनीति आज के समाज का सर्वाधिक महत्त्वपूर्ण पक्ष है। इस तरह कविता में राजनीति का प्रवेश 'लेखक के व्यक्तित्व के समाज के संघर्ष में ही विकसित होकर पुष्ट होने'[2] का परिणाम है और 'समाज के लिए साहित्य रचने से मुँह न चुराने'[3] का फल।

शंकर शैलेन्द्र की कोशिश राजनीति के उन तमाम रंगों की कलई उतारने की रही है जो जनता के नाम पर जनता के खिलाफ चढ़ाई गयी है। तेज रफ्तार दुनिया में एक जीवित और संवेदनशील मनुष्य किस तरह निर्जीव बना दिया जाता है, खूँटे की तरह गाड़ दिया जाता है—शैलेन्द्र की कविताओं में साफ-साफ देखा जा सकता है :

कितनी तेज है किरणों की रफ्तार
कितनी तेज है समय की धार
बस की लाइन में खड़ा हूँ
भागती जमीन में खूँटे-सा गड़ा हूँ।[4]

लीडरों की बिना खून बहाए दिलवाई आजादी उन्हें सबसे अधिक सालती है।

ऐसी आजादी के कारण ही आजादी के बाद भी ब्रिटिश पौंड का दबाव भारतीय रुपये पर बना रहता है। ब्रिटिश दबाव के चलते रुपये की कीमत घट जाती है :

घटे पौंड की पूँछ पकड़ रुपया चलता है[5]

यहाँ रुपया और पौंड भारत की समूची व्यवस्था के प्रतीक बन जाते हैं। शैलेन्द्र की कविताओं में आजादी एक उल्टी रामायण के रूप में दिखाई देती है :

रावण न मरा लंका न जली
खुद घर लौट आयीं जनकलली
ना सेतु बँधा ना पूँछ जली
मन्त्री हैं श्री बजरंगबली।[6]

ऐसी कविताओं में उन्होंने मिथक के प्रयोग से व्यंग्य के तीखे तीरों का सहारा लिया है। वे राजनीति की वामपंथी धारा के हिमायती हैं। यह हिमायत उनकी कविता में जहाँ स्वशब्दवाची हैं वहाँ कमजोर है लेकिन इसके बल पर जहाँ वे व्यंग्य के तीखे प्रहार से व्यवस्था की व्यर्थता को सामने लाते हैं, नागार्जुन के साथ खड़े होते हैं। इसके साथ ही परिवर्तनकामी जनसंघर्षों के 'विषय में' और 'के लिए' लिखी गयी उनकी कविताएँ अद्‌भुत प्रभाव और गत्वर संवेदनाओं को जन्म देती हैं।

शंकर शैलेन्द्र के फिल्मी गीतों के विषय भी कुछ व्यापकता और कलात्मकता के साथ मूलतः और मुख्यतः यही हैं। बेघरबार उत्पीड़ित लेकिन स्वाभिमानी, मस्त और फक्कड़, कुलगोत्र हीन और आवारा लेकिन हँसने और उससे भी ज्यादा हँसानेवाले पात्र उनके गीतों में अधिक लोकरमणीय होकर उभरे हैं। रिक्शेवाले और जूता पालिश करनेवाले वहाँ भी हैं। उनके फिल्मी गीतों में मनुष्य और उसका अन्तरंग सम्पूर्णता के साथ अधिक प्रत्यक्ष हुआ है। उसकी धर्म-भावना, उसका प्रेम, उसकी इच्छाएँ और शिकायतें, उसका उत्साह और रह-रहकर पराजयबोध—मानवीयता के अनेक पक्ष उनके फिल्मी गीतों में अपेक्षाकृत अधिक विश्वसनीयता के साथ उभरे हैं। लेकिन सर्वत्र प्रगतिशीलता की एक ठेठ भारतीय धारा प्रवाहित है। यह 'मेरा जूता है जापानी...लेकिन दिल है हिन्दुस्तानी' जैसे दिलो-दिमाग दोनों को छू लेनेवाले अन्तर्राष्ट्रीय प्रसिद्धि प्राप्त गीतों से ज्यादा स्पष्ट है। प्रेम फिल्मों का सबसे प्यारा, पुराना और प्रगल्भ विषय रहा है। शैलेन्द्र ने भी प्रेम को लेकर सबसे अधिक गीत लिखे हैं और उनमें से कुछ तो उन्हें लिखने पड़े भी हैं। लेकिन अधिकांशतः प्रेम के जिन विभावानुभावव्यभिचारियों की वे चर्चा करते हैं या वैसे प्रसंगों की उद्‌भावना करते हैं उससे जीवन में प्रेम की अनवरत अनिवार्यता का बोध होता है, उत्तेजना के क्षणिक उन्माद का नहीं।

शिल्प के धरातल पर शैलेन्द्र मुख्य रूप से उसकी चिन्ता करते हैं जिस तक

उन्हें अपनी बात पहुँचानी होती है। काव्यवस्तु की जटिलताओं में उतरने के बावजूद वे इसीलिए सम्प्रेषण सहज बनाये रख पाते हैं। उत्कृष्ट कविता की पहचान इसी काव्यवस्तु की जटिलता और सम्प्रेषण की सहजता का समन्वय है।

शंकर शैलेन्द्र की अधिकांश कविताएँ छन्दोबद्ध हैं। छन्दोबद्धता उनकी कविता में मुक्तक और प्रबन्ध दोनों ही पद्धतियों से घटित होती है; अर्थात् यदि किसी कविता में किसी छन्द की पाँच आवृत्तियाँ हैं तो वे पाँच लहरों के आरोह-अवरोह का दृश्य भी प्रस्तुत करती हैं और समग्र रूप से एक ही आरोही लहर का भी। पहला दृश्य छन्दोबद्धता की मुक्तक-पद्धति की देन है, दूसरा प्रबन्ध-पद्धति की। इस प्रकार कई दृश्यों के गत्वर संयोजन से एक पूर्णप्राय नाटिका एक कविता में घटित हो जाती है। यह एक तरह से कविता की कथा-पद्धति है जिसमें बिम्बों के लिए जगह रहती है, प्रतीकों के लिए प्रायः नहीं। इस कथा-पद्धति और प्रतीकहीनता के कारण कविता साफ और समझ में आ जानेवाली बन पड़ती है। कविता यदि प्रथम श्रवण या प्रथम दृष्टया ही समझ में आ जाए तो लोग अक्सर उसकी स्तरहीनता के प्रति आश्वस्त हो जाते हैं। शंकर शैलेन्द्र के साथ भी समीक्षकों का व्यवहार बहुत कुछ ऐसा ही रहा है। इस व्यवहार के शिकार कमोबेश दिनकर, नेपाली और नरेन्द्र शर्मा जैसे कवि भी हुए हैं। कहना न होगा कि यह उपेक्षा कलाकेन्द्रित समीक्षा की देन है, वस्तुनिष्ठ समीक्षा की नहीं।

वस्तुतः छन्द-बन्धन जितना आसान है उतना ही कठिन भी। कहने के लिए बात न हो तो भरने के लिए छन्द का तगण, मगण काफी सहायक होता है, लेकिन बात हो तो छन्द का संयम काव्यसौन्दर्य को निखारने और कविता को गति देने का कार्य करता है। यह गति शंकर शैलेन्द्र की कविता में है और इसीलिए छन्दोबद्धता उनकी कविता में अपनी मुक्तक-पद्धति में ही नहीं प्रबन्ध-पद्धति में भी, समग्रता में भी सिद्ध होती है। अर्थात् छन्द की प्रत्येक आवृत्ति के निजी आरोह-अवरोह के बावजूद कविता की एक अभंग-अबाध अनवरत गति निरन्तर बनी रहती है।

शंकर शैलेन्द्र की कविताओं में चौपाई, मात्रिक संगीत और प्रयाण गीत की धुनें अपनी सम्पूर्ण विशेषताओं के साथ उपस्थित हैं। उनकी 'पन्द्रह अगस्त के बाद' शीर्षक कविता में चौपाई छन्द का प्रयोग द्रष्टव्य है :

आजादी की चाल दुरंगी
घर-घर अन्न वस्त्र की तंगी
तरस दूध को बच्चे सोए—
निर्धन की औरत अधनंगी

'भगतसिंह से' शीर्षक कविता में मात्रिक संगीत पर लम्बी धुन का उदाहरण

देखा जा सकता है :

भगतसिंह इस बार न लेना काया भारतवासी की
देशभक्ति के लिए आज भी सजा मिलेगी फाँसी की

इसी तरह 'मेहनतकशों के लिए' शीर्षक कविता में प्रयाण गीत की धुन स्पष्ट सुनाई पड़ती है :

तू जिन्दा है तो जिन्दगी की जीत में यकीन कर
अगर कहीं है स्वर्ग तो उतार ला जमीन पर!

अपनी कविताओं में शंकर शैलेन्द्र ने तुकों के युगल से प्रायः दाम्पत्य जैसा सम्बन्ध उपस्थित किया है, तुकों से बलात लाया गया रमणीय स्वेच्छाचार नहीं। 'आजादी की चाल दुरंगी, घर-घर अन्न वस्त्र की तंगी' में तुक सिर्फ 'दुरंगी' और 'तंगी' को ही नहीं, पहले पूरे वाक्य से दूसरे पूरे वाक्य को मिलता है।

शंकर शैलेन्द्र कविताएँ 'किसके लिए' लिख रहे थे? उनके लिए 'जिनके बारे में' वे लिख रहे थे। वे गरीब हैं, दलित हैं, मजदूर हैं और जीवन के लिए निरन्तर संघर्षशील। गति ऐसी ही संघर्षशीलता में है, छन्द में है। श्रम स्वयं संगीत है। भूख से लड़ता हुआ मनुष्य सर्वांग सुन्दर होता है और सौन्दर्य हमेशा एक ताल में होता है, एक लय में होता है। इस तथ्य से परिचित कवियों के लिए कविता न सिर्फ छन्द में होगी बल्कि गीतोन्मुख छन्दों में होगी। शंकर शैलेन्द्र की लम्बी कविताएँ भी एक ताल, एक लय पर चलती हुई पूर्ण अभिव्यक्ति दे पाती हैं।

जो छन्दोबद्ध कविताएँ नहीं लिख सकता उसके लिए छन्दमुक्त कविता लिखना भी सम्भव नहीं। छन्दमुक्ति के लिए छन्द-बन्धन का अहसास आवश्यक है। बन्धन के दबाव को अनुभव किये बिना मुक्ति की आकांक्षा हास्यास्पद है। इस बन्धन को निराला ने महसूस किया और छन्दों को मुक्त किया। ध्यान रहे कि निराला ने छन्दों को मुक्त किया न कि कविता को छन्दों से मुक्त किया। छन्द के निश्चित नियमों को तोड़ा जा सकता है लेकिन कविता के लिए छन्द आवश्यक है। निराला के परवर्ती कवि छन्द को बन्धनमुक्त करने के बजाय कविता को ही छन्दमुक्त करने लगे। शंकर शैलेन्द्र ने निराला का अनुसरण करते हुए छन्दमुक्ति का सहारा लिया है न कि कविता को ही छन्दों से मुक्त करने का :

जीवन के शत संघर्षों में रत रहकर भी
कभी-कभी याद आ ही जाती है बिखरी दुखभरी कहानी
जहर बुझे तीरों से आहत हुए हरिन-सा
सहसा तड़प छटपटाता मन
आँखों से बह चलता पानी।[7]

यह छन्दमुक्ति है। चरण, यगन-मगण और मात्रा-गणना से मुक्ति की एक मिसाल है। लेकिन यहाँ छन्द है, लय है और 'कहानी' और 'पानी' जैसे दूरस्थ तुक भी हैं।

उपमा की तलाश में शंकर शैलेन्द्र प्रायः एक पूरी स्थिति के लिए उससे मिलती-जुलती दूसरी पूरी स्थिति का इस्तेमाल करते हैं। उपर्युक्त काव्यांश में भी यह बात साफ देखी जा सकती है, या फिर :

एक कोठरी ही काफी है
दोनों सुख से साथ रहेंगे
जैसे किसी घोंसले में कपोत की जोड़ी[8]

शंकर शैलेन्द्र अपने चित्र-विधान में भी प्रायः एक साथ रूप, रंग, गन्ध, नाद की अनुभूतियाँ प्रस्तुत कर देते हैं :

कोटि-कोटि कंठों की व्याकुल विकल पुकारें
अम्बर की छाती बिदारनेवाली नवयुग की ललकारें
युग-युग के बन्दी जन की
टूटी हथकड़ियों और बेड़ियों की झंकारें
खून-पसीने से लथपथ
पीड़ित शोषित मानवता की दुर्दम हुंकारें[9]

पुकारों, ललकारों, झंकारों ओर हुंकारों के साथ-साथ हथकड़ियों-बेड़ियों का नाद-सौन्दर्य, उनके टूटने से छूटती चिंगारियों तथा युग-युग के बन्दी जन की रूप-कल्पना के साथ ही खून-पसीने की गन्ध जैसे ध्वन्यार्थ प्रयोग कविता के शिल्प को समृद्ध करते हैं।

अपनी कविता में शंकर शैलेन्द्र अक्सर पुराण और लोक-प्रसिद्ध मिथों का सहारा लेते हैं :

उम्मीदों की सीता हर ली
अपना रावण रूप दिखाया[10]

लेकिन अपने ऐतिहासिक पात्रों की मिथकीय प्रस्तुति करते हुए शंकर शैलेन्द्र, बहाना चाहे व्यंग्य का हो, हृदय छू लेते हैं :

भगतसिंह इस बार न लेना काया भारतवासी की
देशभक्ति के लिए आज भी सजा मिलेगी फाँसी की

× × ×

शान्ति सुरक्षा की खातिर हर हिम्मतवर से डरना है
पहनेगी हथकड़ी भवानी रानी लक्ष्मी झाँसी की।[11]

इसी प्रकार शंकर शैलेन्द्र व्यंग्य के लिए प्रकारान्तर से कबीर की उलटबाँसी शैली

का भी इस्तेमाल करते हैं :

संघ खुला खद्दर जी बोले
'आओ तिनरंगे के नीचे
रोटी ऊपर से बरसेगी
करो कीर्तन आँखें मीचे'[12]

कविता सामान्य से विशिष्ट की तरफ जितना अधिक उन्मुख रहती है उतना ही अधिक तीव्र और प्रभावकारी होती है। शंकर शैलेन्द्र जब जनता पर थोपे गये कर्तव्यों और नेताओं के गिरगिटपन की चर्चा करते हैं तो एक सामान्य के बदले अनेक विशेष की चर्चा से कविता को वस्तु-सम्पन्न नहीं प्रभावापन्न करते हैं :

अब तो बस कर्तव्य रह गये हैं जनता के
और खद्दरधारी नेता के सर पर केवल
सधी सधायी हल्की फुल्की गाँधी टोपी
नयी 'कार' का भार, अपीलें
सत्य, अहिंसा, स्वार्थ त्याग की
बड़ी महीन महीन दलीलें
नये बयान, महा अधिवेशन
छायावादी कविता जैसे
रंग भरे लचकीले भाषण....[13]

'नेताओं को न्यौता' में मौलिक प्रसंगों की उद्भावना की अद्भुत कल्पनाशक्ति के दर्शन होते हैं। इस तरह कविता के कथात्मक न्यास और गति से वे अक्सर बाँध लेते हैं। बावजूद इसके, कल्पना को बहुत अवसर उनकी कविताओं में नहीं मिला है; इस दृष्टि से शंकर शैलेन्द्र की निम्नलिखित पंक्तियाँ सार्थक हैं :

यह कवि कल्पना उड़ान नहीं
यह झूठा वेद पुराण नहीं
यह आँखों देखा जादू है[14]

और कविता का मुख्य वेग 'दिल विह्वल है बेकाबू है' के चलते है।

'न्यौता और चुनौती' की भाषा वही नहीं है जो उनके फिल्मी गीतों की है। 'न्यौता और चुनौती' में प्रायः मजदूर-जीवन से उठाये गये शब्द हैं। शंकर शैलेन्द्र का मजदूर-जीवन भी बड़े शहरों के मिलों-कारखानों का है। वहाँ के मजदूर-जीवन में जो शब्द रच-बस गये हैं, चाहे वे अंग्रेजी के या तत्सम ही क्यों न हों, उन्होंने अपनी कविताओं में सहजता के साथ प्रयोग किया है। उनकी कविताओं में एक तरफ लीडर, कॉमनवेल्थ, इन्फ्लेशन, कन्सेशन, नेशन जैसे मजदूरों की बोलचाल में साधारण ढंग

से प्रयुक्त होनेवाले अंग्रेजी के शब्द हैं–

लीडर ने तरकीब निकाली[15]

× × ×

कॉमनवेल्थ कुटुम्ब देश को खींच रहा है मंतर से[16]

× × ×

मत करो बहाने संकट है मुद्राप्रसार इन्फ्लेशन है
इन बनियों चोर लुटेरों को क्या सरकारी कन्सेशन है[17]

× × ×

यही हैं वे लोग जिनसे उभरा है नेशन[18]

और वहीं, अम्बर, अहिंसा, कौशल, संन्यास, छत्र जैसे तत्सम शब्दों का प्रयोग हुआ है लेकिन इस तरह कि वे तत्सम नहीं लगते–

रस बरसेगा अम्बर से[19]

× × ×

उपवास अहिंसा कौशल से
संन्यास तपस्या के बल से[20]

× × ×

सुनता हूँ उस एक छत्र में कभी न होती शाम[21]

तो दूसरी तरफ ठुँसाओ, बटुआ, खलास, टुकुर-मुकुर, पगार, लट्ठ, तड़तड़िया, लपलप जैसी जनपदीय शब्दावली है–

पेट सेठ का कहाँ भरा है
और खिलाओ और ठुँसाओ[22]

× × ×

गवरमिन्ट बटुआ दिखलाती

× × ×

गोली कभी खलास नहीं है[23]

× × ×

टुकुर-मुकुर ताकेंगे तुमको बच्चे सारे

× × ×

ऐसा करना तुम पगार के दिन आ जाना[24]

× × ×

छड़ी, फुलझड़ी लट्ठ मीठी कटार
टाइम बम तड़तड़िया लपलप तलवार[25]

इस तरह शैलेन्द्र ने लोकतत्त्व का रस मिलाकर भाषा का रसायन तैयार किया है। 'रात सोलह सितम्बर की' शीर्षक कविता में शब्द और ध्वनि के माध्यम से ही संयुक्त राष्ट्रसंघ की सुरक्षा समिति की बैठक को चित्रित किया गया है–

फ्रांस, बेल्जियम, अर्जन्टाइना
जैसे पच्छिम के तोता-मैना
बोले– "टाँय, टाँय
हाँ, हाँ, देर क्यों
प्रभु का कानून, हेर-फेर क्यों?"[26]

यद्यपि शंकर शैलेन्द्र ने सहज और सरल शब्दों का प्रयोग किया है तथापि उनका लहजा और तेवर लड़ाकू और जुझारू है। उनकी सरलता मैथिलीशरण गुप्त वाली नहीं, नागार्जुन वाली है; सरलता में ही व्यंग्यवक्रता भी है।

उनके फिल्मी गीतों में भारत के विशाल जन समुदाय के अंतरंग का चित्रण हुआ है और वहाँ गीतकार ने कोमल शब्दों और भावों का सहारा लिया है। शैलेन्द्र ने अपने फिल्मी गीतों में लोकगीतों और लोकधुनों को खूब खपाया है–

सूनी सेज गोद मेरी सूनी
मरम न जाने कोय
छटपट तड़पे प्रीत बिचारी
ममता आँसू रोये (तीसरी कसम)

उनके फिल्मी गीतों में छोटे-छोटे वाक्य और मनमोहक लय किन्तु मंथर गति है। कविता की दौड़ती हुई भाषा इन गीतों में नाचती हुई लगती है। फिल्मी गीतों का शिल्प–धुन, संगीत और सुर के लिए शैलेन्द्र से अधिक महत्त्व उनके संगीतकारों-गायकों आदि का है। शैलेन्द्र ने स्वीकार किया है कि वे बनी-बनाई धुन पर भी लिखते रहे हैं। यहाँ शिल्प के मामले में महत्त्व एक 'टीम वर्क' का है जिसमें महत्त्वपूर्ण है कि शैलेन्द्र अपनी प्रतिभा को स्थापित करते हैं। धुन के अनुरूप वाक्य-गठन और शब्द-योजना की उनकी क्षमता, काव्यवस्तु की उत्कृष्टता को कायम रखते हुए, मुग्ध कर देती है।

सन्दर्भ

1. नयी-नयी शादी है लेकिन : न्यौता और चुनौती।
2. डॉ. रामविलास शर्मा; *मार्क्सवाद और प्रगतिशील साहित्य*, पृ. 23।
3. वही।
4. बस की प्रतीक्षा में : न्यौता और चुनौती।
5. अन्दर की यह आग : न्यौता और चुनौती।

6. आजादी हो तो ऐसी : न्यौता और चुनौती।
7. भाग रहे हैं भूत-प्रेत सारे अतीत के : न्यौता और चुनौती।
8. नयी-नयी शादी है लेकिन : न्यौता और चुनौती।
9. भाग रहे हैं भूत-प्रेत सारे अतीत के : न्यौता और चुनौती।
10. 15 अगस्त के बाद : न्यौता और चुनौती।
11. भगतसिंह से : न्यौता और चुनौती।
12. 15 अगस्त के बाद : न्यौता और चुनौती।
13. नयी-नयी शादी है लेकिन : न्यौता और चुनौती।
14. आजादी हो तो ऐसी : न्यौता और चुनौती।
15. 15 अगस्त के बाद : न्यौता और चुनौती।
16. भगतसिंह से : न्यौता और चुनौती।
17. हर जोर जुल्म की टक्कर में : न्यौता और चुनौती।
18. बस की प्रतीक्षा में : न्यौता और चुनौती।
19. भगतसिंह से : न्यौता और चुनौती।
20. आजादी हो तो ऐसी : न्यौता और चुनौती।
21. मुझको भी इंग्लैंड ले चलो : न्यौता और चुनौती।
22. 15 अगस्त के बाद : न्यौता और चुनौती।
23. वही।
24. नेताओं को न्यौता : न्यौता और चुनौती।
25. बस की प्रतीक्षा में : न्यौता और चुनौती।
26. रात सोलह सितम्बर की : न्यौता और चुनौती।

पंक्ति-पंक्ति नभ में लहराई

शंकर शैलेन्द्र के रचना-संसार में 'न्यौता और चुनौती' कविता-संग्रह के अतिरिक्त लगभग 800 फिल्मी गीत हैं जिनका कोई संग्रह नहीं है। शंकर शैलेन्द्र मूलतः गीतकार थे और 'न्यौता और चुनौती' की भी अधिकांश रचनाएँ गीत ही हैं। गीत और नाटक जैसे साहित्य-रूप जन-जुड़ाव की तीव्र रचनात्मक आकांक्षा से ही जन्म लेते हैं। काव्यशास्त्रीय शब्दावली में इसे काव्यहेतु कह सकते हैं। जनता से जुड़ने की इच्छा हेतु है और उसके भावों और विचारों का परिष्कार करना प्रयोजन। नुक्कड़ नाटक तो इस हेतु और प्रयोजन के साक्षात् उदाहरण हैं ही लेकिन जैसा कि डॉ. मैनेजर पाण्डेय कहते हैं, "आधुनिक हिन्दी कविता का इतिहास गवाह है कि जब-जब जन-आन्दोलन तेज हुए हैं और कविता आन्दोलनों की ओर मुड़ी है तब-तब गीत-रचना की गति में तेजी आयी है। जन-आन्दोलन गीत-रचना की उर्वर भूमि होते हैं।"[1]

कहना यह है कि साहित्य का हेतु और प्रयोजन जब जनता से, खासकर के संघर्षरत जनता से सीधे जुड़ा होता है तब रचनाकार जिस काव्य-रूप को उपलब्ध करता है वह वस्तुतः उसकी उपलब्धि नहीं उस संघर्ष की उपलब्धि होता है, संघर्ष के पक्ष और विपक्ष, उत्साह और त्रास की उपलब्धि होता है। इस तथ्य से शंकर शैलेन्द्र का रचना-कर्म जुड़ता तो है ही, औरों के लिए उदाहरण भी बनता है, "जन-आन्दोलन से गीत के आत्मीय सम्बन्ध का बहुत अच्छा उदाहरण शंकर शैलेन्द्र के गीत हैं। शैलेन्द्र के गीत तेलंगाना आन्दोलन की देन हैं...आज हिन्दी में किसान जीवन के गीतकार अनेक हैं, लेकिन मजदूरों के संघर्ष और आन्दोलन का शैलेन्द्र से बेहतर गीतकार आज भी कोई दूसरा दिखाई नहीं देता।"[2]

बहुजन समाज के दुख, दुख से उसके दैनिक युद्ध, युद्ध में जय या पराजय, उसकी अदम्य जिजीविषा और मुट्ठी भर लोगों की बलिवेदी पर उनका नित्य नरमेध रचनाकार को किस हद तक सर्जनशील करता है यह उसकी रचना में विपक्ष के प्रति आक्रोश की तीव्रता से स्पष्ट होता है। शंकर शैलेन्द्र के ही शब्दों में, "गरीबी मेरे देश के नाम के साथ जोंक की तरह चिपटी है। नतीजा, हम सब एक हो गये—कवि, मैं और मेरे गीत और विद्रोह

के स्वर गूँजने लगे—पचास-पचास हजार की भीड़ के बीच। सभाओं और जुलूसों में गाए हुए इस काल के गीत और 'नया-साहित्य' और 'हंस' में छपी इस काल की कविताएँ अति उग्रवादी अवश्य थीं लेकिन इनके माध्यम से जन-जीवन और रुचि को समझने का अवसर मिला और जन-जीवन के पास रहने की आदत पड़ी... ।"[3]

देखना यह होगा कि यह आक्रोश शब्दों से सम्बद्ध है या अनुभव और अनुभूति से? यह सिर्फ वाचा है, सिर्फ मनसा वाचा या मनसा वाचा कर्मणा? यह भी देखना होगा कि कवि अपने आक्रोश को शब्द-गुम्फन, उत्कट समास-योजना, श्रुतिकटुता आदि के शास्त्रीय सहारे से अभिव्यक्त करने की कोशिश करता है कि उसके आक्रोश में वही तद्भव और तद्देशीयता है, वही भाषा और लहजा है जो उनका है जिनके पक्ष में कवि खड़ा है। शंकर शैलेन्द्र का जीवन-वृत्त भी यह सिद्ध करता है कि मजदूरों के लिए गीत वे उनके साथ सड़क पर उतर कर लिखते हैं। 'हर जोर जुल्म की टक्कर में हड़ताल हमारा नारा है' जैसी गीत-पंक्तियों में सत्य और संकल्प की शक्ति है; खून की नदियाँ बहा देने, लाशों का अम्बार लगा देने, ईंट-से-ईंट बजा देने जैसे शब्द-कथन नहीं। शैलेन्द्र का आक्रोश शाब्दिक नहीं है, इसका प्रमाण उनकी गीत-पंक्तियों का आज भी मजदूर-आन्दोलनों में उसी शक्ति-सम्पन्नता के साथ प्रयुक्त होना भी है। निश्चय ही नागार्जुन की तरह शैलेन्द्र के कवि का स्थायी भाव प्रतिहिंसा ही है और वे इस प्रतिहिंसा को निरन्तर जीवित रखते हैं।

शंकर शैलेन्द्र के गीत मजदूर-हित में कालजयी प्रमाणित अवश्य हुए लेकिन निश्चय ही उनकी रचना तात्कालिकता की माँग के रूप में हुई थी। वह पृष्ठों पर सुरक्षित रहने के लिए प्रायः लिखी ही नहीं गयी थी। उसका उद्देश्य अपने में लय उत्पन्न करना उतना नहीं था जितना उनके जीवन में, उनके संघर्ष में लय उत्पन्न करना जिनके लिए उसकी प्रस्तुति हुई। ऐसी स्थिति में कलात्मक रचाव की सम्भावना कविता-गीतों में बहुत कम होती है। समय नहीं होता कि स्थितियों को पचाकर प्रतीकों और फन्तासियों में ढाला जाए। किसी भी कला-रचना का मूल्यांकन उसके हेतु, प्रयोजन और परिवेश से काटकर नहीं किया जा सकता। कबीर, दादू और रैदास आदि तमाम संत कवियों के लिए और शंकर शैलेन्द्र जैसे जन-संघर्षों से सीधे जुड़े रचनाकारों के लिए, कहना चाहिए कि तमाम जन प्रतिबद्ध कवियों के लिए शास्त्रीय निकष उपयुक्त नहीं है। उनके लिए अलग से, उन रचनाओं के भीतर से और उनकी विषय-वस्तु अर्थात् जन-जीवन के भीतर से नये सौन्दर्यशास्त्र की खोज आवश्यक है।[4] ऐसा न हो तो जैसे रामचन्द्र शुक्ल को कबीर दोयम दर्जे के कवि लगे वैसे ही शास्त्रीय रुचि वाले आलोचकों को शंकर शैलेन्द्र, सम्भव है, कवि ही न लगें।

यह सही है कि शंकर शैलेन्द्र जैसे कवियों की कविताओं में जीवन का वैविध्य नहीं है। डॉ. नामवर सिंह ने लिखा है, "सामाजिक यथार्थ का दूसरा स्तर नरेन्द्र शर्मा, दिनकर, सुमन, भवानी प्रसाद मिश्र, रांगेय राघव, नेपाली, शंकर शैलेन्द्र आदि कवियों में अभिव्यक्त हुआ है। इन कवियों ने थोड़ा-बहुत अतिरेक के साथ उत्साह और उद्बोधन का बढ़ा-चढ़ा रूप दिखाया। इन्होंने जीवन की मर्म छवियों के चित्रण में समय न लगाकर आविष्ट भाषण सुलभ ओजपूर्ण शैली में अनेक उत्तेजक कविताएँ लिखी हैं।"[5]

वस्तुतः शंकर शैलेन्द्र की कविताएँ आविष्ट नहीं, आवेश और उत्साह उनकी कविता का धर्म या गुण है। डॉ. रामविलास शर्मा के शब्दों में कहें तो, "क्या बिना आवेश और उत्साह के कलात्मक वैदग्ध्य उत्पन्न हो सकता है? क्या सामाजिक यथार्थ से आन्दोलित हुए बिना किसी भी कलाकार के लिए यह सम्भव है कि वह मार्मिक सौन्दर्य की सृष्टि कर सके? साहित्य का इतिहास बताता है कि आज तक ऐसा नहीं हुआ। जो इस शुद्ध सौन्दर्य के पीछे दौड़े और मनुष्यता के तकाजे को भूल गये—वे कागज का रंगीन फूल बनाने में तो जरूर समर्थ हुए परन्तु उनकी कला में गम्भीरता और व्यापकता न आ पायी, पानी में खिले हुए कमल की खुशबू वे न पैदा कर सके।"[6] अपने अधिकार के लिए संघर्ष करता हुआ मजदूर किसी क्षणिक आवेश की उत्तेजना में नहीं होता। भूख का सम्बन्ध 'करो या मरो' के संकल्प से है, उन्माद से नहीं। ये मजदूर होकर मजदूर की तरफ से लिखी गयी कविताएँ हैं न कि मजदूर के मुखातिब होकर लिखी गयी कविताएँ। उनका जो 'न्यौता' है वह स्पष्ट रूप से नेताओं के लिए है और 'चुनौती' भी मजदूरों की तरफ से ही है। शंकर शैलेन्द्र का कविकर्म सर्वत्र 'हम मजदूर' की समवेत शक्ति से ऊर्जस्वित है, उसमें कहीं भी 'हमारे मजदूर' का शाब्दिक सहानुभूति का विलास नहीं।

शंकर शैलेन्द्र यदि उत्साह के अतिरेक और उद्बोधन के ही कवि हैं तो उनकी कविता में व्यंग्य की कोई जगह नहीं होनी चाहिए, लेकिन सच तो यह है कि "प्रगतिशील कवियों में नागार्जुन के बाद कदाचित शैलेन्द्र सर्वाधिक सफल व्यंग्यकार हैं। नागार्जुन की तरह ही उनका व्यंग्य भी बड़ा तीखा और तिलमिला देनेवाला है।"[7] यह व्यंग्य समकालीन कविता की अत्यन्त महत्त्वपूर्ण विशेषता है। पता नहीं 'नेता जी परनाम तुम्हें हम मजदूरों का', 'नयी नयी शादी है लेकिन/बटुए सी दुल्हिन को लेकर/सिर्फ चार दिन साथ रह सका/छुट्टी कम थी काम अधिक है/फिर सर्विस भी सरकारी है', 'रक्तहीन क्रान्ति के नेताओं का काम तमाम हो चुका/खत्म हो गये 'करतब' उनके/अब तो बस कर्तव्य रह गये हैं जनता के'— जैसी भीतर तक चुभ जानेवाली करुणा पर आधारित व्यंग्य-उक्तियों को उत्साह, अतिरेक और उद्बोधन से कैसे सम्बद्ध किया जा सकता है? अपनी व्यंग्य-प्रतिभा के साथ शंकर शैलेन्द्र का मूल्यांकन कबीर और निराला को याद करते

हुए नागार्जुन के साथ किया जा सकता है।

मूल्यांकन के एक और महत्त्वपूर्ण निकष के रूप में जीवन की मर्म छवियों के चित्रण को अपनाया जा सकता है। शंकर शैलेन्द्र के रचनाकर्म में ये मर्म छवियाँ उनके जीवन-संघर्ष की अनुगूँज के रूप में दिखाई पड़ती हैं। "जो बात उनको जिन्दगी में थी वही उनके गीतों में भी। उनके गीतों में सिर्फ करुणा नहीं, जूझने का संकेत भी था और वह प्रक्रिया भी मौजूद थी जिसके तहत अपनी मंजिल तक पहुँचा जाता है।"[8] हिन्दी कविता में जितना प्रेम पर लिखा गया उसका अधिकांश प्रेमिकाओं-परकीयाओं को समर्पित है। पत्नी को उसका बहुत कम हिस्सा प्राप्त हो सका है। कविता में पत्नी पहले भी कम थी और आज भी इस दावे के सत्य से इनकार नहीं किया जा सकता है कि "सम्पूर्ण प्रयोगवादी कविता में....सिन्दूर तिलकित भाल"[9] की शुचिता के दर्शन नहीं हो सकते।"[10] शंकर शैलेन्द्र के फिल्मी गीतों में भी पत्नी है, बच्चे हैं, परिवार है और कविताओं में भी वे इनसे कटकर क्रांति या परिवर्तन की किसी महादशा में नहीं जीते :

सोचा था, 'ढूँढूँगा कहीं मकान
नहीं—बस, एक कोठरी
एक कोठरी ही काफी है
दोनों सुख से साथ रहेंगे
जैसे किसी घोंसले में कपोत की जोड़ी
साथ रहेंगे तो जीवन की परेशानियाँ
आधी आधी बँट जावेंगी
और अकेलेपन की हर मौसम की
यह दमघोंट धुएँ की काली बदली
उस दिन छँट जावेगी
जिस दिन प्यारी बीवी की मुस्कान
अँधेरा और उजाला एक करेगी।[11]

× × ×

टुकुर-टुकुर ताकेंगे तुमको बच्चे सारे—
शंकर, लीला, मधुकर, धोंडू, राम पगारे
जुम्मन की नाती करीम नज्मा बुद्धन की
अस्सी बरसी गुस्सेवर बुढ़िया अच्छन की[12]

और 'ऐसा करना तुम पगार के दिन आ जाना' जैसे स्थिति-चित्रणों में जीवन अपने तमाम रंग-रूप, रस-गन्ध के साथ अंगड़ाइयाँ लेता है। "जीवन के गूढ़तम सन्दर्भों को दिल में उतर जानेवाली जुबान में सहज ही कह देना शैलेन्द्र का ही काम है।"[13]

शंकर शैलेन्द्र के रचनाकर्म का मूल्य भावुकतापूर्ण और विचारधारात्मक बयानबाजी से बचते हुए सहजता, रागात्मकता, सामूहिकता और लोकप्रियता जैसे गुणों की रक्षा से सम्बद्ध है।[14] निश्चय ही भावुकता से बचते हुए भाव-सम्पन्नता की योजना, विचारधारात्मक बयानबाजी से बचकर भी दृष्टिसम्पन्नता तथा सरलीकरण से मुक्त सहजता, भीड़ के भेड़ियाधसान से मुक्त सामूहिकता और छिछलेपन से मुक्त लोकप्रियता की साधना असाधारण काव्य-सामर्थ्य की माँग करती है। 'तू जिन्दा है तो जिन्दगी की जीत में यकीन कर' और 'सजनवा बैरी हो गये हमार' जैसे भावप्रवण गीत, 'हर जोर जुल्म की टक्कर में हड़ताल हमारा नारा है' और 'मुट्ठी में है तकदीर हमारी' जैसी कर्म-सौन्दर्य से निर्धारित विचार-सम्पदा, 'दिल का हाल सुने दिलवाला, सीधी सी बात न मिर्च मसाला' तथा 'इस गाँव में दर्द की छाँव में प्यार के नाम से ही धड़कते हैं दिल' और 'जीवन के शत संघर्षों में रत रहकर भी याद आ ही जाती है बिखरी हुई दुख भरी कहानी' जैसी राग-झंकृति के साथ ही शंकर शैलेन्द्र उस लोकप्रियता को अर्जित कर पाते हैं जो चित्त को मात्र आकर्षित न कर उसके उन्नयन और उत्कर्षण से सम्बद्ध है। इसी रूप में उनका रचनाकर्म अपनी समग्रता में उदात्तकोटिक है। शंकर शैलेन्द्र के "गीतों की लोकप्रियता का अन्दाज वही कर सकता है जो जन-आन्दोलनों से जुड़ा हुआ है। संघर्ष में आस्था जगानेवाले ये गीत मजदूर आन्दोलनों के समान किसान आन्दोलनों के लिए भी प्रेरणादायक हैं।... शैलेन्द्र के गीत साबित करते हैं कि आन्दोलन से उपजी कला भी स्थायी होती है बशर्ते कि उसमें जीवन के संघर्ष का संगीत हो।"[15]

शंकर शैलेन्द्र के कविकर्म के मूल्यांकन के क्रम में सर्वाधिक महत्त्वपूर्ण प्रश्न यह है कि वे राजनीतिक कविता के खतरों से किस हद तक लड़ और उबर पाते हैं। दृष्टिहीनता और कविता के कविता नहीं पद्य-भर रह जाने की स्थिति राजनीतिक कविताओं के साथ अक्सर आ जाया करती है। शंकर शैलेन्द्र की राजनीतिक सोच मार्क्सवाद से प्रभावित है और उनकी कविता इस सोच से दिशा पाती है, इस सोच को पद्यबद्ध करने मात्र का कार्य नहीं करती। उनकी कविताएँ राजनीति के सिद्धान्तों से नहीं, उसके व्यवहार और व्यवहार के प्रभाव-परिणामों से सम्बद्ध हैं। इस प्रकार वे जीवन-स्थितियों और जीवन-संघर्षों को शब्द देते हैं न कि विधि-निषेध का हवामहल तैयार करते हैं। उनकी कविताएँ प्रचार से नहीं आचार से सम्बद्ध होती हैं। उनकी कविताओं की शक्ति व्यंग्य, करुणा, क्रोध, घृणा, आशा, विश्वास जैसे मानवीय भाव हैं, तर्क की आगमन-निगमन जैसी पद्धतियाँ नहीं।

पराधीन देश की दुर्दशा और चिन्ता के साथ राजनीतिक कविता की शुरुआत एक तरह से भारतेन्दु युग में ही हुई। उदाहरण के लिए उनकी मुकरियाँ ली जा सकती हैं। लेकिन राजनीतिक कविता का असली तेवर निराला, नागार्जुन, केदारनाथ

अग्रवाल, रामविलास शर्मा, नरेन्द्र शर्मा, शंकर शैलेन्द्र आदि की कविताओं में ही देखा गया। निराला की कविताओं में 'राजनीति' 'निर्णायक भूमिका'[16] में तो नहीं है लेकिन वे "1945 में जो कविताएँ लिख रहे थे उनमें... कहीं-कहीं उनकी राजनीतिक सूझ-बूझ अद्‌भुत मालूम होती है।"[17] 'महगू महगा रहा' जैसी कविता में वे नेहरूवाद के सामन्तवाद से सम्बन्ध को साफ-साफ देखते हैं–

लेंड़ी जमींदारों को आँखों तले रखे हुए[18]

और पूँजीवाद के प्रति उसके पक्षपाती रुख को भी–

मिलों के मुनाफे खानेवालों के अभिन्न मित्र[19]

लेकिन यह तब और भी घातक हो जाता है जब नेहरूवाद एक साथ जमींदारों-पूँजीपतियों से ही नहीं किसानों और मजदूरों से भी मैत्री का दम भरने लगता है–

देश के किसानों, मजदूरों के भी अपने सगे[20]

और यह सब–

विलायती राष्ट्र से समझौते के लिए।[21]

इस 'समझौते' को बाद में केदारनाथ अग्रवाल ने भी अनुभव किया–

लन्दन में बिक आया नेता हाथ कटाकर आया
एटली बेविन अंग्रेजों में खोया और बिलाया
भारत माँ का पूत सिपाही पर घर में भरमाया
अंग्रेजी साम्राज्यवाद का उसने डिनर उड़ाया।[22]

और नागार्जुन ने भी ब्रिटिश साम्राज्यवाद के साथ नेहरू सरकार के सम्बन्ध को उद्‌घाटित करते हुए लिखा–

आओ रानी, हम ढोएंगे पालकी
यही हुई है राय जवाहरलाल की[23]

शंकर शैलेन्द्र की कविताओं में भी यह समझौतापरस्ती बेनकाब होती दिखाई देती है–

हमको भी इंग्लैण्ड ले चलो पण्डित जी महाराज[24]

निराला राजनीति और नेताओं को जिन 'बीसियों पर्तों के अन्दर'[25] पाते हैं, 'कम्पू में किरिया के गोली लगने का कारण पण्डित जी के शागिर्द रामदास, जिसे मिल के मालिक ने कांग्रेस मैन बनाया है, को पाते हैं[26] और सबसे बढ़कर जिस महगू के कभी न बदलने, कभी नहीं बिक पाने की बात करते हैं–

अपने मन में कहा मैंने, मैं महगू हूँ,
पैरों की धरती आकाश को भी चली जाए
मैं कभी न बदलूँगा, इतना महगा हूँगा।[27]

वह सब उन परवर्ती कवियों की रचनाओं में बहुत स्पष्टता से प्रतिबिम्बित होता है जिनकी रचनाओं में राजनीति निर्णायक भूमिका निभाती है। 'राजे ने अपनी रखवाली के लिए दुर्भेद्य किले बनाये और उसकी रक्षा में चापलूस सामन्त आये, पोथियों में जनता को बाँधे हुए ब्राह्मण आये, कवि, लेखक, इतिहासकार आये, धर्म को धोखे से भरा बढ़ावा मिला और खून की नदी बही–

राजे ने अपनी रखवाली की;
किला बनाकर रहा;
बड़ी-बड़ी फौजें रखीं।

× × ×

जनता पर जादू चला राजे के समाज का।
लोक-नारियों के लिए रानियाँ आदर्श हुईं।
धर्म का बढ़ावा रहा धोखे से भरा हुआ।
लोहा बजा धर्म पर, सभ्यता के नाम पर।
खून की नदी बही।
आँख-कान मूँदकर जनता ने डुबकियाँ लीं।
आँख खुली-राजे ने अपनी रखवाली की।[28]

ये सारे सूत्र भारतीय राजनीति में पल्लवित हुए और सचेत साहित्य ने इन सबको पकड़ने, इनकी पोल खोलने की कोशिश की ताकि जनता पर 'राजे के समाज का जादू' न चल पाये।

"निराला जी ने 45-47 के बीच में बहुत-सी रचनाएँ लिखीं, जिसमें उन्होंने जनवादी क्रांति के अनेक रूप अंकित किये।"[29] नागार्जुन, केदारनाथ अग्रवाल, नरेन्द्र शर्मा और शंकर शैलेन्द्र ने इस परम्परा को आगे बढ़ाया। राजनीतिक कविता की सफलता वस्तु के स्तर पर कवि की स्थितियों को समझने की शक्ति और उसकी दृष्टि पर निर्भर करती है। केदारनाथ अग्रवाल ने अंग्रेज सैनिकों पर एक कविता उस समय लिखी थी जब हममें से बहुत-से लोग यह समझते थे कि अंग्रेजी फौज एक जनयुद्ध में लगी हुई है और वह भी जनता की आजादी के लिए लड़ रही है–

टामी फौजी वर्दी पहने
युद्धस्थल में तो सैनिक है
लेकिन रोमांटिक छाया में
टामी कुत्तों सा कामी है[30]

केदारनाथ अग्रवाल और नागार्जुन दोनों ही अपनी राजनीतिक कविताओं के साथ

हिन्दी के सबसे महत्त्वपूर्ण कवियों में से हैं। केदारनाथ अग्रवाल की कविताओं का मुख्य स्वर संघर्ष की गरिमा का है और नागार्जुन की कविताओं का मुख्य स्वर व्यंग्य का—

'स्वेत-स्याम-रतनार' अँखियाँ निहार के
सिण्डीकेटी प्रभुओं की पग-धूर झार के
लौटे हैं दिल्ली से कल टिकट मार के
खिले हैं दाँत ज्यों दाने अनार के
आये दिन बहार के!

× × ×

सपने दिखे कार के
गगन-विहार के
सीखेंगे नखरे, समुन्दर पार के[31]

शंकर शैलेन्द्र की राजनीतिक कविताओं में संघर्ष की गरिमा, उसकी कठिनाइयाँ, इनके साथ आस्था, उल्लास, उमंग और व्यंग्य का सधा हुआ स्वर भी है। इसके साथ ही शैलेन्द्र के शिल्प में कविता और गीतों को जनता की जुबान पर चढ़ा देने का सामर्थ्य है जिसे वे लोकजीवन और लोकगीतों की लय, धुन, शब्दावली और लहजे से उपलब्ध करते हैं। यह उपलब्धि उन्हें जन-आन्दोलनों से सीधे जुड़ाव से उपलब्ध होती है और यहाँ आकर शंकर शैलेन्द्र उस काम को आगे बढ़ाते हैं जिसे नरेन्द्र शर्मा ने अपने 'लाल निशान' के गीतों में अंजाम दिया था। उत्तर छायावादी प्रेम और सौन्दर्य के गीतकार नरेन्द्र शर्मा ने 1942-44 के दौर में ऐसे गीत रचे जो जन-आन्दोलनों से प्रेरित तो हैं ही, सीधे मजदूरों के लिए लिखे गये हैं। उनकी 'यकुम मई', 'नवयुग का हलकारा', 'नया चीन' आदि कविताएँ राजनीतिक कविता के इतिहास में अपना एक अलग महत्त्व रखती हैं और उनका महत्त्व है स्वयं मजदूरों के कंठ में उतर जाने का उनका गुण। इन कविताओं का महत्त्व-मूल्यांकन करते हुए डॉ. रामविलास शर्मा ने लिखा है— "आज की परिस्थिति में ऐसी कविता कितनी उपयोगी हो सकती है, यह समझना कठिन नहीं है। लेकिन इसका उपयोग वही करेंगे जो मजदूरों को अपना पिछलगुआ नहीं, वर्गचेतन सर्वहारा क्रांतिकारी बनाना चाहेंगे।"[32]

इसी स्वर को शंकर शैलेन्द्र ने आगे बढ़ाया। वे इसे आगे बढ़ाने में इसलिए भी सफल हो सके क्योंकि वे स्वयं एक मजदूर थे, मजदूर यूनियन के कार्यकर्ता थे जबकि नरेन्द्र शर्मा स्वयं मजदूर नहीं थे।

मजदूर-समाज की दिशा और दशा निर्धारित करने में राजनीति की महत्त्वपूर्ण भूमिका होती है। अधिकारों के शोषण और अधिकार प्राप्ति के लिए संघर्ष राजनीतिक व्यवस्था से ही सम्बद्ध है। "लेखक का व्यक्तित्व समाज के संघर्ष में ही विकसित

होकर पुष्ट होता है। इस तरह का व्यक्तित्व समाज के लिए साहित्य रचने से मुँह नहीं चुराता। अन्तर्द्वन्द्वों की बात करके इस उत्तरदायित्व से वही लेखक बचने की कोशिश करते हैं जो संघर्ष की आँच लगते ही 'लाज से छुई-मुई-सी म्लान' हो जाते हैं।"[33] यह कहना ग़लत नहीं होगा कि शंकर शैलेन्द्र का व्यक्तित्व और रचनाकर्म, चाहे वह राजनीति से ही सम्बद्ध हो, समाज से अलग नहीं है। अपनी राजनीतिक रचनाओं और राजनीतिक समझ के साथ शंकर शैलेन्द्र नागार्जुन, केदारनाथ अग्रवाल, नरेन्द्र शर्मा जैसे रचनाकारों के साथ खड़े होते हैं।

आजादी जिस रूप में और जिस तरीके से हमें मिली, उसने आजादी की कीमत घटा दी। इस तथ्य को न सिर्फ शंकर शैलेन्द्र ने बल्कि माखनलाल चतुर्वेदी से लेकर अद्यावधि कई दृष्टिसम्पन्न रचनाकारों ने अनुभव किया है और इस पीड़ा को वाणी दी है। इस मुफ्त में हासिल हो गयी-सी आजादी ने यह भी याद नहीं रहने दिया कि इसकी पृष्ठभूमि झाँसी की रानी और भगतसिंह जैसे शहीदों ने प्राणों के मूल्य से तैयार की थी : 'भगतसिंह इस बार न लेना काया भारतवासी की/देशभक्ति के लिए आज भी सजा मिलेगी फाँसी की'। ऐसी आजादी किसे मिली? महाजनों को, महाजनों से। दलित-शोषित जनता तक क्या यह आजादी पहुँच पायी? उसके कन्धे पर तो पहले से भी ज्यादा बोझ आ पड़ा :

अब तो इस 'आजाद' मुल्क में
सबके सर जिमेवारी है आजादी की
खून बहाये बिना मिली जो महाजनों को
शुभ चिन्तक उदार गोरों से।
सदियों के गुलाम भारत के कन्धे टूटे
लेकिन बोझ अब पहले से भी भारी है
सबके सर जिम्मेवारी है[34]

स्वतन्त्रता संग्राम के बहुचर्चित बहुसम्मानित नेताओं पर ऐसी कड़ी नजर बहुत कम रचनाकार डाल पाये हैं :

खद्दरधारी आजादी पर मरनेवाले
गोरों की फौजों से जरा न डरनेवाले
वे नेता जो सदा जेल में ही सड़ते थे
लेकिन जुल्मों के खिलाफ फिर भी लड़ते थे!
वे नेता जिनके एक इशारे-भर से—
कटकर गिर सकते थे शीश अलग हो धड़ से
जिनकी एक पुकार खून से रंगती धरती

लाशों ही लाशों से पट जाती यह धरती!
शासन की बागडोर जिनके हाथों में
है जनता का भाग्य आज जिनके हाथों में![35]

लेकिन ऐसा नहीं कि जनता इस बात को समझ नहीं रही, समझने लगी है और अपनी समझ को वाणी भी देने लगी है :

उनका कहना है : यह कैसी आजादी है
वही ढाक के तीन पात हैं बरबादी है
तुम किसान मजदूरों पर गोली चलवाओ
और पहन लो खद्दर देशभक्त कहलाओ[36]

शंकर शैलेन्द्र भारत की आजादी, चाहे वह जैसे भी मिली हो, के महत्त्व को भी स्वीकार करते हैं और आजाद भारत के अर्थ को महाजनों और नेताओं के बीच से उठाकर जन-जन तक पहुँचाने की कोशिश करते हैं :

ये चमन हमारा अपना है
इस देश पे अपना राज है
मत कहो कि सर पे टोपी है
कहो कि सर पे हमारा ताज है[37]

इस आजादी को यथार्थ बनाने के लिए वे परिवर्तन को आवश्यक मानते हैं और उनकी दृष्टि में इसके लिए मार्क्सवाद एक उचित साधन है। इस सन्दर्भ में रूस और चीन की समाज-व्यवस्था के प्रति प्रशंसा से भरी उनकी कुछ कविताएँ महत्त्वपूर्ण हैं।

राजनीति की उल्टी धार गरीब को आर्थिक, सामाजिक—हर स्तर पर मारती है। वह नौकरशाही और बड़े लोगों के हित से जुड़कर पण्डित के पाखण्ड को पाँच चवन्नी का हकदार बनाती है, बूट पॉलिशवाले की मेहनत को एक इकन्नी का। वह न सिर्फ पेट पर बल्कि प्रेम पर पहरे लगाती है। शैलेन्द्र ने इन स्थितियों को अपने अनेक कविता-गीतों का विषय बनाया है।

इस तरह शंकर शैलेन्द्र के कविकर्म ने परिवर्तनकामी संघर्षशील, शोषित, उत्पीड़ित जनता को प्रेरित करने और बल देने में अपनी प्रत्यक्ष भूमिका निभाई है। उनके गीत नारों में तब्दील हुए और भारत के बाहर भी भारत की पहचान बनकर गूँजे। शैलेन्द्र के गीतों को कोटि-कोटि कण्ठों ने मूल्यांकित किया है—घर में जीवन को भरपूर जीते हुए, सड़क पर अपने अधिकार की लड़ाई लड़ते हुए। और इस तरह उनकी रचनाओं का न सिर्फ साहित्यिक बल्कि सामाजिक मूल्य भी स्थापित होता है। शंकर शैलेन्द्र ने अपनी इस मूल्यवत्ता का मूल्य भी चुकाया है—साहित्य-समीक्षकों द्वारा निरन्तर उपेक्षित रहकर। "हिन्दी क्षेत्रों में यह खुशफहमी हमेशा बनी रही या बनाई

रखी गयी कि सिनेमा से जुड़ा जो कुछ भी है वह घटिया है। हमारा तथाकथित सम्भ्रान्त समाज हर काम छुपाकर करने की प्रवृत्ति को तहज़ीब मानकर सिनेमा पर चर्चा करना, उसके महत्त्व को आँकना गैरजरूरी मानता रहा है। इसीलिए सिनेमा के दुष्परिणाम ही हमारे सामने आ सके। उसकी असाधारण क्षमता का रचनात्मक उपयोग नहीं हुआ। बीसवीं शताब्दी में कला का यह माध्यम इतनी प्रखरता से जनव्यापी हुआ है कि अन्य रूप धूमिल पड़ गये। इसलिए इसके अत्यन्त व्यापक प्रभाव-क्षेत्र को दृष्टिगत रखते हुए इसकी उपेक्षा कर देना वस्तुतः हमारा तुच्छ अहंकार ही होगा। शायद यही कारण है कि शैलेन्द्र के कृतित्व का हिन्दी साहित्य में कोई मूल्यांकन नहीं हुआ। उनके गीत उत्कृष्ट काव्य के उदाहरण हैं लेकिन वे सदैव उपेक्षित रहे, हमेशा 'फिल्म गीतकार' ही रहे।"[38]

लेकिन इधर शंकर शैलेन्द्र के कविकर्म की तरफ साहित्य में समाज-चिन्ता के साथ पाँव रखनेवाले अनेक नये समीक्षकों का ध्यान गया है। जो भी जनता से जुड़ने के सैद्धांतिक मुहावरे को व्यवहार के स्तर पर घटित करने की समस्या से जूझेगा शंकर शैलेन्द्र जैसे कवियों की उपेक्षा नहीं कर सकेगा। सस्ते रोमैंटिक उपन्यासों, छिछली मंचीय कविताओं और वयस्क फिल्मों की दुर्निवार और बढ़ती जा रही अमानवीय लोकप्रियता से लोहा लेने के लिए उन तत्त्वों की तलाश शुरू हो गयी है जो रचना को एक साथ उत्कृष्ट और सहज, मूल्यवान और लोकप्रिय दोनों बनाते हैं। इस क्रम में डॉ. मैनेजर पाण्डेय पाते हैं कि "शैलेन्द्र के गीतों की लोकप्रियता के मूल में गम्भीर भावों और विचारों को सहज-सरल रूप में रचने की उनकी कला है। भाषा, छन्द, लय और गति पर अद्भुत अधिकार के साथ वे जटिल बात को भी सहज बनाकर गीतों में अचूक प्रभाव की शक्ति पैदा करते हैं।"[39]

शंकर शैलेन्द्र की रचनाएँ शोषित, दलित, पीड़ित जनता के लिए साहस-सम्बल का काम करती हैं तो शोषकों-आतताइयों के लिए चुनौती का। यह चुनौती हर रचनाकार को अपनी रचना में चुनौती पैदा करने की भी चुनौती देती है। शैलेन्द्र का गीत 'उठे कदम'—'भूख के विरुद्ध भात के लिए, मेहनती गरीब जात के लिए' वास्तव में एक चुनौती है। शैलेन्द्र ने इस तरह के कई गीत लिखे जिन्होंने आम जनता को झकझोर दिया और चेतना की नयी ऊर्जा जगाई। ये गीत मजदूरों और किसानों के कंठ में बस गये और इन्हें गाते हुए मार्च भी किया गया। इन गीतों से संघर्ष तथा शोषण के विरुद्ध प्रतिरोध की परिस्थितियाँ पैदा हुईं।

राजकपूर के अनुसार शैलेन्द्र की रचना में उत्कृष्टता और सहजता का यह दुर्लभ संयोग उनके व्यक्तित्व में निहित 'दृढ़ता और आत्मविश्वास' से सम्बद्ध है साथ ही 'उनके गीतों में ऊँचा दर्शन था सीधी भाषा'।[40] कविन्द्र विक्रम ने 'उनके संयम,

मर्यादा, अपने काम, अपने समाज और अपने देश से बेपनाह मुहब्बत'[41] को रेखांकित किया है। निश्चय ही रचनात्मक उत्कृष्टता का सम्बन्ध रचनाकार के अपने व्यक्तित्व-चरित्र की ऊँचाई से भी है। आज यदि कोई अच्छी लगनेवाली रचना भी प्रभाव नहीं उत्पन्न कर पाती तो उसका एक कारण रचनाकार के अपने व्यक्तित्व-चरित्र से भी सम्बद्ध हो सकता है। महत्त्वपूर्ण सिर्फ यही नहीं है कि 'देश और दुनिया जैसी बड़ी चीजों की चिन्ता से जुड़ा जाए महत्त्वपूर्ण यह भी है कि इन बड़ी चिन्ताओं में अपने व्यक्तित्व और चरित्र जैसी छोटी चीजें घुला न दी जाएँ।'[42]

डॉ. रणजीत शंकर शैलेन्द्र के रचनाकर्म में 'अभिव्यक्ति की सहजता', 'व्यंग्य की वक्रता', 'सामाजिक चेतना की प्रखरता', 'जिन्दगी की प्रगति और विजय में उनके अटूट विश्वास', 'दुनिया को हसीन बनाने की उनकी उत्कट अभिलाषा', 'फक्कड़ाना ऊँचाई और छन्द की लय की प्रबलता', 'हृदय को छू लेनेवाले' और 'मन के साथ तन को भी एक अदम्य प्रेरणा से भर देने वाले' तत्त्व के रूप में पाते हैं।[43]

यह 'मन' को ही नहीं 'तन' को भी छू लेने वाली बात शंकर शैलेन्द्र जैसे रचनाकारों की सफलता और लोकप्रियता का एक अत्यन्त महत्त्वपूर्ण तत्त्व है। सिर्फ मन के स्तर पर ही नहीं तन के स्तर पर भी अर्थात् कर्म के स्तर पर भी पाठक-श्रोता को सक्रिय करने वाला रचना-सामर्थ्य बहुत कम रचनाकारों में पाया जाता है। प्रगतिशील रचनाकार सिर्फ 'मन के डोलने' तक ही नहीं सीमित रहता. वह 'मन और तन दोनों के डोलने' की बात करता है।[44]

शैलेन्द्र के कविकर्म में सहजता और उत्कृष्टता के दुर्लभ संयोग की बात उन पर बात करनेवाले प्रायः हर समीक्षक ने उठाई है। प्रहलाद अग्रवाल के अनुसार, "शैलेन्द्र गूढ़तम भावों को सरलतम शब्दों में अभिव्यक्त कर देने वाले गीतकार थे। उनके गीतों में इतनी तीक्ष्ण संवेदना होती कि वे दिल की गहराइयों में उतर जाते और इतने सहज भी कि करोड़ों जुबानों पर आसानी से चढ़कर गुनगुनाए जाने लगे।"[45] "जीवन के गूढ़तम सन्दर्भों को दिल में उतर जानेवाली जुबान में सहज ही कह देना शैलेन्द्र का ही काम है।"[46]

ऐसा नहीं कि शंकर शैलेन्द्र के रचनाकर्म में सहजता और उत्कृष्टता का यह संयोग अनायास घटित हो गया हो। काफी सोच समझ के साथ, प्रयत्नपूर्वक वे इसे साधते हैं। ईश्वरीय वरदान के रूप में नहीं कविप्रयत्न से ही यह सिद्ध होता है। उनका दृढ़ मन्तव्य था कि "जनता को मूर्ख या सस्ती रुचि का समझने वाले कलाकार या तो जनता को नहीं समझते या अच्छा और खूबसूरत पैदा करने की क्षमता उनमें नहीं है। हाँ, वह अच्छा मेरी नजरों में बेकार है जिसे केवल गिने-चुने लोग ही समझ सकते हैं। इसी विश्वास से रचे हुए मेरे कई गीत बेहद लोकप्रिय हुए हैं।"[47]

कुल मिलाकर शंकर शैलेन्द्र के महत्त्व-मूल्यांकन के सन्दर्भ में हम नागार्जुन के ही शब्दों को दुहराना चाहेंगे :

अपने युग की व्यथा कथा ही कड़ियों में ढलती जाती थी
जाने कितना नेह भरा था, बाती थी जलती जाती थी
गीत तुम्हारे गूँज रहे हैं अब भी लाख-लाख कानों में
होंठ तुम्हारे फड़क रहे हैं छाया-छवि की मुस्कानों में
सच बतलाऊँ, तुम प्रतिभा के ज्योतिपुत्र थे, छाया क्या थी
भली भाँति देखा था मैंने, दिल ही दिल थे, काया क्या थी
जहाँ कहीं भी अंतर मन से ऋतुओं की सरगम सुनते थे
ताजे कोमल शब्दों में तुम रेशम की जाली बुनते थे
जन मन जब हुलसित होता था, वह थिरकन भी पढ़ते थे तुम
युग की अनुगुंजित पीड़ा ही घोर घन-घटा-सी गहराई
प्रिय भाई शैलेन्द्र, तुम्हारी पंक्ति-पंक्ति नभ में लहराई।[48]

सन्दर्भ

1. मैनेजर पाण्डेय; *जनाधार भारती*, प्रवेशांक, जुलाई 1991, पृ. 34।
2. वही।
3. शैलेन्द्र; *धर्मयुग*, 16 मई, 1965, पृ. 38।
4. डॉ. शुकदेव सिंह; *जनाधृत कविता का सौन्दर्यशास्त्र*, आनन्दमंजरी, अंक-2, पृ. 63। "कविता लिखना उनका पेशा नहीं है बल्कि उनकी जिन्दगी है। वह दूसरे को फँसाने का जाल नहीं है बल्कि सबके साथ तैरते हुए चलते रहने का विशाल जलाधार है। इसलिए इन संत फकीरों के साहित्य को विश्लेषित करने के लिए एक स्पर्धी सौन्दर्यशास्त्र की आवश्यकता होगी क्योंकि ये कवि भाषा के उस तेवर के कृति हैं जिसमें भाषा सम्पूर्णतः अर्थ होती है।"
5. नामवर सिंह; *इतिहास और आलोचना*, नया साहित्य प्रकाशन, इलाहाबाद, 1962, पृ. 101।
6. रामविलास शर्मा; *मार्क्सवाद और प्रगतिशील साहित्य*, पृ. 30।
7. डॉ. रणजीत; *हिन्दी के प्रगतिशील कवि*, पृ. 175।
8. प्रहलाद अग्रवाल; *राजकपूर : आधी हकीकत आधा फसाना*, पृ. 153।
9. नागार्जुन।
10. नामवर सिंह; *आधुनिक हिन्दी साहित्य की प्रवृत्तियाँ*, पृ. 102।
11. नयी-नयी शादी है लेकिन : न्यौता और चुनौती।
12. नेताओं को न्यौता : न्यौता और चुनौती।
13. प्रहलाद अग्रवाल; *राजकपूर : आधी हकीकत आधा फसाना*, पृ. 62।
14. मैनेजर पाण्डेय; *जनाधार भारती* (जन-आन्दोलन और जनवादी गीत), पृ. 35।

"भावुकतापूर्ण गीत अन्ततः मनोरंजक साबित होते हैं और विचार-धारात्मक बयानोंवाले गीत रचनाकारों की आस्था की घोषणा मात्र"

15. मैनेजर पाण्डेय; *जनाधार भारती*, पूर्वोक्त, पृ. 35।
16. डॉ. रामविलास शर्मा; *पहल पुस्तिका-8* (अंक-31 का हिस्सा), व्याख्यान, पृ. 6।
17. वही, पृ. 13।
18. महगू महगा रहा : निराला रचनावली (भाग 2), पृ. 203।
19. वही।
20. वही।
21. वही।
22. डॉ. रामविलास शर्मा; *पहल पुस्तिका-8*, पूर्वोक्त, पृ. 25 पर उद्धृत।
23. डॉ. नामवर सिंह (सम्पादक); *आओ रानी, हम ढोएँगे पालकी : नागार्जुन-प्रतिनिधि कविताएँ*, पृ. 97।
24. न्यौता और चुनौती।
25. महगू महगा रहा : निराला रचनावली, पृ. 203।
26. वही।
27. वही।
28. राजे ने अपनी रखवाली की : निराला रचनावली (भाग 2), पृ. 184।
29. डॉ. रामविलास शर्मा; *पहल पुस्तिका-8*, पूर्वोक्त, पृ. 23।
30. वही, पृ. 19।
31. आये दिन बहार के : नागार्जुन-प्रतिनिधि कविताएँ, पृ. 100।
32. रामविलास शर्मा; *रूप तरंग और वैचारिक कविता की पृष्ठभूमि*, पृ. 214।
33. रामविलास शर्मा; *मार्क्सवाद और प्रगतिशील साहित्य*, पृ. 23।
34. नयी-नयी शादी है लेकिन : न्यौता और चुनौती।
35. नेताओं को न्यौता : न्यौता और चुनौती।
36. वही।
37. फिल्म : अब दिल्ली दूर नहीं।
38. प्रहलाद अग्रवाल; *राजकपूर : आधी हकीकत आधा फसाना*, पृ. 62।
39. मैनेजर पाण्डेय; *जनाधार भारती*, पूर्वोक्त, पृ. 35।
40. राजकपूर; *धर्मयुग*, 1 जनवरी, 1967, पृ. 43-44।
41. कविन्द्र विक्रम; *गांडीव*, 31 अगस्त, 1989।
42. प्रकाश उदय; *प्रज्ञा*, अंक-35, भाग— 1-2, 1989-90, पृ. 149।
43. डॉ. रणजीत; *हिन्दी के प्रगतिशील कवि*, पृ. 174-178।
44. माझी न बजाओ बंशी मेरा मन डोलता : केदारनाथ अग्रवाल की एक कविता।
45. प्रहलाद अग्रवाल; *राजकपूर : आधी हकीकत आधा फसाना*, पृ. 48।
46. वही, पृ. 62।
47. शैलेन्द्र; *धर्मयुग*, पूर्वोक्त, पृ. 38।
48. प्रभाकर माचवे (सम्पादक); *आज के लोकप्रिय हिन्दी कवि नागार्जुन*, 'शैलेन्द्र के प्रति' शीर्षक कविता से।

शंकर शैलेन्द्र की फिल्म-यात्रा

शंकर शैलेन्द्र की फिल्म गीत-यात्रा 'बरसात' (1949) से शुरू होकर 'ममता की छाँव में' (1989) तक पहुँचती है। इस गीत-यात्रा में उन्होंने 171 हिन्दी तथा 6 भोजपुरी फिल्मों को मिलाकर 800 (लगभग) गीत लिखे।

शंकर शैलेन्द्र को सर्वश्रेष्ठ गीत लेखक के रूप में तीन बार 'फिल्म फेयर पुरस्कार' से सम्मानित किया गया :

यहूदी (1958) : ये मेरा दीवानापन है....
अनाड़ी (1959) : सब कुछ सीखा हमने....
ब्रह्मचारी (1968) : मैं गाऊँ तुम सो जाओ....

शैलेन्द्र ने अपने फिल्म-जीवन में कुल मिलाकर 28 अलग-अलग संगीतकारों के साथ काम किया : शंकर-जयकिशन–91 फिल्में, सलिल चौधरी–18 फिल्में, रोशन–12 फिल्में, सचिन देव वर्मन–11 फिल्में, एस.एन. त्रिपाठी–5 फिल्में, हेमन्त कुमार और रवि–4-4 फिल्में, सी. रामचंद्र, दत्ताराम, चित्रगुप्त और किशोर कुमार–3-3 फिल्में, सार्दुल क्वात्रा, मुकुल रॉय और अनिल विश्वास–2-2 फिल्में, बसन्त प्रकाश, जिम्मी, नीनू मजूमदार, मनोहर खन्ना, शिवराम, शैलेष मुखर्जी, गजानन, जयदेव, कल्याण जी आनन्द जी, पं. रविशंकर, राहुलदेव वर्मन, सुहृदकर और सपन जगमोहन–1-1 फिल्म।

'बरसात' (1949) से लेकर 'मेरा नाम जोकर' (1970) तक राजकपूर द्वारा निर्मित लगभग सभी फिल्मों के थीम सांग शैलेन्द्र ने लिखे।

विमल राय द्वारा निर्मित 'परख' (1960) के संवाद शैलेन्द्र ने लिखे थे।

शैलेन्द्र ने 6 फिल्मों में अभिनय भी किया है; फिल्में हैं : नया घर (1953), नौकरी (1954), बूट पालिश (1954), श्री 420 (1955), मुसाफिर (1957) और तीसरी कसम (1966)।

शंकर शैलेन्द्र ने निर्माता के रूप में फणीश्वरनाथ रेणु की कहानी पर आधारित 'तीसरी कसम' (1966) का निर्माण किया। इस फिल्म के सर्वश्रेष्ठ निर्माण के लिए

शैलेन्द्र को राष्ट्रपति स्वर्ण पदक तथा 'बंगाल फिल्म जर्नलिस्ट एसोसिएशन' की तरफ से 11 पुरस्कारों से सम्मानित किया गया।

शैलेन्द्र अधिकांशतः धुन पर गीत लिखते थे। संगीतकार पहले धुन बनाकर सुनाते थे और उनके अनुरूप वे गीत लिखते थे। दरअसल यह बहुत कठिन काम है लेकिन उन्हें इसमें कभी कठिनाई नहीं हुई।

शंकर शैलेन्द्र के फिल्मी गीतों की सूची

बरसात (1949) : आर.के. फिल्म्स, बम्बई
निर्देशक—राजकपूर; संगीतकार—शंकर-जयकिशन

1. बरसात में हमसे मिले तुम सजन... —लता, साथी
2. पतली कमर है तिरछी नजर है... —लता, मुकेश

आवारा (1951) : आर.के. फिल्म्स, बम्बई
निर्देशक—राजकपूर; संगीतकार—शंकर-जयकिशन

1. तेरे बिना आग ये चाँदनी —लता, मन्नाडे, साथी
2. आवारा हूँ या गर्दिश में हूँ... —मुकेश
3. हा हैया, नैया तेरी मझधार... —रफी, साथी
4. घर आया मेरा परदेशी... —लता, साथी
5. एक दो तीन आजा मौसम है रंगीन... —शमशाद बेगम, साथी
6. दम भर जो उधर मुँह फेरे... —लता, मुकेश
7. पतिव्रता सीता माई को तूने दिया बनवास...—रफी, साथी

काली घटा (1951) : हिन्दुस्तान चित्र, बम्बई
निर्देशक—किशोर साहू; संगीतकार—शंकर-जयकिशन

1. इल्ला वेल्ल आरे, दिन हैं प्यारे-प्यारे... —लता

नगीना (1951) : पंचोली प्रोडक्शन्स, बम्बई
निर्देशक—रवीन्द्र दवे; संगीतकार—शंकर-जयकिशन

1. इक सितारा है आकाश में... —सी.एच. आत्मा
2. याद आयी है, बेकसी छाई है... —लता
3. रोऊँ मैं सागर के किनारे... —सी.एच. आत्मा
4. तूने हाय मेरे जख्मे जिगर को छू लिया... —लता
5. माई डियर ओ डियर, ओ मम्मी नहीं... —रफी, शमशाद
6. हमसे करो प्यार करो जी... —लता, रफी, साथी

बादल (1951) : वर्मा फिल्म्स, बम्बई

निर्देशक—अमिय चक्रवर्ती

संगीतकार—शंकर-जयकिशन

1. आज माने न मोरा जिया... —लता, साथी
2. उनसे प्यार हो गया, दिल मेरा खो गया... —लता
3. ऐ दिल न मुझसे छिपा, सच बता क्या हुआ...—लता, मुकेश
4. दो दिन के लिए मेहमान यहाँ... —लता
5. अनमोल प्यार बिनमोल बिके... —लता

बुजदिल (1951) : फिल्म आर्ट्स, बम्बई

निर्देशक—शाहिद लतीफ;संगीतकार—सचिनदेव वर्मन

1. रोते-रोते गुजर गयी रात रे...[1] —लता
2. झन-झन-झन पायल बाजे... —लता
3. जाने न हाय ये दुनिया... —लता
4. मैं अलबेली रुमझुम-रुमझुम... —लता

अनहोनी (1952) : नया संसार, बम्बई

निर्देशक—ख्वाजा अहमद अब्बास; संगीतकार—रोशन

1. मेरे दिल की धड़कन क्या बोले... —लता, तलत

आनन्द मठ (1952) : फिल्मिस्तान लिमिटेड, बम्बई

निर्देशक—हेमेन गुप्ता; संगीतकार—हेमन्त कुमार

1. कैसे रोकेंगे ऐसे तूफान को... —तलत, गीता दत्त
2. नैनों में मेरे सावन, मन मेरे फागुन... —गीता दत्त
3. आ रे भँवरे आ, महकी मेरे मन की बगिया..—गीता दत्त

छत्रपति शिवाजी (1952) : प्रभाकर पिक्चर्स, बम्बई

निर्देशक—भालजी पेण्ढारकर; संगीतकार—सी. रामचंद्र

1. आजाद गगन आजाद पवन... —लता, चितलकर, साथी
2. मेरा बचपन कभी न बीतेगा... —लता
3. देश की धरती ने ललकारा... —चितलकर, साथी
4. मेरे नैहर का मोह बड़ा... —लता
5. मुझपे भी रहम मेरे मेहरबान कीजिए... —रंगनाथ जादव, साथी
6. मद भरे पवन में जैसे दिये की लौ... —लता
7. आओ मेरे घर आओ... —लता
8. लाड़ले राम से तुम हो घनश्याम से... —लता, साथी

दाग (1952) : मार्स एण्ड मुवीज, बम्बई
निर्देशक—अमिय चक्रवर्ती
संगीतकार—शंकर-जयकिशन

1. देखो आया ये कैसा जमाना... —लता, साथी
2. ऐ मेरे दिल कहीं और चल... —1. लता 2. तलत
3. प्रीत ये कैसी बोल री दुनिया... —लता
4. लागे जबसे नैन लागे... —लता

नौ बहार (1952) : न्यू प्रीमियर पिक्चर्स, बम्बई
निर्देशक—पं. आनन्द कुमार; संगीतकार—रोशन

1. फूल चुन ले मेरे बालम... —लता
2. कजरारी मतवारी मदभरी दो अँखियाँ... —राजकुमारी
3. उनके बुलावे पे दिल मेरा डोले... —लता
4. देखो जी मेरा जिया चुराए लिए जाए... —लता

पर्वत (1952) : वर्मा फिल्म्स, बम्बई
निर्देशक—ओ.पी. दत्ता; संगीतकार—शंकर-जयकिशन

1. क्या बताऊँ मुहब्बत है क्या... —लता, रफी, साथी
2. मीठी-मीठी बातों से, भोली-भाली घातों से.. —लता
3. बेरहम मार डाले ना मुझको तेरा गम... —लता, साथी

पूनम (1952) : के. आर्ट्स, बम्बई
निर्देशक—एम. सादिक; संगीतकार—शंकर-जयकिशन

1. दिन सुहाने ये मौसम बहार का... —लता
2. झुमक-झुमक चले मेरे हाथी... —लता साथी
3. दो दिन की जिन्दगी में दुखड़े हैं बेशुमार... —लता
4. ओ भोले बालमा, ओ मोरे साजना... —लता

बदनाम (1952) : फिल्मिस्तान लिमिटेड, बम्बई
निर्देशक—डी.डी. कश्यप; संगीतकार—बसंत प्रकाश

1. घिर आयी है घोर घटा... —गीता
2. ले जा अपनी याद भी ले जा... —लता
3. ओ देनेवाले ये क्या दिया तूने... —गीता
4. जिया नहीं लागे हो मोरा मन नहीं लागे... —लता, साथी
5. ओ प्यारे जी चलो बाग की सैर को चलें... —आशा, साथी

श्रीमती जी (1952) : फिल्मिस्तान लिमिटेड, बम्बई
निर्देशक—आई.एस. जौहर; संगीतकार—जिम्मी

1. तेरी बदली हुई...तेरी चाहत में बलम... —गीता

संस्कार (1952) : सनराइज पिक्चर्स, बम्बई
निर्देशक—वी.एम. व्यास; संगीतकार—रोशन

1. बदलेगी ये दुनिया इक दिन... —हृदयनाथ
2. जीनेवाले ओ मतवाले जिन्दगी से प्यार कर... —लता
3. अन्धी किस्मत किसे ले चलेगी कहाँ... —लता
4. हँसे टिम-टिम-टिम, छोटे-छोटे तारे... —लता
5. दो नैनों ने जाल बिछाया... —लता
6. प्रीत निभानी बलमा तुम क्या जानो... —मीना कपूर
7. मोहब्बत के झूठे सहारों ने लूटा... —तलत

अनार कली (1953) : फिल्मिस्तान लिमिटेड, बम्बई
निर्देशक—नन्दलाल जसवन्त लाल
संगीतकार—सी. रामचंद्र

1. आजा अब तो आजा... —लता
2. दुआ कर गमे दिल खुदा से दुआ कर... —लता

आगोश (1953) : निहाल फिल्म कार्पोरेशन, बम्बई
निर्देशक—आर.डी. माथुर; संगीतकार—रोशन

1. मिल जुल के...दुख सुख बाँटो रे... —हेमन्त, इन्द्रा मीर चंदानी, साथी
2. बाँसुरिया काहे बजाई बिन सुने रहा नहीं... —लता, सुधा मल्होत्रा
3. हो धीरे-धीरे चढ़ गया नदी में पानी... —लता, हेमन्त
4. आग छिड़क गयी चाँदनी मेरे गोरे वदन पर... —मीना कपूर

आस (1953) : गोयल सिने कार्पोरेशन, बम्बई
निर्देशक—देवेन्द्र गोयल;संगीतकार—शंकर-जयकिशन

1. हम पे दया रखना हे दाता... —लता, साथी
2. इतना प्यार करेगा कौन, माँ करती जितना... —लता
3. चाहे नैना चुराओ चाहे दामन बचाओ... —लता, तलत
4. देखो जी देखो इकबार इस तरफ देखो... —लता, मुकेश
5. मैं हूँ तेरे सपनों की रानी... —लता

आह (1953) : आर.के. फिल्म्स, बम्बई
निर्देशक—राजा नवाथे; संगीतकार—शंकर-जयकिशन

1. राजा की आएगी बरात... —लता
2. छोटी-सी ये जिन्दगानी रे... —मुकेश
3. ये शाम की तनहाइयाँ ऐसे में तेरा गम... —लता
4. जो मैं जानती उनके लिए मेरे दिल में... —

औरत (1953) : वर्मा फिल्म्स, बम्बई
निर्देशक—वी. वर्मा; संगीतकार—शंकर-जयकिशन

1. दर्दे उल्फत छुपाऊँ कहाँ... —लता
2. दर्दे जिगर ठहर जरा... —लता
3. जुल्म है... ये दुनिया बनाई है किस बेरहम ने... —लता

दो बीघा जमीन (1953) : विमल राय प्रोडक्शन्स, बम्बई
निर्देशक—विमल राय; संगीतकार—सलिल चौधरी

1. तक तक तगिन गिन गिन रे, हरियाली सावन... —लता, मन्नाडे, साथी
2. भाई रे, गंगा और जमुना की...धरती... —लता, मन्नाडे
3. अजब तोरी दुनिया हो मोरे रामा... —रफी, साथी
4. आजा री आ निंदिया तू आ... —लता

नया घर (1953) : कश्यप प्रोडक्शन्स, बम्बई
निर्देशक—डी.डी. कश्यप
संगीतकार—शंकर-जयकिशन

1. जा जा जा रे, जा रे जा, रंजो गम के अंधेरे.. —लता
2. छूम छनानन छूम, ये समां और हम-तुम... —लता
3. उन्हें तू भूल जा ऐ दिल... —तलत
4. जवां है जहाँ, झूम उठी हर नजर... —लता

पतिता (1953) : मार्स एण्ड मुवीज, बम्बई
निर्देशक—अमिय चक्रवर्ती
संगीतकार—शंकर-जयकिशन

1. किसी ने अपना बना के मुझको... —लता
2. अन्धे जहान के अन्धे रास्ते... —तलत
3. तुझे अपने पास बुलाती है तेरी दुनिया... —तलत
4. मिट्टी से खेलते हो बार-बार किसलिए... —लता
5. हैं सबसे मधुर वो गीत जिन्हें... —तलत

माशूका (1953) : चित्रकार, बम्बई
निर्देशक—शान्ति कुमार; संगीतकार—रोशन

1. झिनक झिनक...होली खेले नंदलाला... —सुरैया, मुकेश, साथी
2. जमीं भी चुप...किसी की हाँ और... —मुकेश
3. ये समां हम तुम जवां... —किशोर, मीना कपूर
4. झिलमिल तारे करें इशारे सो जा... —मुकेश, सुरैया
5. मेरा बचपन वापस आया... —सुरैया
6. आओ श्याम सुन्दर अब तो शाम हो चली... —सुरैया, साथी

शिकस्त (1953) : आशादीप, बम्बई
निर्देशक—रमेश सहगल
संगीतकार—शंकर-जयकिशन

1. कारे बदरा तू न जा न जा... —लता
2. सपनों की सुहानी दुनिया को... —तलत
3. हम कठपुतले हैं...हम तो हैं खेल खिलौने... —हेमन्त कुमार
4. नयी जिन्दगी से प्यार करके देख... —1.लता, रफी, साथी
2. लता
5. बुझ गये आशा के दिए, बदले रंग जहान के...—लता
6. जब-जब फूल खिले, तुझे याद किया हमने...—तलत, लता

चाँदनी चौक (1954) : हीरा फिल्म्स, बम्बई
निर्देशक—वी.आर. चोपड़ा; संगीतकार—रोशन

1. बदल चली है उनकी नजर तो क्या कीजै...[2]
2. बहक चले मेरे नैनवा... —लता
3. एजम जी, जितने भी गम हैं गलत कर... —आशा
4. दिल की शिकायत नजर के शिकवे... —लता

नौकरी (1954) : विमल राय प्रोडक्शन्स, बम्बई
निर्देशक—विमल राय; संगीतकार—सलिल चौधरी

1. छोटा-सा घर होगा बादलों की छाँव में... —किशोर, उषा मंगेशकर
2. इक छोटी-सी नौकरी का तलबगार हूँ मैं... —किशोर,शंकरदास गुप्ता, श्यामल मित्रा
3. झूमे रे कली भँवरा उलझ गया... —गीता
4. अजी हमारी ये अर्जी... —किशोर
5. ओ मन रे न गम कर ये आँसू बनेंगे सितारे...—लता

पिलपिली साहब (1954) : क्वात्रा फिल्म्स, बम्बई
निर्देशक—एच.एस. क्वात्रा
संगीतकार—सार्दुल क्वात्रा

1. चाँद सितारों में कौन बुलाए रे... —लता, शमिन्दर
2. धिन तनाना...सपनों की दुनिया में... —मीना मंगेशकर, उषा, शमिन्दर

पूजा (1954) : वर्मा फिल्म्स, बम्बई
निर्देशक—भगवान दास वर्मा
संगीतकार—शंकर-जयकिशन

1. मोरी विपदा आन हरो... —लता
2. चल-चल रे मुसाफिर चल तू... —रफी
3. रुमझुम के बजाओ बन्सरी मुरारी... —रफी, कृष्णराव
4. होली आयी प्यारी-प्यारी भर पिचकारी... —लता, रफी, साथी
5. जहाँ कहीं दीपक जलता है... —रफी
6. मैं मुरलीधर की मुरली लाई... —लता

बादशाह (1954) : मार्स एण्ड मुवीज, बम्बई
निर्देशक—अमिय चक्रवर्ती
संगीतकार—शंकर-जयकिशन

1. गुल मुस्कुरा उठा, बुलबुल ये गा उठा... —लता, साथी
2. रुलाकर चल दिए इक दिन... —हेमंत कुमार

बूट पॉलिस (1954) : आर.के. फिल्म्स, बम्बई
निर्देशक—प्रकाश अरोड़ा
संगीतकार—शंकर-जयकिशन

1. नन्हे मुन्ने बच्चे तेरी मुट्ठी में क्या है... —रफी, आशा, साथी
2. ठहर जा ओ जाने वाले... —मन्नाडे, आशा, झवेरी
3. चली कौन से देश गुजरिया... —आशा, तलत
4. तुम्हारे हैं तुमसे दुआ माँगते हैं... —रफी, आशा, साथी

भाई साहब (1954) : पंचोली प्रोडक्शन्स
निर्देशक—रवीन्द्र दवे; संगीतकार—नीनू मजूमदार

1. चमन जल रहा है लुटा आशियां... —लता
2. आँखों आँखों से जताया दिल का दर्द... —लता
3. घेरता है गर अँधेरा... —सी.एच. आत्मा

4. रात फागुन की...आधी रात खुल गयी... —सी.एच. आत्मा
5. हजार रंग हैं...रातों को चोरी-चोरी... —आत्मा, कौमुदी, मुंशी, नीनू मजूमदार
6. दुनिया तेरे रंग निराले... —सी.एच. आत्मा
7. दिल की लगी...नग्म-ए-दिल सुना-सुना... —आत्मा, कौमुदी, मुंशी, साथी
8. ऊँची-नीची...मंजिल तो है बड़ी दूर... —आत्मा, साथी
9. नजर ने कह दिया अफसाना मेरे प्यार का..—आत्मा

मयूर पंख (1954) : साहू फिल्म्स, बम्बई
निर्देशक—किशोर साहू; संगीतकार—शंकर-जयकिशन

1. मैं तो चलूँ पश्चिम... —लता
2. ये बरखा बहार सौतनिया के द्वार... —लता, आशा

चिंगारी (1955) : को-आपरेटिव पिक्चर्स, बम्बई
निर्देशक—एस. श्रीवास्तव; संगीतकार—मनोहर खन्ना

1. बड़ी मुश्किल है, अजब मेरा दिल है... —लता
2. धक-धक धड़के जियरा... —लता
3. यह दिल की मजबूरियाँ... —लता
4. दिल की दुनिया में... —लता, साथी
5. राह न सूझे जाऊँ कहाँ... —लता
6. कह दे गोरी अपनों से शर्माना क्या... —लता

अमानत (1955) : विमल राय प्रोडक्शन्स, बम्बई
निर्देशक—अरविन्द सेन; संगीतकार—सलिल चौधरी

1. चेत रे मूरख चेत रे... —मन्नाडे, आशा
2. छल-छल पानी हमारी जिन्दगानी... —मन्नाडे, आशा, साथी
3. मेरी वफाएँ तुम्हारी ज़फाएँ... —आशा
4. बाकी अदाएँ देखना, दिल ना चुराना... —गीता दत्त
5. हो जब से मिली तोसे अँखिया... —हेमन्त, गीता
6. जब तुमने मोहब्बत छीन ली... —आशा

तीसमार खाँ (1955) : क्वात्रा आर्ट प्रोडक्शन्स, बम्बई
निर्देशक—एच.एस. क्वात्रा
संगीतकार—सार्दुल क्वात्रा

1. जिनकी निगाहों ने छीना है मेरा दिल... —लता

मदभरे नैन (1955) : फॉरचून फिल्म्स, बम्बई
निर्देशक—हेम चंदर; संगीतकार—सचिन देव वर्मन

1. आ नये जमाने का नया पैगाम... —आशा, साथी
2. ओ देखो मोसे साँची कहो बनवारी... —लता
3. मन पंछी अलबेला... —लता
4. आज का दिन है प्यार का... —लता, साथी
5. आ पलकों में आ सपने सजा... —लता
6. पहली न दूसरी तीसरी पसन्द है... —किशोर
7. दीवाने, अरमानों की भीड़ में... —आशा, किशोर, साथी
8. ओ ले के जिया पिया कहाँ जाओगे... —लता

मुनीम जी (1955) : फिल्मिस्तान लिमिटेड, बम्बई
निर्देशक—सुबोध मुखर्जी
संगीतकार—सचिन देव वर्मन

1. ओ शिवजी ब्याहने चले... —हेमन्त कुमार, साथी
2. नैना खोए-खोए तेरे दिल में भी कुछ... —लता
3. घायल हिरनियाँ मैं बन-बन डोलूँ... —लता
4. दे दिया तो...अनाड़ी अनाड़ी रे... —गीता

श्री 420 (1955) : आर.के. फिल्म्स, बम्बई
निर्देशक—राजकपूर; संगीतकार—शंकर-जयकिशन

1. मेरा जूता है जापानी... —मुकेश
2. दिल का हाल सुने दिलवाला... —मन्नाडे, साथी
3. प्यार हुआ इकरार हुआ... —मन्नाडे, लता
4. शाम गयी रात आयी कि बलम आजा... —लता, साथी
5. मुड़-मुड़ के न देख... —1. आशा, साथी
   2. मन्नाडे, आशा, साथी
6. रमैया वस्ता वैया... —1. लता, रफी, मुकेश, साथी
   2. मन्नाडे, साथी

सीमा (1955) : मार्स एण्ड मूवीज, बम्बई
निर्देशक—अमिय चक्रवर्ती
संगीतकार—शंकर-जयकिशन

1. तू प्यार का सागर है... —मन्नाडे, साथी

2. कहाँ जा रहा है तू ऐ जानेवाले... —रफी
3. मनमोहन बड़े झूठे... —लता

आवाज (1956) : महबूब प्रोडक्शन्स लिमिटेड, बम्बई
निर्देशक—जिया सरहदी; संगीतकार—सलिल चौधरी

1. लो भोर हुई पंछी निकले... —रफी, साथी
2. आयी बारात बाजे गाजे से... —रफी, सिंह
3. बाबा तोरी सोने की चिरैया... —लता, साथी

किस्मत का खेल (1956): साहू फिल्म्स लिमिटेड, बम्बई
निर्देशक—किशोर साहू; संगीतकार—शंकर-जयकिशन

1. किस्मत का खेल है जनाबे आली... —लता
2. न बुरे न भले हम गरीब गम के पले... —लता, साथी
3. अर्ज है आप से...बालम आएगा... —लता
4. तू माने या न माने बलम अनजाने... —लता, साथी
5. चलो ले चलूँ मैं तारों में... —आशा

चोरी-चोरी (1956) : ए.वी.एम. प्रोडक्शन्स, मद्रास
निर्देशक—अनन्त ठाकुर
संगीतकार—शंकर-जयकिशन

1. तुम अरबों का हेर-फेर करनेवाले... —लता, रफी
2. ये रात भीगी-भीगी, ये मस्त फिजाएँ... —लता, मन्नाडे
3. जहाँ मैं जाती हूँ, वहीं चले आते हो... —लता, मन्नाडे
4. मनभावन के संग जाए गोरी... —लता, आशा

जागते रहो (1956) : आर.के. फिल्म्स, बम्बई
निर्देशक—शंभु मित्रा और अमित मित्रा
संगीतकार—सलिल चौधरी

1. जिन्दगी ख्वाब है, ख्वाब में झूठ क्या... —मुकेश
2. ठंडी-ठंडी सावन की फुहार... —आशा
3. ला शे वै...मैंने जो ली अंगड़ाई... —संध्या, बलबीर, साथी
4. जागो जग उजियारा...जागो मोहन प्यारे... —लता

दिल्ली दरबार (1956) : गांधी एण्ड चोकसी, बम्बई
निर्देशक—चंद्रकान्त; संगीतकार—एस.एन. त्रिपाठी

1. महफिल में कैसी छम-छम... —लता

नयी दिल्ली (1956) : डीलक्स फिल्म्स, बम्बई
निर्देशक—मोहन सहगल
संगीतकार—शंकर-जयकिशन

1. अरे भाई निकल के आ घर से... —किशोर कुमार
2. मिलते ही नजर आप मेरे दिल में आ गये...—किशोर कुमार
3. नखरेवाली, देखने में देख ली है... —किशोर, साथी
4. तुम संग प्रीत लगाई रसिया... —लता, साथी
5. गोरी तेरे सपनों के सजना... —लता, साथी
6. बारी-बरस खटन गया... —लता, साथी
7. जिन्दगी बहार है मोहब्बत की बहार से... —लता, साथी

पटरानी (1956) : प्रकाश पिक्चर्स, बम्बई
निर्देशक—विजय भट्ट; संगीतकार—शंकर-जयकिशन

1. राजा प्यारे मत करो प्यार का मोल... —लता, उषा मंगेशकर
2. न जाने तुम कौन मेरी आँखों में समा गये..—लता
3. रंग रंगीली पगिया बाँधे आये ऋतुराजा... —लता, साथी
4. कभी तो आ...सपनों में आके चले जाने वाले..—लता
5. अरे कोई आओ री पिया को बुलाओ री... —लता, मीना, उषा
6. चन्द्रमा मदभरा क्यों झूमें बादर में... —लता
7. ओ बलम तुम बेदर्दी... —लता
8. पावन गंगा सर पर... —लता, साथी
9. ऊँचे महल में रहनेवाले... —लता

परिवार (1956) : विमल राय प्रोडक्शन्स, बम्बई
निर्देशक—असित सेन; संगीतकार—सलिल चौधरी

1. ता थै थै...जा तोसे नाहीं बोलूँ कन्हैया... —लता, मन्नाडे
2. बावली बना के छोड़ा हाय तेरी प्रीत... —आशा
3. एक दो तीन चार पाँच छह सात... —आशा, साथी
4. कुएँ में कूद के मर जाना... —किशोर
5. झिर-झिर-झिर-झिर बदरवा बरसे... —लता, हेमन्त

बसन्त बहार (1956) : श्री विश्वभारती फिल्म्स, बम्बई
निर्देशक—राजा नवाथे;संगीतकार—शंकर-जयकिशन

1. नैन मिले चैन कहाँ... —लता, मन्नाडे
2. बड़ी देर भई कब लोगे खबर मेरे राम... —रफी

3. सुर ना सजे, क्या गाऊँ मैं... —मन्नाडे
4. कर गया रे, कर गया मुझपे जादू... —लता, आशा
5. भय-भंजना बन्दना सुन हमारी... —मन्नाडे
6. केतकी गुलाब जूही, चम्पक बने फूल... —मन्नाडे, भीमसेन जोसी
7. जा जा रे बलमवा के संग रात बिताई... —लता
8. दुनिया न भाए मोहे, अब तो बुला ले... —रफी

राजहठ (1956) : मिनर्वा मुवीटोन, बम्बई
निर्देशक—सोहराब मोदी
संगीतकार—शंकर-जयकिशन

1. कहाँ से मिलते मोती... —लता
2. आ गयी लो आ गयी मैं झूमती... —लता
3. मेरे सपने में आना रे... —लता
4. नाचे अंग-अंग तेरे आगे... —लता, साथी
5. प्यारे बाबुल से बिछड़ के... —लता, साथी
6. आजा, आजा नदिया किनारे... —लता
7. चले सिपाही... —मन्नाडे, साथी

सैलाब (1956) : एम.आर. फिल्म्स, बम्बई
निर्देशक—गुरुदत्त; संगीतकार—मुकुल रॉय

1. ये रुत ये रात जवां... —गीता
2. आ गयी, आ गयी रे रात रंग भर... —गीता

हलाकू (1956) : ऑल इण्डिया पिक्चर्स, बम्बई
निर्देशक—डी.डी. कश्यप
संगीतकार—शंकर-जयकिशन

1. आ जा कि इन्तजार में... —लता, रफी
2. अजी चले आओ, तुम्हें आँखों में दिल ने... —लता, आशा
3. यह चाँद यह सितारे, यह साथ तेरा-मेरा... —लता
4. ओ दिल का न करना एतबार कोई... —लता, रफी
5. तेरी दुनिया से जाते हैं... —लता

अब दिल्ली दूर नहीं (1957) : आर.के. फिल्म्स, बम्बई
निर्देशक—अमर कुमार; संगीतकार—दत्ताराम

1. ये चमन हमारा अपना है... —आशा, साथी
2. हमारे मनोरथ पूरे करता... —आशा, गीता, साथी

3. मालिक तेरे जहाँ में... —सुधा मल्होत्रा
4. माता ओ माता, जो तू आज होती... —सुधा मल्होत्रा

एक गाँव की कहानी (1957) : बासुचित्र मंदिर (प्रा.) लिमिटेड, बम्बई
निर्देशक—दुलाल गुहा; संगीतकार—सलिल चौधरी

1. काना कुबड़ा लंगड़ा लूला... —आशा
2. झूमे रे, नीला अंबर झूमे... —तलत
3. बोले पीहू पीहू पी पपीहरा... —लता
4. ओ हाय कोई देख लेगा... —तलत, लता
5. चले ठुमक-ठुमक तारे... —लता
6. हो जी हो दिन होली का आ गया... —मन्नाडे, तता, साथी
7. रात ने क्या-क्या ख्वाब दिखाए... —तलत

कठपुतली (1957) : श्री रंगम, बम्बई
निर्देशक—अमिय चक्रवर्ती, नितिन बोस
संगीतकार—शंकर-जयकिशन

1. बोल री कठपुतली डोरी कौन संग बाँधी... —लता
2. मंजिल वही है प्यार के राही बदल गये... —सुबीर सेन
3. इतने बड़े जहाँ में ऐ दिल... —लता, साथी
4. मीनी मीनी चीची, दुनिया में चाँद सूरज... —लता, मुकेश
5. हाय तू ही गया मोहे भूल रे... —लता

काफी हाउस (1957) : नीति आर्ट प्रोडक्शन्स, बम्बई
निर्देशक—हरि वालिया; संगीतकार—रोशन

1. जवां यह जिन्दगी, यह प्यार का समां... —आशा

बेगुनाह (1957) : रूपकमल चित्र, बम्बई
निर्देशक—नरेन्द्र सूरी; संगीतकार—शंकर-जयकिशन

1. नजर कहे आजा जिगर में समा जा... —लता, साथी
2. आ जा रात बीती जाए... —किशोर, उषा, साथी
3. ऐ प्यासे दिल बेजुबां... —मुकेश

मुसाफिर (1957) : फिल्म ग्रुप, बम्बई
निर्देशक—हृषिकेश मुखर्जी
संगीतकार—सलिल चौधरी

1. हरि गुन गा मन रे... —लता
2. इक आये इक जाए मुसाफिर... —श्यामल मित्रा

3. मुन्ना बड़ा प्यारा अम्मी का दुलारा... —किशोर कुमार
4. टेढ़ी-मेढ़ी हमसे फिरे दुनिया... —शमशाद, मन्नाडे
5. लागी नाहीं छूटे राम चाहे जिया... —1.लता, दिलीप कुमार
2. लता

राम हनुमान युद्ध (1957) : रविकला चित्र, बम्बई
निर्देशक—एस.एन. त्रिपाठी
संगीतकार—एस.एन. त्रिपाठी

1. आज अगर मेरी लाज गयी... —लता, दिलीप ढोलकिया
2. रख लाज मेरी सिन्दूर की... —लता
3. बलमा ओ बलमा... —लता
4. बिनती करत मोरी पायल... —लता
5. सुना तू मन की बीन पर... —लता

अजी बस शुक्रिया (1958) : ईगल फिल्म्स, बम्बई
निर्देशक—मो. हुसैन; संगीतकार—रोशन

1. हाँ होने लगा यह दिल में दर्द कैसा... —आशा, साथी

डिटेक्टिव (1958) : अमिय चित्र, बम्बई
निर्देशक—शक्ति सामन्त; संगीतकार—मुकुल रॉय

1. आँखों पे भरोसा मत कर... —रफी, सुधा मल्होत्रा
2. कल तलक हम ठीक था... —रफी, गीता
3. छोड़िए गुस्सा हुजूर... —रफी
4. आ जा करले मुकाबिला... —हेमन्त, गीता
5. मुझको तुम जो मिले, ये जहान... —1.गीता, 2.हेमन्त, गीता
6. दो चमकती आँखों में कल ख्वाब... —गीता
7. राही चल सँभल सँभल के... —आशा

दिल्ली का ठग (1958) : न्यू ओरिएन्टल पिक्चर्स, बम्बई
निर्देशक—एस.डी. नारंग; संगीतकार—रवि

1. चल रही अमीरन, भई चल रे फकीरे... —किशोर
2. ये रातें, ये मौसम, नदी का किनारा... —किशोर, आशा

देवर भाभी (1958) : रायल फिल्म आर्ट्स, बम्बई
निर्देशक—केदार कपूर; संगीतकार—रवि

1. यह कैसी रुत आयी अजब रंग लाई... —आशा
2. किसे थी खबर के यूँ हद से गुजर के... —आशा

3. चोरी छुप जाए डकैती छुप जाए... —आशा, शमशाद
4. आँख की अंधी...यह क्या कर दीना... —मन्नाडे

बागी सिपाही (1958) : वी.पी. प्रोडक्शन्स, बम्बई
निर्देशक—भगवान दास वर्मा
संगीतकार—शंकर-जयकिशन

1. ऐ दिलबर दिलवाले... —लता
2. चिंच पुप्पुलू छुई-मुई मैं... —आशा, साथी
3. समां ये प्यार का बहार के ये मेले... —आशा, मन्नाडे
4. मान भी ले ऐ दिल तू अपनी ये हार... —लता
5. दिल लगानेवाले मत सुन मेरी कहानी... —लता
6. ओ बेरहम तेरे सितम हम पे होंगे... —लता, मन्नाडे, साथी

मधुमती (1958) : विमल राय प्रोडक्शन्स, बम्बई
निर्देशक—विमल राय; संगीतकार—सलिल चौधरी

1. सुहाना सफर और ये मौसम हँसीं... —मुकेश, साथी
2. आ जा रे परदेशी, मैं तो कब से खड़ी... —लता
3. जुल्मी संग आँख लड़ी रे... —लता, साथी
4. घड़ी-घड़ी मेरा दिल धड़के... —लता
5. दिल तड़प-तड़प के कह रहा है आ भी जा.—मुकेश, लता
6. ओ बिछुआ...दैया रे दैया चढ़ गयो... —लता, मन्नाडे, साथी
7. जंगल में मोर नाचा किसने देखा... —रफी
8. तुम्हारा दिल..हम हाल-ए-दिल सुनाएँगे... —मुबारक बेगम
9. टूटे हुए ख्वाबों ने हमको ये सिखाया है... —रफी
10. कंचा ले...नये-नये राजा की... —आशा, सविता, गुलाम मोहम्मद, साथी

यहूदी (1958) : बॉम्बे फिल्म्स, बम्बई
निर्देशक—विमल राय; संगीतकार—शंकर-जयकिशन

1. ये दुनिया ये दुनिया हाय हमारी... —रफी
2. बेचैन दिल खोई सी नजर... —लता, गीता
3. मेरी जां, मेरी जां प्यार किसी से... —लता, साथी
4. दिल से तुझको...ये मेरा दीवानापन है... —मुकेश
5. आते-जाते पहलू में आया कोई... —लता
6. दिल में प्यार का तूफान... —लता

सबेरा (1958) : बासुचित्र मन्दिर, बम्बई
निर्देशक—सत्येन बोस; संगीतकार—शैलेश मुखर्जी

1. मन के अँधियारे में... —मन्नाडे, साथी
2. ओ परदेसी छोरा... —लता, साथी
3. छुपा छुप्पी...आगड़-बागड़... —लता, मन्नाडे
4. आँख मिचौली खेल रही है... —लता
5. नदिया के पानी ओ रे नदिया के पानी... —लता

नया कदम (1958) : गाँधी एण्ड चौकसी, बम्बई
निर्देशक—एस.पी. कल्ला; संगीतकार—शिवराम

1. हो चुनवा...आ देख जाओ तमाशा... —शैलेश

अनाड़ी (1959) : एल.बी. फिल्म्स, बम्बई
निर्देशक—हृषिकेश मुखर्जी
संगीतकार—शंकर-जयकिशन

1. बन के पंछी गाए प्यार का तराना... —लता, साथी
2. किसी की मुस्कुराहटों पे हो निसार... —मुकेश
3. दिल की नजर से, नजरों की दिल से... —मुकेश, लता
4. सब कुछ सीखा हमने ना सीखी होशियारी... —मुकेश
5. तेरा जाना, दिल के अरमानों का लुट जाना... —लता

इनसान जाग उठा (1959) : शक्ति फिल्म्स, बम्बई
निर्देशक—शक्ति सामन्त;संगीतकार—सचिनदेव वर्मन

1. मेहनतकश इनसान जाग उठा... —आशा, रफी, साथी
2. नटखट तारों हमें ना निहारो... —आशा, रफी
3. देखो रे देखो लोगो अजूबा... —रफी, साथी
4. बात बढ़ती गयी खेल-खेल में... —आशा
5. हाय-हाय भलाई देखो... —आशा
6. आँखें चार होते-होते हो गया प्यार... —आशा
7. जानूँ-जानूँ री काहे खनके तोरा कंगना... —आशा, गीता

उजाला (1959) : ईगल फिल्म्स, बम्बई
निर्देशक—नरेश सहगल
संगीतकार—शंकर-जयकिशन

1. सूरज जरा आ पास, आज सपनों की रोटी... —मन्नाडे, साथी
2. अब कहाँ जाएँ हम, ये बता ऐ जमीं... —मन्नाडे, साथी

3. छम-छम लो सुनो छम, ठुमक-ठुमक रात चले... —लता, मन्नाडे, साथी
4. दुनिया वालों से दूर जलने वालों से दूर... —लता, मुकेश

कन्हैया (1959) : एस.पी. पिक्चर्स, बम्बई
निर्देशक—ओम प्रकाश;संगीतकार—शंकर-जयकिशन

1. रुक जा ओ जानेवाली रुक जा... —मुकेश
2. मेरे साँवरे सलोने पिया... —लता, साथी
3. याद आयी आधी रात को... —मुकेश
4. सावन आवन कह गये... —लता
5. नी बलिए रुत है बहार की... —लता, मुकेश, साथी
6. मुझे तुमसे कुछ भी न चाहिए... —मुकेश

कल हमारा है (1959) : के. अमरनाथ प्रोडक्शन्स, बम्बई
निर्देशक—एस.के. प्रभाकर
संगीतकार—चित्रगुप्त, गजानन

1. यह सच है...हमें जीना नहीं आया... —रफी
2. गम की बदली में...कल हमारा है... —रफी,सुधा, साथी
3. जाओ रसिया हटो जाओ रसिया... —लता, उषा

चाँद (1959) : तस्वीरिस्तान, बम्बई
निर्देशक—लेखराज भाखरी; संगीतकार—हेमन्त कुमार

1. ऐ बादलो रिमझिम के रंग लिए... —लता
2. आ जा री चाँदनी, हमारी गली... —लता, साथी
3. खोई-खोई अँखिया नींद बिना... —लता
4. कभी आज कभी कल कभी परसों... —लता, सुमन

छोटी बहन (1959) : प्रसाद प्रोडक्शन्स, बम्बई
निर्देशक—एल.वी. प्रसाद
संगीतकार—शंकर-जयकिशन

1. भैया मेरे राखी के बन्धन को न भुलाना... —लता
2. बागों में बहारों में इठलाता गाता आया... —लता, साथी
3. मैं रिक्शावाला मैं रिक्शावाला... —रफी
4. यह कैसा न्याय तेरा दीपक तले अँधेरा... —लता

जवानी की हवा (1959) : ऑल इण्डिया पिक्चर्स, बम्बई
निर्देशक—एस. सादिक; संगीतकार—रवि

1. कौन जाने रे बाबा दुनिया में पीर... —रफी, साथी

2. लो, वो गये, जीते थे हम जिनके लिए... —आशा

3. बाबू रे, गरीब की हूँ छोकरी... —आशा

दीप जलता रहे (1959) : फिल्मिस्तान, बम्बई

निर्देशक—दत्ता धर्माधिकारी; संगीतकार—रोशन

1. डाली पे बैठी थीं दस चिड़ियाँ... —आशा

2. एक दौर नया दुनिया में शुरू... —आशा, साथी

3. आह ई ही... ना रो भाई... —रफी, विजया

4. देखो जी रस ले गये... —आशा

5. छम-छम गीत सुनाए मेरी पायल... —आशा

नयी राहें (1959) : गोयल सिने कार्पोरेशन, बम्बई

निर्देशक—बृज सदानाह; संगीतकार—रवि

1. कल के चाँद आज के सपने... —1.लता, 2. लता, हेमन्त

2. तोसे लागे नैन कल न परत... —रफी, आशा

मधु (1959) : माया आर्ट पिक्चर्स, बम्बई

निर्देशक—ज्ञान मुखर्जी; संगीतकार—एस. बनर्जी

1. बता दो कोई कौन गली गये शाम... —1. मन्नाडे, 2. लता

मैं नशे में हूँ (1959) : वर्मा पिक्चर्स, बम्बई

निर्देशक—नरेश सहगल

संगीतकार—शंकर-जयकिशन

1. मुझको यारो माफ करना मैं नशे में हूँ... —मुकेश

2. नजर-नजर से हो रही है बात प्यार की... —मुकेश, लता

3. गैर की गली में पिया तूने मेरा नाम लिया... —आशा

लव मैरिज (1959) : सुबोध मुखर्जी प्रोडक्शन्स, बम्बई

निर्देशक—सुबोध मुखर्जी

संगीतकार—शंकर-जयकिशन

1. कहाँ जा रहे थे, कहाँ आ गये हम... —रफी

2. टीन कनस्तर पीट-पीट कर... —रफी

3. दिल से दिल टकराए... —गीता, रफी, साथी

4. कहे झूम-झूम रात ये सुहानी... —लता

5. करीब आओ न तड़पाओ... —गीता

शरारत (1959) : रोशनी फिल्म्स, बम्बई

निर्देशक—एच.एस. रवेल

संगीतकार—शंकर-जयकिशन

1. तेरा तीर ओ बे-पीर दिल के आर-पार है... —लता
2. अजब है दास्तां तेरी ऐ जिन्दगी... —1. लता, रफी, 2. रफी
3. लुश्का-लुश्का...तू मेरा कॉपीराइट... —लता, रफी

सट्टा बाजार (1959) : नगीना फिल्म्स, बम्बई
निर्देशक—रवीन्द्र दवे
संगीतकार—कल्याणजी-आनन्दजी

1. जा-जा न छेड़ मान भी जा... —रफी, सुमन, साथी

हम भी इनसान हैं (1959) : वी.ए.के. प्रोडक्शन्स, बम्बई
निर्देशक—आर. मजूमदार; संगीतकार—हेमन्त कुमार

1. गोरी तेरे नटखट नैना... —गीता, सुबीर सेन
2. फुलवा बन्द महके... —गीता, सुमन
3. ऊँच नीच का भेद... —हेमन्त कुमार
4. हाय रे किस्मत का अंधेर... —हेमन्त कुमार
5. प्यार जता के मैंने... —शमशाद बेगम
6. प्यारी बोले बुलबुल... —रफी

हीरा मोती (1959) : रूपालय, बम्बई
निर्देशक—कृष्ण चोपड़ा; संगीतकार—रोशन

1. नाच रे धरती के प्यारे... —लता, हेमन्त, साथी
2. ओ बेदर्दी आ मिल जल्दी... —लता
3. धर के जोगी का भेस सैंया गये विदेस... —आशा, उषा
4. इक दिन ये आँसू बनेंगे सितारे... —लता

अनुराधा (1960) : एल.वी. फिल्म्स, बम्बई
निर्देशक—हृषिकेश मुखर्जी

1. बहुत दिन हुए तारों के देश में... —1. मन्नाडे, महेन्द्र कपूर, साथी
   2. लता, मन्नाडे, साथी
2. जाने कैसे सपनों में खो गयीं अँखियाँ... —लता
3. कैसे दिन बीते कैसे बीती रतियाँ... —लता
4. हाय रे वो दिन क्यूँ न आये... —लता
5. सुन मेरे लाल यूँ न हो बेहाल... —मन्नाडे
6. साँवरे, साँवरे काहे मोसे करो जोरा... —लता

उसने कहा था (1960) : विमल राय प्रोडक्शन्स, बम्बई

निर्देशक—मोनी भट्टाचार्य;संगीतकार—सलिल चौधरी

1. मचलती आरजू खड़ी बाँहें पसारे... —लता
2. अहा रिमझिम के ये प्यारे-प्यारे... —लता, तलत

एक फूल चार काँटे (1960) : पर्वत फिल्म्स, बम्बई

निर्देशक—भप्पी सोनी; संगीतकार—शंकर-जयकिशन

1. बनवारी रे जीने का सहारा तेरा नाम रे... —लता
2. मतवारी नार ठुमक-ठुमक चली जाए... —मुकेश

काला बाजार (1960) : नवकेतन, बम्बई

निर्देशक—विजय आनन्द; संगीतकार—सचिनदेव वर्मन

1. सूरज के जैसी गोलाई, चंदा सी... —रफी
2. ना मैं धन चाहूँ, ना रतन चाहूँ... —गीता, सुधा मल्होत्रा
3. अपनी तो हर आह इक तूफान है... —रफी
4. साँझ ढली, दिल की लगी... —आशा, मन्नाडे
5. खोया-खोया चाँद खुला आसमां... —रफी
6. सँभालो सँभालो अपना दिल... —आशा
7. सच हुए सपने तेरे, झूम ले... —आशा
8. रिमझिम के तराने लेके आयी बरसात... —गीता, रफी

जिस देश में गंगा बहती है (1960) : आर.के. फिल्म्स, बम्बई

निर्देशक—राधू कर्माकर

संगीतकार—शंकर-जयकिशन

1. मेरा नाम राजू घराना अनाम... —मुकेश
2. क्या हुआ ये मुझे क्या हुआ... —लता, आशा
3. होठों पे सचाई रहती है... —मुकेश
4. है आग हमारे सीने में... —लता, गीता, मुकेश, मन्नाडे, महेन्द्र, साथी
5. बेगानी शादी में अब्दुल्ला दीवाना... —मुकेश, लता
6. ओ बसन्ती पवन पागल न जा... —लता
7. प्यार कर ले नहीं तो फाँसी चढ़ जाएगा... —मुकेश
8. आ अब लौट चलें नैन बिछाए... —मुकेश, साथी

दिल अपना और प्रीत पराई (1960) : महल पिक्चर्स, बम्बई

निर्देशक—किशोर साहू; संगीतकार—शंकर-जयकिशन

1. अजीब दास्तां है ये... —लता, साथी
2. अन्दाज मेरा मस्ताना... —लता, साथी
3. दिल अपना और प्रीत पराई... —लता
4. मेरा दिल अब तेरा ओ सजना... —लता
5. जाने कहाँ गयी...दिल मेरा ले गयी... —रफी

परख (1960) : विमल राय प्रोडक्शन्स, बम्बई
निर्देशक—विमल राय; संगीतकार—सलिल चौधरी

1. मिला है किसी का झुमका... —लता
2. क्या हवा चली बाबा, रुत बदली... —मन्नाडे
3. ओ सजना, बरखा बहार आयी... —लता
4. मेरे मन के दिए यूँ ही घुट-घुट के जल... —लता
5. ये बंशी क्यों गाए, मुझे क्यों सताए... —लता

मासूम (1960) : बी.आर. चित्र, बम्बई
निर्देशक—सत्येन बोस; संगीतकार—हेमन्त कुमार

1. नानी तेरी मोरनी को... —रानू मुखर्जी

मियाँ बीवी राजी (1960): अनुपम चित्र, बम्बई
निर्देशक—ज्योति स्वरूप;संगीतकार—सचिन देव वर्मन

1. सुन मेरी सजनी रे... —रफी
2. प म ग म तू ने ले लिया है दिल... —गीता, रफी
3. खुली है आँख मगर ख्वाब है... —सुमन कल्याणपुर
4. सुन ले मुरलिया, आयी मैं छुपके... —सुमन
5. पिया बिन नाहीं आवत चैन... —महेन्द्र, आशा
6. पानी होता डूब भी जाते... —कमला सिस्टा, रफी, साथी
7. मैं हूँ भोला व्यापारी, लाया हूँ... —रफी

सिंगापुर (1960) : ईगल फिल्म्स, बम्बई
निर्देशक—शक्ति सामन्त
संगीतकार—शंकर-जयकिशन

1. यह शहर बड़ा अलबेला... —मुकेश, साथी
2. आने लगा जीने का मजा... —लता
3. हट जाओ दीवाने आये... —लता, रफी, साथी
4. धोखा खाएगी न यारों की नजर... —रफी

हनीमून (1960) : जुबली पिक्चर्स, बम्बई
निर्देशक—लेखराज भाखरी
संगीतकार—सलिल चौधरी

1. साँझ भई सुन री सखी... —लता, उषा
2. आ हा रे मगन मेरा चंचल मन... —लता
3. मेरे ख्वाबों में खयालों में... —1. मुकेश, साथी
   2. मुकेश, लता
4. दुनिया न देखे जमाना न जाने... —लता, द्विजेन मुखर्जी
5. छुओ न छुओ न अलबेले मेरे सैंया... —मुकेश, सविता बनर्जी
6. तुम जो मिले तो खिला है गुलाब... —सविता बनर्जी

आस का पंछी (1961) : फिल्म युग, बम्बई
निर्देशक—मोहन कुमार;संगीतकार—शंकर-जयकिशन

1. हाय मेरी उलझी नजर परदेशी के संग... —लता
2. धीरे चलाओ जरा...मुहब्बत की गाड़ी... —लता, सुबीर सेन
3. राह के तालिब हैं पर बेराह पड़े हैं कदम... —मुकेश
4. ऐ दिल प्यार की मंजिल... —मुकेश

ब्वाय फ्रेण्ड (1961) : निर्देशक—नरेश सहगल
संगीतकार—शंकर-जयकिशन

1. देखो न जाओ ऐ जानेमन... —1. सुबीर सेन, 2. लता
2. क्यों जी मुझे पहचाना... —रफी

चारदीवारी (1961) : छायाध्वनि, बम्बई
निर्देशक—कृष्ण चोपड़ा; संगीतकार—सलिल चौधरी

1. गोरी बाबुल का घरवा अब है विदेसवा... —लता, साथी
2. कैसे मनाऊँ पियवा, गुन मेरे एकहु नाहीं... —मुकेश
3. झुक-झुक-झुक-झूम घटा आयी रे... —लता
4. अकेला तुझे जाने ना दूँगी, बन के छैंया... —लता
5. नींद परी लोरी गाए माँ झुलाए पालना... —लता
6. हमको समझ बैठी है दुनिया दीवाना... —मुकेश

छोटे नवाब (1961) : मुमताज फिल्म्स, बम्बई
निर्देशक—एस.ए. अकबर;संगीतकार—राहुलदेव वर्मन

1. आमछुम-तामछुम...हार हो कि जीत हो... —रफी, साथी
2. यक वयक रंगे-महफिल बदलने लगा... —शमशाद, रफी, साथी

3. इलाही तू सुन ले हमारी दुआ... —रफी
4. आज हुआ मेरा दिल मतवाला... —लता, रफी
5. मतवाली आँखों वाले ओ अलबेले... —लता, रफी
6. जीने वाले मुस्कुरा के जी... —लता, रफी
7. घर आजा घिर आये बदरा साँवरिया... —लता
8. वो आये घर में हमारे खुदा की कुदरत है... —लता, साथी

जब प्यार किसी से होता है (1961) : नासिर हुसैन फिल्म्स, बम्बई
निर्देशक—नासिर हुसैन;संगीतकार—शंकर-जयकिशन

1. बिन देखे और बिन पहचाने तुम पर हम कुरबान... —रफी
2. नजर मेरे दिल के पार हुई...मेरी हार हुई... —लता

जंगली (1961) : सुबोध मुखर्जी प्रोडक्शन्स, बम्बई
निर्देशक—सुबोध मुखर्जी
संगीतकार—शंकर-जयकिशन

1. जा-जा-जा मेरे बचपन कहीं जा के छुप नादां... —लता
2. या हू, चाहे कोई मुझे जंगली कहे... —रफी
3. आयी आयी आ सुकु-सुकु... —रफी

काँच की गुड़िया (1961) : रोशनी फिल्म्स, बम्बई
निर्देशक—हरनाम सिंह रवेल; संगीतकार—सुहृदकर

1. कोई बचा लो मुझको बचा लो... —गीता दत्त
2. झूमते शराबी जरा होश में आ... —आशा
3. साथ हो तुम और रात जवां... —आशा, मुकेश
4. आयी हूँ बड़ी आस लिए शरण तुम्हारी... —गीता दत्त
5. हम खो गये जी दिल खो गया... —आशा, रफी
6. तुम्हारा प्यार मेरी जिन्दगी का सहारा है... —आशा

करोड़पति (1961) : सहगल ब्रदर्स, बम्बई
निर्देशक—मोहन सहगल
संगीतकार—शंकर-जयकिशन

1. पहले मुर्गी हुई थी कि अण्डा... —मन्नाडे
2. ओ साजना न पूछ मुझसे प्यार क्या है... —लता
3. ओ लड़के बढ़ते-बढ़ते तू तो यहाँ भी आ गया... —लता, किशोर
4. आप हुए मेरे बलम मैं तुम्हारी हुई... —लता, मन्नाडे
5. ओ मेरी मैना अरे सुन मेरा कहना... —रफी, किशोर

6. देखनेवालो थाम लो दिल को... —किशोर, साथी

मेम दीदी (1961) : एल.वी. फिल्म्स, बम्बई
निर्देशक—हृषिकेश मुखर्जी
संगीतकार—सलिल चौधरी

1. हू तु तु तु, हम तो घर में चूल्हा फूँकें... —लता, महेन्द्र, साथी
2. रातों को जब नींद उड़ जाए, घड़ी-घड़ी... —लता, साथी
3. बचपन ओ बचपन प्यारे-प्यारे बचपन... —लता, साथी
4. भुला दे जिन्दगी के गम... —लता, साथी
5. मैं जानती हूँ तुम झूठ बोलते हो... —लता, मुकेश
6. बेटा वाव वाव वाव मेरे कान मत खाव... —लता, साथी

रूप की रानी चोरों का राजा (1961) : राहुल थिएटर (इण्डिया), बम्बई
निर्देशक—हरनाम सिंह रवेल
संगीतकार—शंकर-जयकिशन

1. चाँद गया तारे गये गयी मिलन की रात... —आशा
2. आजा रे, आजा रे, आजा नैन द्वारे... —आशा, सुबीर सेन,साथी
3. तुम तो दिल के तार छेड़कर हो गये बेखबर... —1. तलत, 2. लता
4. तुमार आमार प्रेम री जवार...वो कहाँ जाते हैं... —लता, महेन्द्र, साथी
5. ऐसी ही अगर मरजी है तेरी... —लता

सपने सुहाने (1961) : के.आर. फिल्म्स, बम्बई
निर्देशक—केदार कपूर; संगीतकार—सलिल चौधरी

1. दिल कहता है जरा तो दम ले लो... —मन्नाडे, साथी
2. ओ गोरी आ जा, गड्डी विच बहजा... —लता, मन्नाडे
3. नजर से मिल गयी नजर और पल में... —सविता बनर्जी, द्विजेन मुखर्जी
4. नाम मेरा निम्मो मुकाम लुधियाना... —लता, मन्नाडे, द्विजेन मुखर्जी
5. घूँघट हटा न देना गोरिए... —लता, साथी
6. लो सुन लो ये मेरा अफसाना... —मन्नाडे, साथी
7. चाँद कभी था बाँहों में... —सविता बनर्जी

ससुराल (1961) : प्रसाद प्रोडक्शन्स, मद्रास
निर्देशक—टी. प्रकाश राव
संगीतकार—शंकर-जयकिशन

1. एक सवाल मैं करूँ, एक सवाल तुम करो... —लता, रफी
2. क्या मिल गया, हाय क्या खो गया... —लता, रफी
3. सुन ले मेरी पायलों के गीत साजना... —लता
4. ये अलबेला तौर न देखा... —रफी
5. सता ले ऐ जहां, न खोलेंगे जुबां... —मुकेश

आशिक (1962) : रूबेन-दुबे प्रोडक्शन्स, बम्बई
निर्देशक—हृषिकेश मुखर्जी
संगीतकार—शंकर-जयकिशन

1. मैं आशिक हूँ बहारों का, नजारों का... —मुकेश
2. मुझसे पूछे बिना दिल में आने लगे... —मुकेश
3. महताब तेरा चेहरा, किस ख्वाब में देखा था... —लता, मुकेश
4. ओ शमा मुझे फूँक दे... —लता, मुकेश
5. झनन झनझना के अपनी पायल... —लता
6. तुम जो हमारे मीत न होते... —मुकेश

असली नकली (1962) : एल.वी. फिल्म्स, बम्बई
निर्देशक—हृषिकेश मुखर्जी
संगीतकार—शंकर-जयकिशन

1. कल की दौलत आज की खुशियाँ... —रफी
2. तेरा मेरा प्यार अमर फिर क्यूँ मुझको... —लता

दिल तेरा दीवाना (1962) : पद्मिनी पिक्चर्स, बम्बई
निर्देशक—बी.आर. पंथालू
संगीतकार—शंकर-जयकिशन

1. जाने वफा, जाने जहाँ जाने तमन्ना कहूँ... —लता, रफी
2. बिजली गिरा के...दिल तेरा दीवाना है सनम... —लता, रफी
3. रिक्शे पे मेरे तुम आ बैठे... —आशा, रफी
4. मुझे कितना प्यार है तुमसे... —लता, रफी

हाफ टिकट (1962) : सिने टेक्निशियन्स प्रो., बम्बई
निर्देशक—कालिदास; संगीतकार —सलिल चौधरी

1. आ रहे थे स्कूल से रास्ते में हमने देखा... —किशोर, साथी
2. वो इक निगाह क्या मिली तबीयत मचल गयी... —लता, किशोर
3. आ के सीधी लगी दिल पे जैसे कटरिया... —किशोर
4. अरे ले लो जी ले लो है ये दिल का हीरा... —लता, किशोर

5. आँखों में तुम दिल में तुम हो... —गीता, किशोर
6. चाँद रात तुम हो साथ... —लता, किशोर
7. अरे वाह रे मेरे मालिक... —किशोर

हरियाली और रास्ता (1962) : श्री प्रकाश पिक्चर्स, बम्बई
निर्देशक—विजय भट्ट; संगीतकार—शंकर-जयकिशन

1. बोल मेरी तकदीर में क्या है... —1. लता, मुकेश, 2. लता
2. तेरी याद दिल से भुलाने चला हूँ... —मुकेश
3. परवानों की राह में दीवानों की चाह में... —आशा
4. लाखों तारे आसमान में, एक मगर... —लता, मुकेश
5. एक था राजा एक थी रानी... —लता

नॉटी ब्याय (1962) : शक्ति फिल्म्स, बम्बई
निर्देशक—शक्ति सामन्त;संगीतकार—सचिनदेव वर्मन

1. ओ दिल धड़का, उसे देखते ही... —किशोर
2. नजरें मिला के जो दुनिया की... —किशोर
3. सा सा सा रे, गा गा गा रे तार दिलों के... —आशा, किशोर
4. जहाँ भी गये हम ओ मेरे हमदम... —आशा, किशोर
5. अब तो बतला अरे जालिम मेरी किस्मत... —आशा, किशोर
6. शीस्त कोबाना...रंग ये दुनिया बदलती है... —किशोर, साथी
7. आयी ई ई बेलू बेलू, तुम मेरे पहचाने... —आशा
8. हो गयी शाम दिल बदनाम लेता जाए... —आशा, किशोर

प्रोफेसर (1962) : ईगल फिल्म्स, बम्बई
निर्देशक—लेख टण्डन; संगीतकार—शंकर-जयकिशन

1. मैं चली मैं चली पीछे जहाँ... —लता, रफी
2. जरा ठहरो सदा मेरे दिल की जरा सुनते जाओ...—रफी

रंगोली (1962) : आर.बी. फिल्म्स, बम्बई
निर्देशक—अमर कुमार; संगीतकार—शंकर-जयकिशन

1. एक नजर किसी ने देखा... —लता, किशोर
2. सागर पे आज मौजों का राज... —लता, साथी
3. हम तुम, यह खोई-खोई राहें... —लता, मुकेश
4. जाओ जाओ नंद के लाला... —लता
5. छोटी-सी ये दुनिया पहचाने रास्ते हैं... —1. किशोर, 2. लता

संगीत सम्राट तानसेन (1962) : सुर सागर चित्र, बम्बई

निर्देशक—एस.एन. त्रिपाठी

संगीतकार—एस.एन. त्रिपाठी

1. कुहू, कुहू पी कहाँ...[3]
2. टूट गयी...मेरे मन की बीना टूट गयी... —पूर्णा सेठ, पण्ढरीनाथ कोल्हापुरे
3. परदेसी घर आये के...बदली बदली दुनिया. —लता, महेन्द्र
4. हम्द के लायक है तू ऐ जुल जलाल... —रफी, मन्नाडे, साथी
5. क्डान्तधा तननन तदिया नारे... —मन्नाडे
6. सखी कैसे धरूँ मैं धीर हाय री... —लता
7. आली देखो भोर भई लोग जागे...[4]
8. झूमती चली हवा याद आ गया कोई... —मुकेश
9. मितवा लौट आये री, आज मेरो जियरवा... —मन्नाडे
10. अब आयी बरखा बहार सजनी... —मन्नाडे, रफी
11. चंद्र छुपा सूरज छुपा दीपक जलाओ... —रफी, साथी
12. मेघा आओ रे घिर घिर के छाओ रे... —लता, आशा, मन्नाडे

सौतेला भाई (1962) : आलोक भारती, बम्बई

निर्देशक—महेश कौल; संगीतकार—अनिल विस्वास

1. भैया-भैया बोले बाल कन्हैया... —मीना कपूर, पंकज मित्र, साथी
2. देखो रे लोगो भाई भाई का नाता... —अनिल विस्वास, पंकज, साथी
3. पैसा नहीं होता जो ये पैसा नहीं... —अनिल विस्वास, मन्नाडे, साथी
4. जा रे जा बालमा, जा मैं तोसे नाहीं बोलूँ... —लता
5. हो मन रे मैं जग में आज पराया... —अनिल विस्वास
6. फूले बन बगिया, खिली कली कली... —मीना कपूर
7. माधव, बिन माधव सारा वृज सूना...[5]
8. प्रीत गयी धर्म गया बिसरे सारे काम... —मीना कपूर, लता

शिव पार्वती (1962) : टी.के. फिल्म्स, बम्बई

निर्देशक—एस.एन. त्रिपाठी

संगीतकार—एस.एन. त्रिपाठी

1. दीरना ताना दीरना मोरे लागे रे लागे... —आश, गीता

सूरत और सीरत (1962): शोभना पिक्चर्स, बम्बई

निर्देशक—बहल; संगीतकार —रोशन

1. बाजे पग पैंजनी...प्रेमलगन मन में... —आशा
2. बहुत दिया देनेवाले ने तुझको... —मुकेश
3. जैसे कोरट में...पग पायल बजाती सैंया... —आशा, साथी

बन्दिनी (1963) : विमल राय प्रोडक्शन्स, बम्बई

निर्देशक—विमल राय; संगीतकार—सचिनदेव वर्मन

1. दो नैनन से मिलने को...ओ पंछी प्यारे... —आशा
2. अबके बरस भेज भइया को बाबुल... —आशा
3. मत रो माता लाल तेरे बहुतेरे... —मन्नाडे
4. जोगी जब से तू आया मेरे द्वारे... —लता
5. ओ जानेवाले हो सके तो लौट के आना... —मुकेश
6. ओ रे मांझी, मेरे साजन हैं उस पार... —एस.डी. वर्मन

बेगाना (1963) : सदाशिव चित्र, बम्बई

निर्देशक—सदाशिव जे. राव कवि

संगीतकार—सपन जगमोहन

1. बुलाती है बहार चले हम दोनों... —लता
2. दाँतों का जमाना प्यारे दाँत बचाना... —महेन्द्र, साथी
3. तेरे तीरे नीमकश को...फिर वो भूली सी याद...—रफी
4. न जाने कहाँ खो गया वो जमाना... —मुकेश
5. प्यार निभाना भूल न जाना... —आशा
6. तोसे नजर लड़ी सजना रे... —आशा, साथी
7. सागर का झिलमिल पानी मछलियाँ बलखाती—आशा, मन्नाडे, साथी
8. आये गयो मोरे मन भाए गयो... —लता, उषा

दिल एक मन्दिर (1963): चित्रालय, बम्बई

निर्देशक—श्रीधर; संगीतकार—शंकर-जयकिशन

1. याद न जाए बीते दिनों की... —रफी
2. जूही की कली मेरी लाडली... —सुमन कल्याणपुर
3. पालनहारे राम हैं राखनहारे राम... —सुमन
4. रुक जा रात ठहर जा रे चंदा... —लता

एक दिल सौ अफसाने (1963) : तलवार फिल्म्स, बम्बई

निर्देशक—आर.सी. तलवार

संगीतकार—शंकर-जयकिशन

1. मस्त नजर देख इधर हम हैं... —मुकेश
2. सुनो जी सुनो हमारी भी सुनो... —मुकेश
3. तुम ही तुम हो मेरे जीवन में... —लता, रफी
4. दूर के ओ चंदा आ मेरी बाँहों में... —लता

हमराही (1963) : प्रसाद प्रोडक्शन्स, मद्रास
निर्देशक—टी. प्रकाश राव
संगीतकार—शंकर-जयकिशन

1. दिल तू भी गा, प्यार में मुस्कुरा... —रफी, साथी
2. मन रे तू ही बता क्या गाऊँ... —लता
3. करके जिसका इन्तजार मेरा दिल गया हार... —लता, रफी

जब से तुम्हें देखा है (1963) : अमर छाया, बम्बई
निर्देशक—केदार कपूर; संगीतकार—दत्ताराम

1. ये दिन दिन हैं खुशी के... —सुमन, मन्नाडे
2. चाँद तले झूम-झूम थिरक रही है... —सुमन, सुबीर सेन, साथी
3. ओ रे रे रे दिल खो गया, ढूँढ़ूँ कहाँ... —आशा, रफी
4. मोहम्मद शाह रंगीले, गावत आज प्रेमराग... —मन्नाडे
5. हम आपकी महफिल में भूले से चले आये... —रफी

मेरी सूरत तेरी आँखें (1963) : जी.पी. फिल्म्स, बम्बई
निर्देशक—आर.के. राखन
संगीतकार—सचिनदेव वर्मन

1. तेरे बिन सूने नैन हमारे... —लता, रफी
2. पूछो न कैसे मैंने रैन बिताई... —मन्नाडे
3. तुझसे नजर मिलाने में घूम के फिर... —आशा
4. नाचे मन मोरा मगन तिगदा धीगी-धीगी... —रफी
5. तेरे ही खयालों में तेरे ही ख्वाबों में... —लता
6. ये किसने गीत छेड़ा, दिल मेरा नाचे... —सुमन, मुकेश

अपने हुए पराये (1964) : मार्स एण्ड मुवीज, बम्बई
निर्देशक—अजीत चक्रवर्ती
संगीतकार—शंकर-जयकिशन

1. बहार बन के वो मुस्कुराए हमारे गुलशन में... —लता, साथी
2. किस्मत ने क्या दिन दिखलाए... —लता

3. मैंने बुलाया और तुम आये... —लता
4. गगन के चंदा न पूछ हमसे... —लता, सुबीर सेन
5. फिर कोई मुस्कुराया फिर एक फूल खिला... —मुकेश

एप्रिल फूल (1964) : सुबोध मुखर्जी प्रोडक्शन्स, बम्बई
निर्देशक—सुबोध मुखर्जी
संगीतकार—शंकर-जयकिशन

1. आ गले लग जा मेरे सपने मेरे अपने... —रफी

आयी मिलन की बेला (1964) : फिल्म युग, बम्बई
निर्देशक—मोहन कुमार; संगीतकार—शंकर-जयकिशन

1. ओ सनम तेरे हो गये हम... —लता, रफी
2. आ हा आयी मिलन की बेला देखो... —आशा, रफी, साथी

बेटी बेटे (1964) : प्रसाद प्रोडक्शन्स, मद्रास
निर्देशक—एल.वी. प्रसाद
संगीतकार—शंकर-जयकिशन

1. आज कल में ढल गया दिन हुआ तमाम... —1. रफी, 2. लता
2. नैनोंवाली तेरे नैना जादू कर गये... —रफी
3. राधिके तूने बाँसुरी चुराई... —रफी

दूर गगन की छाँव में (1964) : किशोर फिल्म्स, बम्बई
निर्देशक—किशोर कुमार; संगीतकार—किशोर कुमार

1. राही तू रुक मत जाना, तूफां से मत घबड़ाना... —हेमंत कुमार
2. अलबेले दिन प्यारे...कोई लौटा दे मेरे... —किशोर कुमार
3. छोड़ मेरी बैंया बलम बेईमान... —आशा
4. जिन रातों की भोर नहीं है आज वैसी ही... —किशोर कुमार
5. खोया खोया चंदा खोए खोए तारे... —आशा
6. पथ भूला इक आया मुसाफिर... —आशा
7. ओ जग के रखवाले हमें तुझ बिन... —किशोर, मन्नाडे, साथी

राजकुमार (1964) : सवर्ण फिल्म्स, मद्रास
निर्देशक—के. शंकर; संगीतकार—शंकर-जयकिशन

1. जानेवाले जरा होशियार यहाँ के हम हैं... —रफी
2. आजा आयी बहार दिल है बेकरार... —लता
3. नाच रे मन बदकम्मा ठुमक-ठुमक... —आशा, लता
4. दिलरुबा दिल पे तू ये सितम किये जा... —आशा, रफी

साँझ और सबेरा (1964) : एस.जे. फिल्म्स, बम्बई
निर्देशक—हृषिकेश मुखर्जी
संगीतकार—शंकर-जयकिशन

1. मनमोहन कृष्ण मुरारी तेरे चरणों की... —लता
2. ओ सजना मेरे घर अँगना... —लता
3. तकदीर कहाँ ले जाएगी, मालूम नहीं... —रफी

संगम (1964) : आर.के. फिल्म्स, बम्बई
निर्देशक—राजकपूर; संगीतकार—शंकर-जयकिशन

1. मेरे मन की गंगा और तेरे मन की जमुना... —मुकेश, वैजयन्ती माला
2. हर दिल जो प्यार करेगा वो गाना गाएगा... —लता, मुकेश, महेन्द्र कपूर
3. दोस्त-दोस्त न रहा प्यार प्यार न रहा... —मुकेश
4. ओ मेरे सनम, दो जिस्म मगर इस जान हैं हम...—लता, मुकेश

जिन्दगी (1964) : जेमिनी, मद्रास
निर्देशक—रामानन्द सागर
संगीतकार—शंकर-जयकिशन

1. हम दिल का कँवल देंगे जिसको... —लता, साथी
2. इक नये मेहमान के आने की खबर... —लता, साथी
3. हमने जफा न सीखी, उनको वफा न आयी...—रफी
4. मुस्कुरा लाड़ले मुस्कुरा, कोई भी फूल... —मन्नाडे

चाँद और सूरज (1965) : गंगा चित्र, बम्बई
निर्देशक—दुलाल गुहा; संगीतकार—सलिल चौधरी

1. बाग में कली खिली बगिया महकी... —आशा
2. झनन-झनन बाजे, बिछुआ बाजे... —लता
3. तुम्हें दिल से चाहा, तुम्हें दिल दिया... —सुमन, रफी
4. तेरी याद न दिल से जा सकी... —लता
5. मेरी और उनकी प्रीत पुरानी... —आशा
6. किसी ने जादू किया मैं करूँ क्या... —मुकेश

छोटी छोटी बातें (1965) : राजवंशी प्रोडक्शन्स, बम्बई
निर्देशक—मोतीलाल; संगीतकार—अनिल विस्वास

1. अन्धी दुनिया, मतलब की दुनिया... —मन्नाडे, साथी
2. कुछ और जमाना कहता है... —मीना कपूर
3. लकड़ी जल कोयला भई...मोरी बाली रे... —लता, साथी

4. जिन्दगी का अजब फसाना है... —लता, मुकेश
5. जिन्दगी ख्वाब है, था हमें भी पता... —लता, मुकेश

गाइड (1965) : नवकेतन इंटरनेशनल, बम्बई
निर्देशक—विजय आनन्द; संगीतकार—सचिनदेव वर्मन

1. वहाँ कौन है तेरा मुसाफिर जाएगा कहाँ... —सचिनदेव वर्मन
2. काँटों में...आज फिर जीने की तमन्ना है... —लता
3. तेरे मेरे सपने अब एक रंग हैं... —रफी
4. पिया तोसे नैना लागे रे... —लता, साथी
5. गाता रहे मेरा दिल, तू ही मेरी मंजिल... —लता, किशोर
6. दिन ढल जाए हाय रात न जाए... —रफी
7. मोसे छल किये जाए, हाय रे हाय... —लता
8. क्या से क्या हो गया बेवफा तेरे प्यार में... —रफी
9. अल्ला मेघ दे पानी दे रे... —सचिनदेव वर्मन
10. हे राम हमारे रामचंद्र... —मन्नाडे, साथी

गुमनाम (1965) : पृथ्वी पिक्चर्स, बम्बई
निर्देशक—राजा नवाथे;संगीतकार—शंकर-जयकिशन

1. आएगा कौन यहाँ, किसको सदाएँ देता है...—शारदा
2. जान पहचान हो जीना आसान हो... —रफी
3. खयालों में... हम काले हैं तो क्या हुआ... —महमूद, रफी

जानवर (1965) : रूही फिल्म्स, बम्बई
निर्देशक—भप्पी सोनी; संगीतकार—शंकर-जयकिशन

1. लाल छड़ी मैदान खड़ी क्या खूब लड़ी... —रफी
2. देखो अब तो किसी को नहीं है खबर... —आशा, रफी, बातिश, साथी
3. आँखों-आँखों में किसी से बात हुई... —लता, आशा, मन्नाडे

पूनम की रात (1965) : किशोर साहू प्रोडक्शन्स, बम्बई
निर्देशक—किशोर साहू; संगीतकार—सलिल चौधरी

1. तो दिन ताना...कह दो कोई बेदर्दी से... —आशा, साथी
2. तुम कहाँ ले चले हो सजन अलबेले... —लता, मुकेश
3. सपनों में मेरे कोई आये-जाए... —लता, उषा, मुकेश
4. भोले पिया जाने क्या तुमने किया... —आशा, साथी

5. साथी रे, तुझ बिन जिया उदास रे... —लता

6. दिल तड़पे तड़पाये, जिनके मिलन को तरसे... —रफी

आम्रपाली (1966) : ईगल फिल्म्स, बम्बई
निर्देशक—लेख टंडन; संगीतकार—शंकर-जयकिशन

1. नाचो गाओ नाचो, धूम मचाओ नाचो... —समूह गान
2. तुम्हें याद करते-करते जाएगी रैन सारी... —लता
3. तड़प यह दिन रात की, कसक यह... —लता
4. जाओ रे जोगी तुम जाओ रे... —लता

बदतमीज (1966) : वर्मा ब्रदर्स, बम्बई
निर्देशक—मनमोहन देसाई
संगीतकार—शंकर-जयकिशन

1. हसीन हो तुम खुदा नहीं हो... —रफी
2. दिल को न मेरे तड़पाओ, अब तो... —रफी

गबन (1966) : बी.आई. प्रोडक्शन्स, बम्बई
निर्देशक—कृष्ण चोपड़ा, हृषिकेश मुखर्जी
संगीतकार—शंकर-जयकिशन

1. आये रे दिन सावन के... —लता
2. तुम बिन सजन बरसे नयन... —लता, रफी
3. मैं हर रात जागी...तुम बहुत याद आये... —लता

कुँवारी (1966) : रविकला चित्र, बम्बई
निर्देशक—एस.एन. त्रिपाठी
संगीतकार—एस.एन. त्रिपाठी

1. जलभरी गगरी सा छलके जियरवा... —लता, साथी
2. प्यार के पल छिन बीते हुए दिन... —1. तलत 2. लता
3. कहता है मेरा दिल कि सनम तुम भी... —आशा, मुकेश
4. धानी चुनरी...हो मेरी पीली पगिया... —मीनू पुरुषोत्तम, महेन्द्र
5. ऐ मेरे दिल सुन मेरी जां, रह गये हम... —मुकेश
6. ये तन मन वतन पर निछावर करेंगे... —कृष्णा कल्ले, साथी

लव इन टोकियो (1966): प्रमोद फिल्म्स, बम्बई
निर्देशक—प्रमोद चक्रवर्ती
संगीतकार—शंकर-जयकिशन

1. कोई मतवाला आया मेरे द्वारे... —लता

पिंजरे के पंछी (1966) : शोभा पिक्चर्स, बम्बई
निर्देशक—सलिल चौधरी; संगीतकार—सलिल चौधरी

1. नीचा काम ऊँचा नाम, ये दुनिया... —मन्नाडे
2. मेरे नयन पाखी बेचारे... —लता
3. झूम ले ऐ मतवाले दिल... —आशा, साथी
4. मंजिल की खोज में... —लता

प्यार मुहब्बत (1966) : अलंकार चित्र, बम्बई
निर्देशक—शंकर मुखर्जी
संगीतकार—शंकर-जयकिशन

1. देखो-देखो मैडम, सुनो जो कह चले... —मन्ना डे, रफी
2. हुए आप नाराज खुदा खैर करे... —रफी
3. हुस्न को चाँद, हाय मिल गयी... —रफी
4. आज आये री बाँके मोरे सैंया... —आशा, उषा

सूरज (1966) : वीनस पिक्चर्स, मद्रास
निर्देशक—टी. प्रकाश राव
संगीतकार—शंकर-जयकिशन

1. तितली उड़ी उड़ जो चली... —शारदा
2. देखो मेरा दिल मचल गया... —शारदा

तीसरी कसम (1966) : इमेज मेकर्स, बम्बई
निर्देशक—बासु भट्टाचार्य
संगीतकार—शंकर-जयकिशन

1. सजन रे झूठ मत बोलो... —मुकेश
2. सजनवा बैरी हो गये हमार... —मुकेश
3. चलत मुसाफिर मोह लिया रे... —मन्नाडे, साथी
4. पान खाए सैंया हमारो... —आशा
5. ए गजब का कहीं तारा टूटा... —आशा
6. लाली-लाली डोलिया में लाली रे... —आशा, साथी
7. रहेगा इश्क तेरा...रात ढलने लगी... —लता

कलाकार : राजकपूर, वहीदा रहमान, दुलारी, इफ्तिखार, असित सेन, सी.एस. दुबे, कृष्ण धवन, विश्व मेहरा, समर चटर्जी, परदेसी, हंगल, शिव जी भाई, मनसा राम, रतन गौरांग, पाछी, नवेन्दु घोष, रेखा, केश्टो मुखर्जी, रेहाना, केशव, बलबीर,

अमल सेन, वी. परेरा, फजलू, शैलेन्द्र, शिन्दे, मूलचंद, हरबन्स, परमानन्द, सविता, दीनानाथ, सबीना, चंदू लाल।

अमन (1967) : एम.के. प्रोडक्शन्स, बम्बई
निर्देशक—मोहन कुमार;संगीतकार—शंकर-जयकिशन

1. आज की रात ये कैसी रात... —रफी

एन इवनिंग इन पेरिस (1967) : शक्ति फिल्म्स, बम्बई
निर्देशक—शक्ति सामन्त
संगीतकार—शंकर-जयकिशन

1. दीवाने का नाम तो पूछो... —रफी
2. होगा तुमसे कल भी सामना... —रफी, साथी
3. ले जा मेरा दिल, तेरी दुनिया तेरी महफिल..—शारदा
4. मेरा दिल है तेरा, तेरा दिल है मेरा... —रफी
5. रात के हमसफर थक के घर को चले... —आशा, रफी

एराउण्ड द वर्ल्ड (1967) : पी.एस. पिक्चर्स, बम्बई
निर्देशक—पाछी; संगीतकार—शंकर-जयकिशन

1. जोशे जवानी हाय रे हाय... —मुकेश
2. ये मुँह और ये मसूर की दाल... —शारदा, मुबारक
3. जाने भी दे सनम मुझे अभी... —शारदा
4. आओ आओ आते क्यों नहीं... —रफी, मन्नाडे
5. दुनिया की सैर कर लो... —शारदा, मुकेश

छोटी सी मुलाकात (1967) : रंगीन अवर मुवीज, कलकत्ता
निर्देशक—आलो सरकार
संगीतकार—शंकर-जयकिशन

1. मत जा मत जा मत जा मेरे बचपन... —आशा
2. कल नहीं पाये जिया मोरे पिया... —लता
3. जीवन के दोराहे पर खड़े... —लता

दीवाना (1967) : अनुपम चित्र, बम्बई
निर्देशक—मोहन कौल; संगीतकार—शंकर-जयकिशन

1. पते की बात कहेगा, कहेगा जब भी दीवाना...—मुकेश
2. तुम्हारी भी जय-जय हमारी भी... —1. मुकेश, 2. शारदा
3. मुबारक देने...हम तो जाते अपने गाँव... —मुकेश
4. तुमको सनम पुकार के...चल दें न दिन... —शारदा

गुनाहों का देवता (1967) : जनता चित्र, बम्बई

निर्देशक—देवी शर्मा; संगीतकार—शंकर-जयकिशन

1. चाहा था बनूँ प्यार की राहों का देवता... —मुकेश

काँच की चूड़ियाँ (1967) : किशोर साहू प्रोडक्शन्स, बम्बई

निर्देशक—किशोर साहू; संगीतकार—शंकर-जयकिशन

1. पंछी रे ओ पंछी उड़ जा रे ओ पंछी... —आशा, रफी
2. ले जा, दिल है तेरा ले जा... —शारदा
3. धानी चुनरी...बज उठेंगी हरे काँच की चूड़ियाँ... —आशा
4. कहाँ चला रे कहाँ चला रे... —शारदा

हम दो डाकू (1967) : किशोर फिल्म्स, बम्बई

निर्देशक—किशोर कुमार; संगीतकार—किशोर कुमार

1. दो दिनों की कहानी, जिन्दगानी जी तो लें... —किशोर, अनूप कुमार
2. पग घुँघरू बाँध गुरु नाचो रे...[6]
3. हम दो डाकू रंग रंगीले... —किशोर, साथी
4. ऐ हसीनों नाजनीनों... —आशा, उषा, किशोर
5. अल्ला-अल्ला बंदे बंदगी में... —किशोर, अनूप कुमार

ज्वेल थीफ (1967) : नवकेतन, बम्बई

निर्देशक—विजय आनन्द

संगीतकार—सचिनदेव वर्मन

1. रुला के गया सपना मेरा... —लता

लाट साहब (1967) : इंटरनेशनल इंटरप्राइजेज, बम्बई

निर्देशक—हरि वालिया; संगीतकार—शंकर-जयकिशन

1. सबेरे वाली गाड़ी से चले जाएँगे... —रफी, साथी
2. ऐ चाँद जरा छुप जा... —आशा, रफी

रात और दिन (1967) : ए.ए.एन. प्रोडक्शन्स, बम्बई

निर्देशक—सत्येन बोस; संगीतकार—शंकर-जयकिशन

1. आवारा ऐ मेरे दिल जाने कहाँ है... —लता
2. न छेड़ो कल के अफसाने... —लता
3. दिल की गिरह खोल दो... —लता, मन्नाडे
4. जीना हमको रास न आया... —लता

ब्रह्मचारी (1968) : सिप्पी फिल्म्स, बम्बई

निर्देशक—भप्पी सोनी; संगीतकार—शंकर-जयकिशन

1. चक्के पे चक्का चक्के पे गाड़ी... —रफी, साथी
2. आज कल तेरे मेरे प्यार के चर्चे... —सुमन, रफी
3. मैं गाऊँ तुम सो जाओ... —रफी

झुक गया आसमान (1968) : आर.डी. बन्सल प्रोडक्शन्स, बम्बई
निर्देशक—लेख टण्डन; संगीतकार—शंकर-जयकिशन

1. मेरे तुम्हारे बीच में अब तो न पर्वत... —लता
2. सच्चा है प्यार मेरा अगर... —रफी

कहीं और चल (1968) : जे.एम. फिल्म्स, बम्बई
निर्देशक—विजय आनन्द
संगीतकार—शंकर-जयकिशन

1. पानी पे बरसे जब पानी, जब हो फिजाएँ... —लता, साथी
2. रे आनेवाले आ तू देर न लगा... —लता
3. ओ लक्ष्मी ओ सरयू, ओ शीला... —रफी

सपनों का सौदागर (1968) : स्क्रीन जेम्स, बम्बई
निर्देशक—महेश कौल; संगीतकार—शंकर-जयकिशन

1. लेलो, लेलो, सपनों का सौदागर आया... —मुकेश
2. तुम प्यार से देखो हम प्यार से देखें... —शारदा, मुकेश, साथी
3. ओ जिन्दगी ऐ मेरी बेबसी... —मुकेश

ज्वाला (1970) : रामन प्रोडक्शन्स, मद्रास
निर्देशक—एम.वी. रामन
संगीतकार—शंकर-जयकिशन

1. अहा ले गयी ओ जिया ले गयी... —लता, आशा, साथी
2. दुनिया की किताबों से इक दिन... —रफी

मेरा नाम जोकर (1970) : आर.के. फिल्म्स, बम्बई
निर्देशक—राजकपूर; संगीतकार—शंकर-जयकिशन

1. जीना यहाँ मरना यहाँ इसके सिवा जाना कहाँ...[7] —मुकेश
2. कारे-कारे बदरा, सूनी-सूनी रतिया... —आशा
3. जो मैं ऐसा जानती...काटे न कटे रैना... —आशा, मन्नाडे

दूर का राही (1971) : संगीतकार—किशोर कुमार

1. चलती चली जाए जिन्दगी की डगर... —हेमन्त कुमार, साथी
2. एक दिन और गया, हाय रोके न रुका... —किशोर कुमार

जवाँ मुहब्बत (1971) : संगीतकार—शंकर-जयकिशन

1. जुल्म ओ सितम को भी हम तो अदा समझे... —रफी

ममता की छाँव में (1989) : संगीतकार—किशोर कुमार

1. मेरा गीत अधूरा... —किशोर कुमार

1963 के आसपास रंजीत मूवीटोन ने राजकपूर तथा वैजयन्ती माला को लेकर एक फिल्म 'बहुरूपिया' का निर्माण प्रारम्भ किया था। इस फिल्म के संगीतकार थे शंकर-जयकिशन, गायक थे मन्नाडे तथा गीतकार थे शैलेन्द्र। इस फिल्म का एक गीत— "हँस कर हँसा रो कर रुला..." रिकार्ड किया गया था। लेकिन किसी कारण यह फिल्म अधूरी रह गयी। बाद में 1983 में ऐसी कई अधूरी फिल्मों को लेकर उनके दृश्यों और गीतों की मदद से निर्माता शादाब ने 'फिल्म ही फिल्म' नामक फिल्म का निर्माण किया और उस फिल्म में 'बहुरूपिया' का वह गीत शामिल किया।

शैलेन्द्र के भोजपुरी फिल्मी गीतों की सूची

गंगा मैया तोहे पियरी चढ़इबो[8] (1962) : निर्मल पिक्चर्स

निर्देशक—कुन्दन कुमार; संगीतकार—चित्रगुप्त

1. हे गंगा मइया तोहे पियरी चढ़इबो... —लता, उषा मंगेशकर
2. हम तो खेलत रहनी...अब तो लागल... —सुमन कल्याणपुर
3. काहे बँसुरिया बजउले कि सुध... —लता
4. मोरे करेजवा में पीर हाय राम कइसे भइल... —लता, उषा
5. सोनवा के पिंजरा में बन्द भइल हाय राम... —रफी
6. लुक छिप बदरा में चमके जइसे चंदवा... —लता

नैहर छूटल जाए (1964) : भोजपुर फिल्म्स, बम्बई

निर्देशक—देवेन्द्र; संगीतकार—जयदेव

1. जिया कसक मसक मोर रहे लागल... —1.रफी 2. आशा
2. घरर सुन ले भइया...जमुना तट श्याम खेलत होरी...—आशा, मन्नाडे, साथी
3. अरे रामा रिमझिम बरसेला पनिया... —मन्नाडे
4. मोर नैहर छूटल जाए, बाबुल मोर... —लता, साथी
5. चढ़ेला आसाढ़ भरेला सब नदिया... —मीनू पुरुषोत्तम, मुबारक बेगम

गंगा (1965) : कुमकुम ब्रदर्स, बम्बई

निर्देशक—कुन्दन कुमार; संगीतकार—चित्रगुप्त

1. बनवा फुलेला बसंत रे बउराइल मोरा जियरा... —लता
2. कान्हा तोरी बंसी के जुल्मी रे तान... —लता
3. मगन काहे नाचे तोर मन गोरी... —लता, उषा मंगेशकर
4. न्याय के नाम उठल धरती से... —रफी
5. जाने नगरिया जानत सब लोगवा... —लता
6. हो हो हो चढ़ल चइत नहीं आये बलमू... —लता, साथी

सैंया से नेहा लगइबे (1965) : जोहरा फिल्म्स, बम्बई
निर्देशक—एस.एम. अब्बास
संगीतकार—गुलाम मुहम्मद

1. मोर बगिया गुजर गइले अमवा... —सुमन कल्याणपुर
2. फुलवा नियर नार सुकवार गगरिया छल छल...—रफी
3. एक एक पैसा दे मोरे बाबू, एक एक पैसा... —एस. बलबीर, मन्नाडे
4. काहे का भेजल विदेस रे... —1. रफी, साथी
2. सुमन, साथी
5. नैना मोरे कजरारे हमे लग जइहें... —कमल बारोट, शमशाद

मितवा (1966) : मट्टू प्रोडक्शन्स, बम्बई
निर्देशक—गोविन्द मूनिस; संगीतकार—सी. रामचंद्र

1. पिया पिया कहत पियर भइले देहिया... —उषा, सखियाँ
2. दानापुर के पतरी रे तिरिया, रगड़ के... —कृष्णा कल्ले
3. चाँद सुरुज के लजावेली...गोरी तोरी... —आशा, साथी
4. कवन नगरिया तू चललू बटोही... —1. मन्नाडे, 2. लता
5. सपना देख जुड़ा गइले जियरा... —लता

बिधना नाच नचावे (1968) : संगीतकार—दत्ता राम

1. मेरे उलझे रे नैना... —सुमन, रफी
2. रेशम की डोरिया... —लता
3. गोरी तोरे नैना... —रफी
4. देख देख हँसेला... —लता
5. तोरे कारन... —आशा
6. केहू न जाने... —कृष्णा कल्ले

सन्दर्भ

1. गीत शैलेन्द्र तथा कैफी आजमी ने मिलकर लिखा था।
2. रिकार्डिंग नहीं बनने के कारण गायक का सही पता नहीं चल सका।
3. वही।
4. वही।
5. रिकार्डिंग नहीं बनने के कारण गायक के नाम का पता नहीं चल सका।
6. वही।
7. यह गीत शैलेन्द्र की मृत्यु के पश्चात् उनके पुत्र शैली शैलेन्द्र ने पूरा किया था।
8. प्रथम भोजपुरी फिल्म।

मैं, मेरा कवि और मेरे गीत

('धर्मयुग'; 16 मई, 1965, पृ. 37-39; में प्रकाशित शंकर शैलेन्द्र का आत्म परिचय)

मैं, मेरे गीत और मेरा कवि विरोधाभास के बावजूद अरसे से साथ हैं। सबसे पुरानी स्मृति शायद तब की है जब अलस सुबह नींद खुली थी, जाड़े के दिन थे, रजाई में लिपटा मैं बिस्तरे पर बैठा था, पिता फौज में थे, सबेरे ही तैयार होकर परेड में पहुँचना होता था, स्नान करने जा रहे थे और गा रहे थे : 'अब कहाँ जायेगो रे लीन्हों हाथ पकड़ के'। माखनचोर कृष्ण पकड़ में आ गये, नन्हे गोपाल कृष्ण की बचपन में कल्पित यह तस्वीर जीवन भर नहीं भूलेगी।

पिता तो भक्ति-रस के गीत गाते ही थे, माँ भी अच्छा-खासा गा लेती थीं। चक्की पीसते हुए, काम करते हुए उनका गीत : 'हंस पूछे जनकपुर की नार– नाथ कैसे गज के फंद छुड़ाए'। गीत, संगीत और काव्य से मेरा यही प्रथम परिचय था। गीत, संगीत और काव्य में पहले योगदान की भी वह रात, जब शिवनारायण पंथी विरादरी के लोग बसंत पंचमी की रात को आरती में गा रहे थे : 'दीन दयाऽऽल कृपाऽऽल महाऽप्रभो – दीन दयाऽऽल कृपाऽऽल महाऽप्रभो'। मैं भी बुजुर्गों और समवयस्कों के साथ गा रहा था और डफली बजा रहा था। लय की समझ प्रायः प्राकृतिक होती है, क्योंकि बाद में ऐसे लोग भी देखने में आये हैं, जिन्हें जिन्दगी भर ताल सिखाइए, तो नहीं सीख सकेंगे।

प्रकृति के विस्मयकारी कार्यकलाप भी बहुत बचपन में ही देखने को मिले। कोहमरी (अब पाकिस्तान में) की वे रातें, चीखने-चिंघाड़ने की आवाजें आ रही हैं, कोई जानवर है या प्रेत? भयभीत जागता रहा हूँ, कब नींद आयी मालूम नहीं। सबेरा हुआ, तो दरवाजा नहीं खुलता, बर्फ जम गयी है। पिताजी फावड़े से बर्फ हटा रहे हैं। बर्फ हटेगी तो दरवाजा खुलेगा, और कोहमरी में ही विदेशी शासन के अन्याय का पहला अनुभव हुआ था। मैं और बहन श्यामा तितलियाँ पकड़ रहे थे। नीचे ढाल पर सड़क से जा रहे थे कान्वेण्ट के अंग्रेज विद्यार्थी लड़के। किसी एक ने पत्थर मारा। बहन

की कनपटी से खून बह रहा था— हम काले अपने बाप-दादाओं की जमीन पर स्वच्छन्द क्यों घूम रहे हैं, इसी की जलन थी उन गोरे सँपोलों को।

मैं, मेरे गीत और मेरा कवि तीनों यदि दौड़ें तो 'मैं' ही विजयी होगा, इसलिए नहीं कि अहं बोल रहा है, केवल इसलिए कि यह चोर बदन 'मैं' मेरे गीत और मेरे कवि पर बराबर हावी रहा है और अपना प्रभाव डालता रहा है—बुरा और अच्छा।

इस 'मैं' का कहना है कि कलाकार कोई आसमान से टपका हुआ जीव नहीं है, बल्कि साधारण इनसान है, यदि वह साधारण इनसान नहीं, तो जनसाधारण के मनमानस के दुख-सुख को कैसे समझेगा और उसकी अभिव्यक्ति कैसे करेगा? इस 'मैं' ने मेरे कवि के वैभव को बहुत बार नोचा-खसोटा है और मेरे 'गीतकार' को समय-असमय नींद से झकझोरा है। मेरे कवि के चेहरे पर इसके नाखून के दाग हमेशा के लिए रह गये हैं। मेरा कवि महीन धोती और रेशमी कुर्ता कब से सहेज कर रखे हैं, मगर पहनने का अवसर ही नहीं मिलता। बिना कमानी का चश्मा भी बेकार पड़ा है, क्योंकि 'मैं' का कहना है आँखें अभी तेज हैं।

उस दिन 'मैं' की ही जिद थी कि मैं कॉलेज छोड़ रहा था, कवि कलप रहा था और गीतकार रो रहा था। सारे आदर्श और सपने छोड़कर जा रहा था—इंजीनियरिंग पढ़ने। कॉलेज के अधिकारियों का कहना था—पैसे ही चाहिए तो यहाँ शिक्षक बन जाओ, पढ़ो भी और पढ़ाओ भी। लेकिन 'मैं' कि अड़ा हुआ था। मनोविज्ञान के प्रोफेसर मेहता ने चीरनेवाली आँखों से देखा था और हिन्दी के प्राध्यापक गोपालदत्त शर्मा ने पूछा था, "तो अब क्या मशीनों पर कविता लिखोगे?"

मशीनें गाती हैं—यह मुझे भी उस समय नहीं मालूम था, हाँ हाँ—आऽ आऽ साऽ साऽ और मशीनों के साथ गाया जा सकता है। तानपूरे की तरह मशीनें भी स्वर कायम कर सकती हैं। 'सा' मिल गया है, दिन की चिलचिलाती धूप में भी आप गा सकते हैं :

रात्रि का अन्तिम प्रहर है
झिलमिलाते हैं सितारे—
वक्ष पर युगबाहु बाँधे
मैं खड़ा सागर किनारे

(बच्चन)

अथवा :

कहो कौन तुम दमयन्ती-सी
तरु के नीचे हो सोई,

क्या तुमको भी छोड़ गया है
अलि नल सा निष्ठुर कोई
(पन्त)

या

ले चल मुझे भुलावा देकर
मेरे नाविक धीरे-धीरे
(प्रसाद)

फिर पूरे आठ वर्ष मशीनों के तानपूरे पर गीत गाते निकल गये। हजारों की भीड़ से कन्धे रगड़ते सबेरे कारखाने में घुसना और शाम के भोंपू के साथ बाहर निकलना, देश के हर कोने के लोग कारखाने में मौजूद थे—बल्कि विदेश के भी—चीनी सुतार (बढ़ई) भी। देश की एकता का प्रमाण किसी को चाहिए तो चले कारखाने में। तमिल भाषी श्रीकान्तन हिन्दी राष्ट्रभाषा प्रचार सभा माटुंगा का कार्यकर्ता है। शचिन सान्याल अभिनेता पहाड़ी सान्याल का भतीजा है और धड़ल्ले की हिन्दी बोलता। तिवारी जिला जौनपुर का है और उसे दुख है मैं ईरानी चाय पीकर अपना धर्म नष्ट कर रहा हूँ। पलसोले जो अकोला जिले का है सोलह आना महाराष्ट्रीय है और उस्ताद अब्दुल करीम खाँ के पक्के गीत गुनगुनाता रहता है : 'फगुआ ब्रज देखन को चलो री'। गुजराती पण्ड्या, जिसके पूर्वज मेरे कृष्ण के साथ गुजरात में आ समाए, जब अपनी भाषा में बोलता है, तो लगता है, वह ब्रजभाषा का कोई दूसरा रूप बोल रहा है। उद्धव, पण्ड्या का पूर्वज ही होगा जो विरहिणी गोपिकाओं का हाल पूछने आया था और गोपिकाओं ने कहा था :

हाल कहा बूझत बेहाल परीं बाल सबै
बस दिन द्वैकि देखि दृगन सिधाइयो
रोग यह कठिन न ऊधो कहिबे के जोग
सूधो सो संदेसो याहि तू न ठहराइयो
औसर मिले औ सरताज कछु पूछिहैं तो
कहियो कछू न दसा देखी सो दिखाइयो
आह कै कराहि नैन नीर अवगाहि कछू
कहिबे को चाहि हिचकी लै रहि जाइयो।
(रत्नाकर)

मशीनों के तानपूरे पर गीत गाते हुए भी सामाजिक विषमता पर नजर जाए बिना न रह सकी। तनख्वाह के दिन (नौ या दस तारीख को) कारखाने के दरवाजे पर जहाँ मिठाई और कपड़े की दूकानों का मेला लगता था, वहाँ पठान और महाजन अपना

सूद ऐंठ लेने के लिए खड़े रहते थे। आदमी निकला और गर्दन पकड़ी। देश के बहुत से लोग उधार और मदद पर ही जिन्दगी गुजार रहे हैं। गरीबी मेरे देश के नाम के साथ जोंक की तरह चिपटी है। नतीजा, हम सब एक हो गये—कवि, मैं और मेरे गीत और विद्रोह के स्वर गूँजने लगे—पचास-पचास हजार की भीड़ के बीच। सभाओं और जुलूसों में गाये हुए इस काल के गीत, 'नया साहित्य' और 'हंस' में छपी इस काल की कविताएँ अति उग्रवादी अवश्य थीं, लेकिन इनके माध्यम से जनजीवन और रुचि को समझने का अवसर मिला और जनजीवन के पास रहने की आदत पड़ी, जो कालान्तर में फिल्मी गीतकार की हैसियत से बहुत काम आयी।

जैसा कि पहले कई बार लिख चुका हूँ, फिल्मों में मुझे लानेवाले हैं श्री राजकपूर। उनकी फिल्म 'बरसात' ने कई नये लोगों को फिल्म संसार में चमका दिया— निम्मी, प्रेमनाथ, शंकर-जयकिशन, हसरत जयपुरी और मैं धूम से चल निकले, आज हम सोलह वर्ष का लम्बा फासला तय कर आये हैं।

इन सोलह वर्षों के हर दिन ने मेरे गीतकार को कुछ न कुछ सिखाया है, एक बात तो दृढ़ता से मेरे मन में विश्वास बनकर बैठ गयी है कि जनता को मूर्ख या सस्ती रुचि का समझनेवाले कलाकार या तो जनता को नहीं समझते या अच्छा और खूबसूरत पैदा करने की क्षमता उनमें नहीं है। हाँ, वह अच्छा मेरी नजरों में बेकार है, जिसे केवल गिने-चुने लोग ही समझ सकते हैं।

इसी विश्वास से रचे हुए मेरे कई गीत (जिन्हें लड़के-लड़कियाँ एक-दूसरे को छेड़ने के लिए नहीं इस्तेमाल कर सकते) बेहद लोकप्रिय हुए हैं, जैसे :

नन्हे मुन्ने बच्चे तेरी मुट्ठी में क्या है (बूट पालिश), तुम्हारे हैं तुमसे दया माँगते हैं (बूट पालिश), मेरा जूता है जापानी (श्री 420), ऐ मेरे दिल कहीं और चल (दाग), तू प्यार का सागर है (सीमा), बहुत दिया देनेवाले ने तुझको (सूरत और सीरत), सब कुछ सीखा हमने न सीखी होशियारी (अनाड़ी), सूरज जरा और पास आ (उजाला), हम उस देश के वासी हैं, जिस देश में गंगा बहती है (जिस देश में गंगा बहती है), ओ जाने वाले हो सके तो लौट के आना (बन्दिनी) इत्यादि।

कुछ और मजेदार अनुभव सुनाये बगैर आज की बात पूरी नहीं होगी; फिल्म 'आवारा' की कहानी सुने बिना, केवल फिल्म के नाम से प्रेरित होकर मैंने 'आवारा हूँ' गीत लिख मारा था। मैंने सुनाया तो राजकपूर साहब ने गीत अस्वीकृत कर दिया। फिल्म पूरी बन गयी, तो फिर एक बार उन्होंने यह गीत सुना और अब्बास साहब को सुनाया। अब्बास साहब की राय हुई कि यह तो फिल्म का मुख्य गीत होना चाहिए। बाद में यह गीत अपने देश की सीमा लाँघकर परदेश में भी प्रसिद्ध हो गया।

कई बार गीत की उत्पत्ति अजीब परिस्थिति में हुई। शंकर-जयकिशन से कोई

मनमुटाव हुआ था, लिख मारा :

छोटी-सी ये दुनिया पहचाने रास्ते हैं,
तुम कभी तो मिलोगे कहीं तो मिलोगे,
तो पूछेंगे हाल।

बाद में यह गीत फिल्म 'रंगोली' में पसन्द किया गया। 'जिस देश में गंगा बहती है' के एक गीत की स्थिति के बारे में राजकपूर साहब से बहस हो गयी, धुनकी में उन्हें चुनौती दे बैठा 'तुम भी हो हम भी हैं दोनों हैं आमने-सामने।' लड़ाईवाली स्थिति में उसी फिल्म में यह गीत बेहद प्रसिद्ध हुआ। एक दौर फिल्म संगीत में आया, जब लगभग सारे संगीतकार जोर लगाकर कांखनेवाले स्वर में गीत रचना कर रहे थे। यह भेड़चाल मुझे अच्छी नहीं लगी, लिखा :

टीन कनस्तर पीट पीट कर
गला फाड़कर चिल्लाना—
यार मेरे मत बुरा मान
यह गाना है न बजाना।

'लव मैरेज' में यह गीत बड़ा चुटीला रहा।

एकाध बात फिल्म-गीत-लेखन की तकनीक के सम्बन्ध में कहूँगा। फिल्म-गीत लिखना अधिकतर बहुत आसान समझा जाता है। सीधे-सादे शब्द, घिसी-पिटी तुकें, कहा जाता है कि फिल्म-गीत और है क्या? मेरा अनुभव कुछ और है। फिल्म-गीत-रचना मेरी समझ से एक विशेष कला है, चूंकि हमारी फिल्में शत-प्रतिशत गीत प्रधान होती हैं, गीत उनमें होते ही हैं, इसलिए गीत जैसे पात्रों के संवाद का काम करते हैं, अन्यथा गीत कहानी को रोकेगा और ठूँसा हुआ मालूम होगा। इसलिए भावना और शब्दों का चुनाव कहानी के अनुसार बड़ी सावधानी से करना होता है। यहाँ मुझे याद आती है श्री राजकपूर की एक बात, यूरोप के दौरे से लौटे थे और जवाविनी और डिसीका की कई फिल्में देखकर आये थे। कहने लगे, 'यार क्या प्यार-मुहब्बत, फूल-पत्तियों को छोड़कर गीत नहीं लिखे जा सकते?' और उन्होंने 'मिरैकिल और मिलान' के किसी गीत का जिक्र किया था। हमने शीघ्र ही उन्हें जवाब दिया, उनकी अपनी फिल्म 'बूट पालिश' जिसके गीतों में दूसरी ही मानवीय भावनाओं से खेला गया था और सफलतापूर्वक गीत 'तुम्हारे हैं तुमसे दया माँगते हैं, तेरे लाड़लों की दुआ माँगते हैं' की रिकार्डिंग के समय मुझे अपने दिवंगत माता-पिता की याद हो आयी थी और मैं अनाथ बच्चे की तरह रो पड़ा था।

गीत पहले लिखा जाए और फिर धुन बनाई जाए या धुन पर गीत लिखा जाए, इस सवाल को लेकर काफी कुछ कहा गया है। बहुत-से लोगों का मत है कि धुन

पर लिखा गीत बढ़िया नहीं हो सकता, मैं ऐसा नहीं मानता। मेरा खयाल है कि यदि गीतकार को संगीत की थोड़ी-बहुत समझ है तो वह धुन पर अच्छा गीत लिखेगा— नये-नये छन्द उसे मिलेंगे और दूसरी ओर यदि संगीतकार को काव्य की थोड़ी-बहुत समझ है तो वह लिखे हुए गीत पर बढ़िया धुन बनाएगा, शब्दों और भावनाओं को फूल की तरह खिलाता हुआ।

आजकल मैं, मेरा गीतकार और मेरा कवि एक फिल्म निर्माण में लगे हैं। फिल्म है रेणु की 'तीसरी कसम उर्फ मारे गये गुलफाम'। आशा है ये लोग कसम निभाएँगे।

सन्दर्भ ग्रन्थ-सूची

ओंकार प्रसाद माहेश्वरी	*हिन्दी चित्रपट का गीति साहित्य*, संस्करण-1988, विनोद पुस्तक मन्दिर, आगरा
को.अ. अंतोनोवा, ग्रि.म. बोगर्द–लेविन, ग्रि.ग्रि.	*भारत का इतिहास* (हिन्दी अनुवाद), संस्करण-1988, प्रगति प्रकाशन, मास्को कोतोव्स्की
कृष्णलाल 'हंस'	*प्रगतिवादी काव्य-साहित्य*, संस्करण-1971, मध्यप्रदेश हिन्दी ग्रन्थ अकादमी
जगदीश पाण्डेय	*उदात्त : सिद्धान्त और शिल्पन*, अर्चना प्रकाशन, आरा
त्रिलोचन	*धरती*, नीलाभ प्रकाशन, इलाहाबाद
नामवर सिंह	1. *आधुनिक हिन्दी साहित्य की प्रवृत्तियाँ*, संस्करण-1983, लोकभारती प्रकाशन, इलाहाबाद
	2. *इतिहास और आलोचना*, संस्करण-1962, नया साहित्य प्रकाशन, इलाहाबाद
नागार्जुन	1. *प्रतिनिधि कविताएँ*, संस्करण-1986, सम्पादक-नामवर सिंह, राजकमल पेपर बैक्स
	2. *आज के लोकप्रिय हिन्दी कवि नागार्जुन* (नागार्जुन की कविताओं का संग्रह) सम्पादक-प्रभाकर माचवे, राजपाल एण्ड सन्स, दिल्ली
निराला	*निराला रचनावली* (भाग-2), संस्करण-1992, सम्पादक-नन्द किशोर नवल, राजकमल प्रकाशन
प्रह्लाद अग्रवाल	*राजकपूर : आधी हकीकत आधा फसाना*, संस्करण-1984, राधाकृष्ण प्रकाशन, नयी दिल्ली
प्रेमचन्द	*कुछ विचार*, संस्करण-1970, सरस्वती प्रेस, बनारस
फणीश्वरनाथ रेणु	1. *ऋणजल - धनजल*, संस्करण-1984, राजकमल प्रकाशन, नयी दिल्ली

2. *आत्म-परिचय*, संस्करण-1988, सम्पादक-भारत यायावर, राजकमल प्रकाशन, नयी दिल्ली

फ़ैज़ अहमद 'फ़ैज़' — *प्रतिनिधि कविताएँ*, संस्करण-1991, राजकमल पेपर-बैक्स

बलदेव राज गुप्त — *कांग्रेस का इतिहास*, हिन्दी प्रचारक संस्थान, वाराणसी

महेन्द्र मित्तल — *राजकपूर : सितारों से सितारों तक*, मनोज पॉकेट बुक्स, दिल्ली

मंजु गुप्ता — *आधुनिक गीतिकाव्य का शिल्प-विधान*, मीनाक्षी प्रकाशन, मेरठ

रणजीत — *हिन्दी के प्रगतिशील कवि*, संस्करण-1973, पीपुल्स पब्लिशिंग हाउस (प्रा.) लिमिटेड, नयी दिल्ली

रामविलास शर्मा — 1. *मार्क्सवाद और प्रगतिशील साहित्य*, संस्करण-1984, वाणी प्रकाशन, नयी दिल्ली

2. *रूपतरंग और वैचारिक कविता की पृष्ठभूमि*, संस्करण-1990, वाणी प्रकाशन, नयी दिल्ली

राजकमल चौधरी — *इस अकाल बेला में*, संस्करण-1988, सम्पादक-सुरेश शर्मा, वाणी प्रकाशन, नयी दिल्ली

रामवचन राय — *रेणु संस्मरण और श्रद्धांजलि*, राजकमल प्रकाशन, पटना

रामखेलावन पाण्डेय — *गीतिकाव्य*, संस्करण-सं. 2025, ज्ञानमंडल लिमिटेड, वाराणसी

ललित मोहन अवस्थी — *आज के कवि*, संस्करण-1954, करेन्ट पब्लिशिंग, कानपुर

शंकर शैलेन्द्र — *न्यौता और चुनौती*, संस्करण-1955

शुकदेव सिंह — *धूमिल की कविताएँ*, विश्वविद्यालय प्रकाशन, वाराणसी

कोश

हिन्दी साहित्य कोश — (भाग-1), संस्करण-1985, ज्ञानमंडल लिमिटेड, वाराणसी

संस्कृत-हिन्दी कोश (छात्र संस्करण), संस्करण-1991, नाग प्रकाशन, दिल्ली

पत्र-पत्रिकाएँ

आलोचना - जुलाई, 1952

आनन्दमंजरी - मई, 1991

गांडीव - 31 अगस्त, 1989

जनाधार भारती - जुलाई, 1991

जनयुग - 25 मई, 1947

नया पथ - मार्च, 1954

धर्मयुग - 16 मई, 1965; 1 जनवरी, 1967; 8 जनवरी, 1967

पहल पुस्तिका - अंक-31 का हिस्सा

प्रज्ञा - अंक-35, भाग 1-2, 1989-90

प्रिया - दिसम्बर, 1991; 1 मई-31 मई, 1992; 1 जून-14 जून, 1992

युगावलोकन - अगस्त-सितम्बर, 1987

समकालीन जनमत - 25 सितम्बर, 1988

साप्ताहिक हिन्दुस्तान - 1 जनवरी, 1967; 8 जनवरी 1967

संडे मेल - 2 सितम्बर 1990; 17 फरवरी, 1991

हंस - अप्रैल, 1948, जुलाई, 1948; सितम्बर, 1948

❑❑